社會工作價值與倫理

SOCIAL WORK
VALUES AND ETHICS
(5th Edition)

Frederic G. Reamer 著

王永慈、包承恩 譯

五南圖書出版公司 印行

第五版譯序

西元 2000 年時，我們（包承恩、王永慈、郭瓈灩、鍾曉慧）共同翻譯了 Dr. Reamer 所著的《社會工作價值與倫理》一書。2009 年包承恩老師與我又翻譯此書的第三版。開心的是 2023 年，我又有機會可以翻譯英文第五版（2018 年出版）。經歷這 23 年來的社工倫理教學經驗，與實務工作者的對話經驗，邀請美國社工倫理學者 Dr. F. Reamer（也是本書作者）與英國社工倫理學者 Dr. S. Banks 到臺灣來演講等，都豐富了我對於社工價值與倫理的理解與想像。憑藉著這樣的心情，再次翻譯本書第五版，一方面修正過去的翻譯內容，一方面也體會到社工倫理對於專業發展的意義，雖然美國與臺灣的社工專業發展階段與樣貌不同，我們仍可在此書中，理解為何美國的專業倫理會發展到這樣的階段；同時反思臺灣的專業倫理及其守則在專業發展的歷程中，要如何前進。

在這第五版書中，Dr. Reamer 在第三章加入更多的倫理理論觀點，雖然義務論與效益主義仍是作者最常使用的分析視角。第三章也加入更多法律運用在倫理抉擇中的討論，讓我們看到法律與倫理守則可以是相輔相成，也可能是相互衝突。在臨床實務的討論中（第四章），也大量加入科技運用於社工服務的討論，非常值得大家仔細地閱讀。雖然我們臺灣社工界對此部分的倫理規範尚未成熟，但是類似的倫理問題是絕對不會陌生。

Dr. Reamer 也因為前往亞洲國家進行交流，因此書中有提到在臺灣、印度的經驗；也讓我們了解一位美國社工學者到異文化中，如何重新體會社工價值與倫理的意涵。我也想要提醒讀者，美國社工倫理守則在 2021 年又有修訂，主要是因應 Covid-19 的影響，特別將社工的自我照顧視為一種倫理責任；也重新定位為文化能力的議題。本書英文版出版於 2018 年，因此，我在翻譯的時候，也會對應最新版的美國倫理守則作為補充。

王永慈、包承恩

2023 年 8 月

前言

　　近年來社會工作者對於專業價值與倫理的認識已相當地成熟。在專業發展的早期，社會工作者主要專注於形成一套價值體系，以作為專業使命的基礎。隨著社會工作專業的發展，專業價值體系也持續發展，提供給不同世代的社會工作者專業的意義與目的。社會工作者對弱勢人口群的承諾、兼顧個人福祉與社會正義等的觀念都根植於專業的價值基礎中。

　　但是社會工作者對價值與倫理的觀點隨著不同時代而有改變，或許更正確地說，社會工作者對價值與倫理的議題有多種觀點，不同觀點則反映當時的文化發展與變遷。今日社會工作者所面臨的價值與倫理的議題是前輩們很難想像的。二十世紀初期的社會工作者如何能預期愛滋病危機所產生倫理議題爭議的衝擊？或是如何能預期社會工作者運用電子郵件、簡訊、遠距諮商與各類線上工具進行服務時，所遇到複雜的隱私與保密議題的爭論？1930 年代的社會工作者如何能預見社會工作者在移植動物或人造器官給瀕臨死亡者的倫理議題爭論？或是尖端的精神病藥物學與電子設備監控所帶來倫理上的問題？

　　尤其自 1970 年代末期開始，有許多學者及實務工作者開始對專業價值與倫理的議題進行研究、探索及爭論。社會工作價值與倫理的文獻、專業研討會中發表的論文、社會工作大學與碩士班的相關課程都有顯著地增加。今日的學生與實務工作者接觸社會工作倫理與價值知識與教育的機會遠勝於他們的前輩。事實上，社會工作對此議題的探討呈現倍數增加的說法並不誇張。

　　其他專業也有類似的情形，新聞學、醫學、工程、會計、商業、法律、心理學以及護理等專業，其實務工作者與學者都對價值與倫理的主題投入許多關注。基於多種理由（我將要在下面說明之），專業人員了解到這些議題的重要性以及與實務工作密切的關聯性。

隨著在社會工作與其他專業中，複雜多元的價值與倫理議題的出現，已形成一個研究的領域，目的在協助認定、探究與陳述專業人員所面臨的價值與倫理議題。應用與專業倫理的領域（也被視為實務倫理）逐漸在 1970 年代早期開始發展，主要是由於醫學與健康照護之倫理議題（也被視為生物醫學倫理）快速增加。從此學者和實務工作者開始研究價值與倫理對專業的關係、爭辯專業的倫理議題、探究倫理兩難中相關的倫理概念與理論、推動相關的教育與訓練。

　　類似的情況也發生在社會工作專業中，大量價值與倫理的相關文獻從 1970 年代中期出現。雖然許多重要的作品都在此階段之前就已出版，但大部分具深度與學術性的論著都是在此階段開始出現的。此外，與此主題相關的研討會論文、社會服務機構的訓練課程、大學部與碩士班課程等也都從 1970 年代中期出現。

　　因此，今天的社會工作者才能接觸到如此豐富的相關知識。價值與倫理的議題隨著時代變遷也有顯著地改變，專業知識的累積必須與時代同步發展。當代社會工作者也必須對新的專業價值、倫理議題有所了解。

　　本書《社會工作價值與倫理》就是基於這目的而寫成的。書中提供社會工作者一個簡明且完整的專業倫理與價值的重要關鍵議題：社會工作價值的本質、倫理兩難與抉擇、倫理風險管理。《社會工作價值與倫理》包含了在專業歷史發展中所出現的知識、主題與爭論，也重視當代實務界最迫切的議題。本書使讀者熟悉一些核心概念以及探討今日社會工作者所面臨的重要價值與倫理議題。

　　第一章綜覽了社會工作中的價值與倫理，以及其發展的歷史背景。接著第二章更深入地檢視社會工作價值的本質，以及專業價值基礎與臨床實務的關聯（也就是對個人、伴侶、家庭、小團體的服務提供）與鉅視實務（macropractice）（也就是機構行政與管理、社會倡議、社區組織及政策實務）。

本書的主要部分是討論社會工作倫理上的兩難。也就是社會工作者會面臨衝突的倫理責任與義務，也就是該情境產生相當的歧見與爭辯。第三章提供了一個思考、探索與抉擇倫理兩難的架構。本章包含了一個實務性的大綱與概念，協助社會工作者做倫理的抉擇。同時也包括對於現行美國社會工作人員協會（National Association of Social Workers, NASW）之《倫理守則》的摘述與綜覽。

　　第四與第五章綜覽了社會工作倫理上的兩難。第四章探討臨床服務的倫理兩難，也就是服務個人、伴侶、家庭或小團體時所遇到的倫理兩難。第五章探討鉅視實務的倫理兩難，也就是探究在社會工作行致、社會倡議、社區工作，或社會福利政策中的倫理兩難。

　　社會工作倫理與價值中的另一部分是有關於疏失（malpractice）、不合乎倫理的行為與專業的不當行為（misconduct）。有時社會工作者會涉及倫理申訴或是法律訴訟，因為被認為是有倫理相關的過失或不當行為（例如專業關係界線未能符合倫理要求、不當揭露保密的資訊）。有些例子是社會工作者被判犯罪行為（例如與服務對象有不當性關係、未提供服務但卻收費）。不過，許多的問題是可事先預防的，是故第六章綜覽不當專業行為的本質、社會工作者如何涉入倫理的申訴與訴訟中、專業最常面臨的共同問題以及許多的預防策略[1]。

　　社會工作倫理與價值的發展已漸趨成熟，因此本書得以提供讀者一個機會導覽，認識社會工作神聖使命的核心。

---

[1] 本書提供許多案例，除了一些案例是屬公開性資料之外，其餘案例中的故事背景已做更改並以匿名顯示。

目　　錄

第一章
社會工作價值
與倫理：總論

想像你是一個社區心理衛生中心的社工員，你最主要的工作內容是協助遭遇困難的個人與家庭，提供支持性服務與個案服務；而你在此機構已有三年的工作經驗了。

　　在過去的兩個月中，妳協助過 Sarah Koufax 家庭，家中有兩個孩子，大兒子名叫 Brooks，7 歲，小兒子名叫 Frank，4 歲。Sarah 一開始是因為不知如何管教大兒子的行為而來機構尋求協助。根據 Sarah 的說法，她的大兒子在不高興的時候，常會非常憤怒，並會踢人和尖叫。同時，大兒子的老師也反映其無法控制 Brooks 在學校的行為，老師打算與 Sarah 討論是否要將 Brooks 轉到某種特殊班級，該班級同學們也有類似的行為狀況。

　　你花了許多時間教導 Sarah 如何去處理她大兒子的行為問題，特別是嘗試運用正增強的方法來處理。過去幾週中，Sarah 發現她大兒子的憤怒行為已有所改善，同時對正增強方法的反應也不錯；而老師也說 Brooks 在學校的行為表現有些進步。

　　隨著你與 Sarah 之間關係的進展，Sarah 也開始願意和你討論有關她自己的一些問題——身為單親的困難、經濟上的問題，以及她酗酒的問題。依照你的判斷，Sarah 與你已經建立了一種具有建設性、相互信賴的關係。

　　昨天早上你突然接到 Sarah 的電話，她非常著急地表示想馬上與你見面，她無法等到先前與你約好的會面時間。她在電話中說：「事情非常糟糕，我不知如何處理，我必須儘快與你討論。我想你是可以體會我現在的情況的。」

　　由於你的另一個服務對象取消了與你會面的時間，所以你同意 Sarah 今天與你會談。Sarah 是自己一人來的，一進辦公室便哭了起來，她描述兩天前的情況：「我大兒子又開始抓狂，這是最嚴重的一次。我已經沒辦法了，我開始覺得不舒服。而小兒子又吵著要我餵他吃飯，大兒子仍然繼續吵鬧，無法停止。我一時無法忍受，便抓著大兒子推了他一把，他一不小心絆倒了，撞到廚房的暖氣設備，結果撞碎了一顆牙。我馬上帶他去看牙醫，我告訴醫生他是與弟弟在玩時撞到的。我無法告訴醫生實話，我感到很羞愧。過去好不容易有些進展了，我也不知發生了什麼事，就發起脾氣來了。」

在這次會談中，你鼓勵 Sarah 表達她心中的感受。你也讓她了解：雖然整體而言，大部分行爲有困難的孩子都會有進步，但是在尋求協助的過程中，有些時後難免會有些退步。你們還討論了以後要如何處理大兒子的憤怒行爲。

　　就在會談快結束時，你告訴 Sarah：「我很爲難。我知道 Brooks 的受傷是意外事件，我也了解妳並不是故意要去傷害他的。但是從法律的角度，我必須向政府兒童福利單位通報；我也希望妳能協助我，我們一起讓政府的社會工作員了解妳已經很努力地在解決問題。老實說，我想他們不會採取其他行動的。而這些事是我必須做的。」Sarah 聽完之馬上哭了起來，顯得非常焦躁不安，她說：「我不相信你會做這種事，我原先以爲我可以相信你，假使你打電話給政府，我就永遠不再回來見你了。我無法相信會變成這樣。」

　　事實上，你也不是眞正**想**將此案向政府兒童福利單位通報，因爲你確信 Sarah Koufax 並不是有意要傷害自己的兒子，此事件只是 Sarah 一時失控下造成的。同時，你也肯定 Sarah Koufax 是認眞地面對問題並很努力地改善。你知道向政府通報此事，其結果是壞處多於好處，有可能破壞 Sarah 與你的治療關係。再者，你也認爲 Sarah 從你這邊可以得到適當的幫助，所以並不需要來自政府社工員的協助，而且其協助可能也沒有太大的效果。

　　但是，你感覺你必須遵照政府的法律去通報此案。因此你盡力向 Sarah 解釋爲何你覺得需要如此做，告訴 Sarah 你了解她爲何會生氣。但 Sarah 仍舊是非常痛苦地離開，並對你說：「去做你想做的。只要告訴我你最後做了些什麼，以便讓我想想該如何去面對。」

　　有經驗的社會工作者一定能體會此種困境，這需要複雜的專業技巧去幫助服務對象處理他（她）的情緒並維持原本的治療關係。這樣的專業介入有時可能有效，有時卻可能會失敗。同時，此案例中，社會工作者與其他專業人員有時也可能面對困難的倫理議題。

社會工作價值與倫理的核心議題

此案例涉及了複雜的價值與倫理議題，事實上，此案例也反映出社會工作的四個核心議題——這也是這整本書的重點：

- 社會工作專業的價值基礎。
- 社會工作的倫理兩難（ethical dilemmas）。
- 社會工作的倫理抉擇（ethical decision making）。
- 倫理的風險管理（ethics risk management）。

本案例顯示出要在各種社會工作核心價值中做抉擇是不容易的。社會工作可說是在所有專業中，最具價值取向的專業之一。社會工作有其一套基本的價值體系，這價值體系形成了專業的使命以及實務工作者應該遵守的優先原則。本案例牽涉了數種社會工作價值，包括了：Sarah Koufax 的自我決定權、保密與隱私（她希望與你繼續維持專業關係，並且希望你不要通報此案）；保護服務對象，使其免於受到傷害（包括：Sarah 的大兒子不受母親的虐待、Sarah 從你這裡得到服務的權利不會被剝奪、Sarah 與其兒子不會因政府的調查而受到傷害）；對法律的遵守（法律要求社會工作人員通報所有可疑的兒童虐待與疏忽的個案）；以及社會工作者自我保護的權利（社會工作者有權利去避免因不守法而導致的處罰）。

當然，理想上，社會工作者會同時考量這些價值來決定該如何做。更何況哪個社工員不想同時尊重服務對象的自我決定、保密與隱私；保護服務對象免於傷害、遵守法律，以及保護自己？然而，問題就出在有時這些核心價值是衝突的，這導致了倫理兩難。所謂倫理兩難是當專業核心價值中，對專業人員要求的責任與義務發生相互衝突的情形；而社會工作者必須決定何種價值要優先考量。

面對這些困難的決定，社會工作者需要熟悉當代倫理抉擇的思維。以Sarah Koufax 這個例子來看，社工必須決定是否要遵守通報的法律，但冒著與 Sarah 關係破裂的風險；還是決定不守法以便與 Sarah Koufax 維持有意義的、有幫助的治療關係。

　　特別自 1970 年代應用倫理學開始出現，各專業對於倫理抉擇有愈來愈成熟的判斷。現今的專業訓練中對此議題的討論也有較豐富的文獻可供參考；其中社會工作的發展尤其明顯。

　　最後，社會工作者也必須關心因倫理抉擇與行動而可能衍生出來的風險管理議題，尤其是有關於實務工作者的疏失以及不當行為（professional malpractice and misconduct）。例如：不論社會工作者的動機如何，社會工作者知法犯法的行為是否可被接受？社會工作者未依服務對象的最佳利益而做決定時，應該承擔哪些後果？社會工作者會面臨到哪些法律上的風險——倫理申訴、倫理紀律委員會或政府證照單位的判決、法律訴訟、刑事指控？

 ## 社會工作價值與倫理的演進

　　想要充分了解當代社會工作價值與倫理的本質，就需要先認識以下幾方面思想的歷史演進：專業價值基礎、實務上的倫理兩難、倫理抉擇，以及倫理相關的風險管理。近年來社會工作專業在倫理與價值方面的知識累積已有相當的成長。

　　追溯社會工作的發展歷史，早已對於倫理與價值有一般性的討論。專業發展的歷史階段中也會持續重視社會工作的價值基礎與倫理原則。從過去到現在，社會工作者相信專業的價值與倫理是社工使命的根基。畢竟社會工作是一個規範性專業（a normative profession），或許可以說是在助人專業中最具規範性的。相較於精神醫學、心理學、諮商等專業，社會工作的發展根基是立基於社會正義、公平等概念。縱觀整個社會工作的發展歷史，其專業使命雖然不是唯一奠基於，但主要是奠基於正義與否、個人在社會中彼此負有責任的集體信念。

　　雖然，社會工作一直都在探討倫理與價值方面的主題，但是在不同的歷史階段中，社會工作者對於這些概念的定義以及其對實務上的影響卻有不同的認知。社會工作價值與倫理的演變有數個關鍵階段：道德時期（morality period）、價值時期（values period）、倫理理論與抉擇時期（ethical theory and decision-making period）、倫理標準與風險管理時期（ethical standards and risk management period），以及數位科技階段（digital period）（Reamer, 2017）。

道德時期（Morality Period）

　　第一階段開始於十九世紀末期，也就是社會工作專業開始發展的時期。在此階段，大家較關切的是服務對象的思想行為是否合乎道德標準，而實務工作者的道德或倫理反倒是其次。此時專業的主要任務是濟貧以及處理導致貧窮的原因（Paine, 1880）。當時的觀念偏向家長主義式的思考（paternalism），認為要加強窮人的道德觀念，才能改變他們潦倒無助的生活。

　　到了二十世紀初期，隨著睦鄰組織運動（settlement house movement）與進步時代（Progressive Era）美國政治社會改革的興起，此時，許多社會工作者的價值取向與目標從關切貧困者的道德觀或是否道德敗壞，轉變為一種戲劇性的社會改革，為了減少各類的社會問題，例如住宅、醫療照顧、衛生、就業、貧窮與教育（Reamer, 1992b）。尤其在大蕭條時期（Great Depression），社會工作者重視結構性問題，推動社會改革。在美國新政（New Deal）時期（也就是 1933 至 1941 年間），社會工作者決定或是影響了當時許多社會政策與方案的產生（McNutt, 2008）。

價值時期（Values Period）

　　爾後的數十年，對於服務對象道德觀的關注也逐漸式微。實務工作者致力於發展與提升服務策略與及技巧、訓練方案以及各種學派思潮。對於專業未來發展的爭論，超越了對於服務對象道德觀的關注，也就是，社會工作的專業養成是應該強調：心理社會學派與精神醫學派的個案工作、心理治療，或是社會福利政策與行政、社區組織，或是社會改革。經過半個世紀的發展，美國社會工作專業已開始對於專業的核心價值有所共識。在此階段出現對於專業的核心價值與使命的重要討論，有許多作者先後開始界定、探究與批判專業應有的核心價值（Bartlett, 1970; Emmet, 1962; Gordon, 1962, 1965; Keith-Lucas, 1963; Levy, 1972, 1973, 1976; H. Lewis, 1972; Perlman, 1965; Pumphrey, 1959; Teicher, 1967; Towle, 1965; Varley, 1968; Vigilante, 1974; Younghusband, 1967）。

除了擴展核心價值，此階段（1960 年代至 1970 年代）的一些文獻也討論到社會工作者嘗試檢視與釐清自身價值觀與專業實務的關係（例如 Hardman, 1975; Varley, 1968）。在這個所謂價值澄清運動（values clarification movement）的脈絡下，許多社會工作者對於自身價值觀與專業實務之間的關係，發展出一種敏銳的覺察力，尤其對於許多具爭議性的、多元看法的議題，例如貧窮、墮胎、性傾向、酒精與藥物的使用、種族關係等。

近半世紀的發展，社會工作專業開始根據核心價值，發展正式的倫理指引來確保實務工作者的適當的行為。經過長期的爭辯與討論，終於在 1947 年由美國社會工作人員協會的代表大會採行一套倫理守則；各類的專業期刊對於相關的主題也出現較多的討論（Hall, 1952; Pumphrey, 1959; Roy, 1954）。

當然，這並不是說在此階段之前，社會工作都忽略價值與倫理的主題。社會工作一直有其關注的核心價值，例如尊嚴、獨特性、個人價值、自我決定權、自主性、尊重、正義、平等和個別化等（Biestek, 1957; Cabot, [1915] 1973; Hamilton, 1951; Joseph, 1989; NASW, [National Association of Social Workers; 1929] 1974; Richmond, 1917）。再者，二十世紀初期也有一些人致力於對社會工作倫理議題的重視。例如 1919年就曾起草過專業倫理守則（Elliott, 1931）。1922 年美國家庭福利協會就已指派一倫理委員會去處理實務中發生的一些倫理上的質疑（Elliott, 1931; Joseph, 1989）。然而到了 1940 年代的末期與 1950 年代的初期，此階段可說是社會工作發展階段上的分水嶺，因為此時專業倫理已成為研究的重要主題，而且相關知識也已累積發展（Frankel, 1959; Reamer, 1980, 1982, 1987c; Reamer and Abramson, 1982）。

不令人意外的是，到了 1960 年代，社會工作者的關注焦點轉向社會正義、權利與改革。當時的社會與政治環境都促成了社會工作訓練與實務要重視社會平等、福利權利、人權、歧視與壓迫等問題（Emmet, 1962; H. Lewis, 1972; Plant, 1970; Reamer, 1994; Vigilante, 1974）。美國社會工作人員協會（NASW）於 1960 年採行了第一版的社工倫理守則。

1976 由 Levy 所寫《社會工作倫理》一書的出版，大概可說是對社會工作價值與倫理探討最具體的表現。雖然之前已有許多專業期刊出版了相關的文章，但 Levy 這本書卻是當時最具企圖心地探討倫理相關的主題。這也產生了極大的象徵意義，因為自此之後相關學術性討論開始蓬勃發展，Levy 出版在 *Social Work Ethics* 與其他刊物的各種著作（1972, 1973），促使社會工作者開始注意抽象的價值與倫理的研究。

倫理理論與抉擇時期
（Ethical Thoery and Decision-Making Period）

在 1970 年代末期之前，專業最主要關切社會工作的核心價值與價值基礎。而在 1970 年代末期，專業對於價值與倫理的關注又開始有所轉變，應用與專業倫理（也稱為實務倫理）開始興起。各個專業如醫學、法律、商學、新聞學、工程學、護理學、社會工作、心理學以及刑事司法等都開始投入此主題。大學與研究所的課程也都將應用性的專業倫理納入課程中，專業研討會中或出版刊物也出現許多相關的討論（Callahan and Bok, 1980; Reamer and Abramson, 1982）。

在此時期，美國有許多的生物倫理與專業倫理智庫開始成立——尤其是自紐約市的 Hastings 中心與 Georgetown 大學的 Kennedy 倫理研究院的成立——是此領域快速發展的重要指標。

現今，倫理研究中心的數量已相當多，因而也有一個全國性的協會誕生，也就是實務與專業倫理協會（Association for Practical and Professional Ethics）。此領域目前也出版了一些相當重要與具影響力的百科全書：《生物倫理百科全書》（*Encyclopedia of Bioethics*）、《應用倫理百科全書》（*Encyclopedia of Applied Ethics*），以及《全球倫理百科全書》（*Encyclopedia of Global Ethics*）。

　　此階段專業倫理的發展過程背後有其形成的原因。在醫療與其他領域中有許多科技發展引發了許多倫理上的爭論，例如將病人的生命維持器拔掉、器官移植、基因工程、精神藥理學的治療以及試管嬰兒。專業人員要用何種標準去決定哪一個病人能夠接受來源較匱乏的器官（如心臟、腎臟）？何時是適當的時機去結束一個昏迷病人的生命？透過人工控制胚胎性別的作法要到何種程度才是適當的？將動物的心臟移植到一個有先天性心臟病的嬰兒體內是否合乎倫理？

　　當時政府內部的醜聞事件也引發大眾去注意專業人員的倫理問題。尤其是自 1970 年代水門案發生開始，社會大眾已漸深刻體會到專業人員對服務對象或病人在情緒上、身體上或金錢上的不當對待。媒體也相繼報導醫師、心理學家、律師、神職人員、社會工作者、護理師、教師、藥師、警察與其他專業人員利用服務對象而不是幫助服務對象的消息。因此，大部分專業的教育人員更慎重地面對自身的責任，幫助實務工作者了解並預防可能的不當行為。

　　除此之外，尤其自 1960 年代開始，病人權利、福利權、女權與收容人權利等觀念的引進，也促使專業人員去注意倫理方面的問題。許多專業人員已更加認知到權利的觀念，同時許多專業訓練課程也會討論專業人員對於服務對象與病人的專業倫理問題。

　　當代的專業人員也比較能夠理解科學的限制，以及科學能夠回應許多複雜問題的能力。自從 1930 年代開始，雖然美國社會傾向於科學崇拜，認為科學是解開許多人類生命奧祕的關鍵。然而，當代的專業人員已認知到許多問題的根源是倫理學上的議題，並不是科學所能解答的（Sloan, 1980）。

　　最後，隨著許多法律訴訟和業務疏失的案件日漸增加，再加上不遵守專業倫理的專業人員曝光後，都迫使專業更加注意過去所流傳下來的倫理傳統與倫理的課程訓練。所有的專業都經驗到實務工作者被申訴與訴訟案件增加，同時這些案件中大多與不合乎倫理的行為有關。因此在這種問題連連、需要被關注的趨勢下，各專業包括社會工作在內，都開始提升倫理方面的教育（Congress, Black, and Strom-Gottfried, 2009; Dean and Rhodes, 1992; Dolgoff, Loewenberg, and Harrington, 2009; Houston-Vega, Nuehring, and Daguio, 1997; Reamer, 2001b, 2003, 2015a）。

應用倫理與專業倫理領域的出現，對於社會工作倫理的發展產生明顯影響（Banks, 2012; Barsky, 2009; Beckett and Maynard, 2005; Clifford and Burke, 2008; Congress, 1999; Gray and Webb, 2010; Hugman, 2005, 2013; Hugman and Carter, 2016; Linzer, 1999; Manning, 2003; Mattison, 2000; Reamer 2017; Strom-Gottfried, 2016）。早在 1980 年代初期，就有一小部分的美國社會工作學者開始引用道德哲學的概念與理論，以及相關的應用與專業倫理的知識來探討社會工作的倫理議題與兩難。這樣的發展也促使社會工作倫理在 1980 年代累積了相當的文獻。在專業的發展史上，第一次出現許多的書籍（Loewenberg and Dolgoff, [1982] 1996; Reamer, [1982] 1990; Rhodes, 1986）以及期刊文章，探討複雜的社會工作兩難與倫理抉擇之間的關聯性（Reamer, 1990）。而在 1987 年由美國社會工作人員協會所出版的《社會工作百科全書》中，也第一次加入有關社會工作倫理的哲學與倫理概念（Reamer, 1987c）。與專業的早期文獻不同，1980 年代有關社會工作倫理的文獻加入了與社會工作倫理兩難相關的道德哲學與倫理理論。因此可以看出此階段可視為一個分水嶺，明顯地改變了社會工作者對於倫理議題的理解以及處理的取向。

倫理標準與風險管理時期
（Ethical Standards and Risk-Management Period）

社會工作倫理發展的下一階段，尤其是美國，呈現出社會工作者對於倫理議題的理解相當成熟。此時期的特徵是倫理標準的顯著增加，以指引實務工作者的行為；也開始對於倫理相關的專業過失與責任更加認識。更具體來說，此時期包括：發展完整的專業倫理守則、出現倫理相關之實務疏失與責任風險的重要文獻、發展風險管理策略以保護服務對象，以及預防對實務工作者的倫理申訴與倫理相關的法律訴訟（Banks, 2012; Barker and Branson, 2000; Barsky, 2009; Houston-Vega, Nuehring, and Daguio, 1997; Jayaratne, Croxton, and Mattison, 1997; Reamer, 2003, 2009b, 2015a）。

自從 1980 年代以來，尤其在美國，對於社會工作者的倫理申訴或倫理相關的法律訴訟案件有增加的趨勢（Berliner, 1989; Besharov, 1985; Bullis, 1995; Houston-Vega, Nuehring, and Daguio, 1997; Reamer, 2002, 2003, 2015a）。與其他國家相比，整體而言，美國對於專業人員的法律訴訟案件相對地多（如醫生、牙醫、心理學家等）。基於對於社會工作者的訴訟案件增加——其中主要的部分是有關倫理的違反——許多社會工作教育方案、社會服務機構、發照單位、專業協會也開始提供有關倫理風險管理的教育與訓練課程，尤其是有關保密、溝通特權的資訊（privileged information）、知情同意（informed consent）、利益衝突、雙重關係與專業界限、服務終止與紀錄等。這些教育與訓練課程主要是關注一般的倫理過失、處理複雜倫理議題與兩難的步驟、對服務對象不當行為的類型、主要的倫理標準。

美國的社會工作者特別關心管理式照顧（managed care）相關的倫理議題與責任（Reamer, 2001a, 2015a; Strom-Gottfried, 1998）。美國的管理式照顧在 1980 年代呈現完整的布建，包括保險公司的大規模經營，以及服務提供者要以最符合成本效益、效率的方式提供心理與社會的服務。管理式照顧最主要的特徵是社會工作者需要向管理式照顧機構、保險公司先取得同意，才可進行服務。這些過程會使社會工作者需要揭露有關服務對象的臨床與個人資訊。社會工作者需要熟悉這類資訊揭露所帶來的保密風險。

管理式照顧也產生其他的倫理議題。有時社會工作者無法得到服務的授權，但是其認為這些服務是對脆弱的或有困難的服務對象非常必要，因而有時會誇大服務對象的症狀，也就是一種欺騙，以向管理式照顧機構取得服務的許可（Kirk and Kutchins, 1988）。有時社會工作者會在提供服務對象服務的義務，與自己取得服務酬勞之間拉扯。因此而發生提前終止服務的可能（也就是法界所謂的遺棄〔abandonment〕），則是嚴重的倫理與責任的風險。再者，有時社會工作者需要轉介服務對象到某一個處遇方案，但該方案似乎未能充分符合服務對象的需要。這可能是因為管理式照顧與處遇方案的機構達成協議，基於成本的考量提供服務；因而未能只根據服務對象的臨床需要，讓社會工作者提供最適當的，可能也是較昂貴的服務。

數位科技時期（Digital Period）

近年來，愈來愈多的社會工作者使用科技提供服務、管理方案、與服務對象／同仁溝通、蒐集服務對象的資訊。這些趨勢已經產生前所未見的倫理議題。

早在 1982 年，遠距自助支持性團體就已出現網路上的心理健康資源與服務（Kanani and Regehr, 2003; Reamer, 2013b; Skinner and Zack, 2004）。在社會工作界，最早開始討論科技工具的使用是著重於實務工作者對資訊科技（IT）的運用，也就是蒐集、運用、傳輸和儲存數位資訊的技術（Schoech, 1999）；以及社會工作者使用網際網路的資源，例如線上聊天室、同仁間聯絡的自動化分散式郵件系統（LISTSERVS）、專業社群的網站與電子郵件（Finn and Barak, 2010; Grant and Grobman, 1988; Martinez and Clark, 2000）。

在社工界，科技最主要的發展與運用的場域是臨床服務（Chester and Glass, 2006; Dowling and Rickwood, 2013; Lamendola, 2010; Lee, 2010; Mattison, 2012; Menon and Miller-Cribbs, 2002; Reamer, 2012, 2015a, 2015b, 2017; Santhiveeran, 2009; Zur, 2012），雖然社會工作管理者也使用科技管理機密資訊、管理方案，以及遠距的督導。最近的發展是：由於科技的日新月異，社工服務、督導與管理已經致力於發展新的指引，具有倫理上的重要意涵。正如我將要在第三章有更完整的討論，這些指引有三個不同但相關聯的範疇：一是實務標準（practice standards）、二是規範與發照標準（regulatory and licensing standards）、三是倫理標準（ethical standards）。這些指引中的關鍵倫理議題包括：服務對象的保密、知情同意、專業界限、紀錄的取得、緊急與危機管理、倡議、行政管理、核發執照、能力、同仁間的關係等。

　　基於許多不同環境因素的影響，專業價值與倫理快速引起大家的關注。這些因素也促成各專業對於這各主題產生明顯且持續的關心，其中一個現象就是專業人員教育與訓練的方法產生根本的改變。我會系統性檢視社會工作價值與倫理的關鍵元素，這些應該是每一位實務工作者必備的知識基礎。

問題討論

1. 就整體社會工作者與社會工作專業而言，其所面臨最具挑戰的倫理議題有哪些？
2. 你所面臨的社會工作倫理議題有哪些？這些倫理議題是用哪些方式呈現？
3. 大部分的社會工作者都有其專長的服務領域，例如兒童福利、長者服務、公共福利、家庭服務、心理衛生、衛生醫療、身心障礙、受害者服務、家庭暴力、藥酒癮、司法服務、難民與移民服務、軍隊與榮民服務等。各服務領域所面臨的特殊倫理議題有哪些？
4. 數位科技、線上社群媒體、社交網站等如何改變社會工作的實務工作？這些科技帶來哪些倫理議題？
5. 有關於社會工作核心價值、倫理兩難、倫理抉擇與倫理風險管理，有哪些特定的議題是你想再多學一些的？你預期在你的專業生涯中，會遇到哪些倫理議題？

第二章
社會工作價值

案例 2.1 ························

Stephanie P. 最近剛拿到社會工作碩士學位，她也正準備開始自己的專業生涯。在她唸鄰近大學的社工碩士班之前，她曾做過一家郊區幼兒園的助教。

Stephanie P. 說道：「我希望成為一位能夠幫助個人、夫妻與家庭的心理治療師。我小的時候，曾經有一位社會工作員幫助我的家庭，提供我們諮商的服務。從那時開始，我就一直希望自己成為一位治療師。」

Stephanie P. 了解她需要有相當的臨床經驗才能自己獨當一面。她也知道她需要有一位經驗豐富的督導指導她，將來才能自己開業。

Stephanie P. 曾面試過數個工作，而其中已確定要僱用她的工作是一個家庭服務機構的個案工作者，這個機構位於她住家附近的低收入社區，社區中的居民大多是有色人種。

Stephanie P. 知道這機構提供社區所需要的服務，也明白這種服務的經驗是極有價值的；但是她猶豫是否要接下此工作。雖然不易公開表明，Stephanie 自我承認，也告知最親近的朋友，她對於低收入者、不同於自己族群或種族的人口群會感到不自在。Stephanie P. 生長在附近一個較富有的社區，她從未有機會與其他少數族群接觸過。她表示若她的服務對象背景是與她相似的，她會覺得比較自在。

這個案例引發了一些有關社會工作核心價值、專業價值基礎的關鍵重要議題。社會工作的價值一直都是專業最重要的部分（Vigilante, 1974），正如 Aptekar（1964；引自 Levy, 1973: 35）說「社會工作的基本架構就是一套價值觀所組成。」

 ## 社會工作價值的本質

價值或價值觀（values）有一些重要的特徵與功能：它們是概括性的、對所期望的事物是帶有情感因素在裡面的，有其歷史的起源與經驗的基礎，被一群體所共同認定，同時也形塑群體中的行為規範（R. Williams,

1968；引自 Meinert, 1980: 6）。

「**價值觀**」這名詞不容易定義。價值觀一字源自於拉丁文 *valere*，其意是有力的、超越的、有價值的（to be strong, to prevail, to be of worth）（Meinert, 1980: 5）。過去已有許多的學者爲「value and values」下過定義，包括：「任何事物有被他人欣賞之處」、「被認爲是需要的」、「是隱藏的或外顯的，顯示某個人或某團體的特殊之處，是一種期望某些事物的概念，其會影響到決定應該如何行動以及行動的目的」、「是一種期望的目的，指示行爲的方向，或最常見的陳述是引導社會行動朝向具正當性的目的」、「一套規範性標準影響人們行動的選擇」（Rescher, 1969: 2）。這些定義對於社會工作來說是重要的，因爲倫理的判斷需要依據所採取的價值觀，社會工作者與服務對象通常也是根據其價值觀決定如何行動。一位社會工作者若重視服務對象的自我決定基本權利，可能會尊重其採取某些自我傷害的行爲（例如露宿街頭讓自己處於危險之中），而不是介入以保護服務對象。一位服務對象若是基於信仰，重視婚姻的神聖性，可能會選擇留在暴力的伴侶關係中，而不是離開婚姻。一位社會工作者若重視誠實，可能會告知服務對象痛苦的、或許傷害性的消息，而不是欺騙服務對象。一位服務對象因爲信仰之故，反對墮胎，若接受支持墮胎之社會工作者的服務，可能會感到不自在。

正如 Rescher（1969）在他的《價值觀理論之導論》（*Introduction to Value Theory*）一書中所論及：

> 在英文中，價值觀一字的使用極鬆散，缺乏一致性。關心價值觀問題的哲學家和社會科學家都主張應該要有一更精確的價值觀用語，以便學術與科學上的探討。但是這似乎是大家唯一的共識。每個人都有所抱怨，不過各種努力都沒有成功。大家始終都無法有一致的看法，更不要說是否有共識的結論了。（1）

價值觀方面的主題一直在社會工作專業中受到大家的注意，同時大部分的實務工作者也都認爲價值觀對專業是非常重要的。當 1970 年代社會工作倫理受到學術界的重視，Perlman 論及：「我們需要有意識地察覺到價值觀的存在，這些價值觀影響到我們實務工作的每一個層面。不只是個案或團體工作者會受到一些主觀或未被察覺的價值觀所影響，社區規劃者與研究者也是常常受到各種隱藏的價值觀所影響。唯有我們持續地、有意識地檢視這些價值觀對我們的影響，我們才能真正地運用它們。」（1976: 389）

　　然而社會工作的文獻中，對於價值觀的討論多半都不夠深入。文獻通常都是引用了社會工作的價值觀，再簡略說明其與實務的關係；卻少有對一般價值的本質或社會工作價值的本質做較深入地分析（Hunt, 1978: 12, 15）。Vigilante 觀察到：

> 雖然我們都認為社會工作包含了價值體系、知識體系以及專業技巧，同時也認定價值觀是非常重要的；但是大部分的研究都集中於知識與技巧層面。少有研究是探討實務中價值觀的運用問題。
>
> 　　學界、理論建構者或課程設計者也未深入地關切這個主題。……過去社會工作者堅守社會工作價值，但是並沒有實際運用與發展。我們似乎只是憑直覺的堅守著社會工作價值，代表自己是人道主義的象徵，但我們尚未嚴肅地將社工價值視為此專業的重要支柱。（1974: 108, 114）

社會工作中，價值觀在以下幾方面扮演了關鍵的角色：(1) 社會工作的使命；(2) 社會工作者與服務對象的關係、與同仁的關係、與社會大眾的關係；(3) 社會工作者服務方法的運用；(4) 實務工作中倫理兩難的解決。

　　專業的創始者和現代的實務工作者都深信社會工作的基本目標和使命是幫助生活遭遇困難的人（Reid, 1992）。社會工作並不是純技術性的，它是有價值基礎的、專業價值觀啟發的行動，透過專業服務來協助弱勢的人群（Timms, 1983）。正如社會工作倫理的開創者 Levy 所說：「簡言之，社會工作的價值並不是一套隨機或是容易變更的規範，也不是外在社會價值觀的反映。而是一種對集體責任的思考，隱含了社會工作在社會的角色。」（1973: 39）

社會工作價值與倫理

社會工作者的價值觀會影響到與服務對象、同仁、社會成員的關係（Hamilton, 1940; Hugman, 2013; Mattison, 2000; Younghusband, 1967）。社會工作者會選擇他們要為哪一類的人服務。例如：有些實務工作者會選擇他們認為的受害者來幫助，如受虐兒、天生重度肢障者。有些人則選擇犯罪者來幫助，如性侵害的重刑犯。此外，也有些人選擇服務低收入家庭，有些人則選擇較富有的家庭服務。這些選擇部分原因是受到社會工作者自己價值觀的影響。

社會工作者的價值觀也影響到其對服務方法的選擇，無論是服務個人、家庭、團體、社區或組織（Banks, 2012; McDermott, 1975; Varley, 1968）。例如有些社會工作者偏好對於毒癮的監所收容人運用面質的技巧（confrontational technique），其相信這是帶來行為改變最有效的方法；有些社會工作者則批評當面對質的技巧缺乏人性化的考量，而偏好強調服務對象自我決定權以及治療關係的建立。

或是有社會工作者為低收入社區居民的住宅問題倡議，其偏好與政府官員直接面質——運用示威、群眾運動——以便讓居民有能力購買房屋。對這樣的社工員而言，其價值觀認為低收入者的基本居住權是重要的，運用直接面質的方式較能達到目的。但是另一位社工員則可能排斥這種作法，因為他相信彼此合作的價值、應該尊重不同意見的人並願意與其對話溝通。

這又可引導我們進入另一個社會工作價值的主題：價值觀影響到如何解決專業責任衝突時的倫理兩難。倫理兩難通常涉及價值觀之間的衝突。如第一章所談到的，那位社工員所遇到的價值觀衝突是一方面要尊重服務對象自我決定的權利（服務對象希望社工員不要向政府通報其孩子受傷的事），另一方面又要遵守通報的法規。社工員在兩難中的決定是取決於其對社工價值的信念——尤其是有關特定的專業責任與義務——端視其認為何種價值觀應優先考量。

本章中我將要討論以下的主題，包括了：社會工作價值如何影響社會工作基本使命；專業價值基礎與核心價值的發展；社會工作價值的不同類型；服務對象與社會工作者文化和宗教價值觀的關聯性；以及社會工作價值如何轉化為服務的行動。本書的其餘的部分我將探討社會工作價值如何影響社會工作者與服務對象、同仁、社會的關係；如何影響服務方法的運用；以及實務工作中倫理兩難的抉擇。

 ## 社會工作的使命：專業的核心價值

　　在社會工作的發展過程中，對於社會工作使命的爭議已有相當長的歷史[1]。爭議的焦點是介於個案工作與社會運動（case and cause）；介於主張個人問題的減緩或是主張社會改革，後者認為個人問題是由於社會結構的缺失而引起。

　　早期專業關切的慈善價值觀是起源於聖經和宗教的教義。慈善行為代表了實踐上帝的旨意，並盡可能做發自內心的行動表現（Leiby, 1978）。

　　1601 年的「伊莉莎白濟貧法」——被視為整合早期福利法而具有劃時代意義的法規——起源自英國教區的濟貧系統。然而，在十九世紀末這種宗教性的慈善作法及其價值觀則受到挑戰，這也反映出世俗化的社會福利開始發展；宗教慈善觀因而常被視為負面的、道德主義的、家長主義與無組織的。雖然今日專業中仍可找到聖經的影響，但是進入二十世紀的階段顯示出福利世俗化的轉變以及其價值基礎的轉變。在此階段，社會工作正式開始其發展的時期，當時的價值觀是自由放任的意識形態與社會達爾文主義（適者生存）。如此我們就可理解專業最早期的價值觀是在改善窮人的道德觀。Trattner 回顧早期慈善組織會社的情形，而論及此種家長主義心態：

　　友善訪問被視為是社經地位高者有此權利與義務介入貧民的生活。貧窮者並非天生品性不良，而是像迷途的小孩或是缺乏分辨的能力。因此他們需要有智慧的朋友給與同理、智慧、耐心、歡樂及忠告。訪問者的工作即是讓受訪者知道導致此問題

---

[1] 此處部分的討論摘錄自 Reamer（1992b）。

的道德責任並提供其適當的指引——當然慈善訪問者也確信他們可以勝任此工作。（1979: 85）

到二十世紀的早期，尤其是在英格蘭、美國地區，相繼而來的事件引發了價值觀上的轉變，包括了美國政治社會改革的進步時代（Progressive Era）與睦鄰組織運動時代，以及經濟大蕭條。這些事件讓社會工作的價值觀轉變到社會問題上面。社會工作者不得不承認其必須去檢視結構的問題，因為結構的缺失帶來了普遍的民不聊生現象（Popple, 1985）。

大蕭條之後，社會工作的價值觀與助人的取向分裂成兩派，主要的一派仍是持續強調治療工作，改變個人（Miles, 1954；引自 Woodroofe, 1962: 130）。另一派則主張在新政時期推動政府公共福利與其他方案。這些工作主要是由政府機構執行，服務窮人、身心障礙者與其他需要幫助的人；這一派則對心理治療並無興趣。

第二次世界大戰後，臨床工作者仍主導著專業的發展，直到 1960 年代才開始轉變。兩派對立的狀況又再度出現，批判的聲浪指出社會工作過去已經遺棄了其核心的價值以及社會行動的使命，同時也沒有充分關注：將服務對象個人問題轉變為公共議題，而這是需要創新的與革命性的政策來因應的（Bisno, 1956; Gilbert and Specht, 1974; Rein, 1970; Specht and Courtney 1994; Stoesz, Karger, and Carrilio, 2010）。雖然社會工作者通常會接受「大社會」、「對貧窮作戰」的政策，但許多社會工作者由於對這些政策的效果失去信心，因而漸不接納這些政策。

1980 年代讓人回想起戰後 1940 與 1950 年代的時期，國家的安定讓社會與專業人員的注意力再度轉回個人內在層面；個人福祉的追求遠超過公共利益的追求。這樣的轉變尤其可以反映在社會工作訓練方案上。在 1980 年代，有關社區組織與社會福利政策的課程不是已不開課就是很少人選修。相反地，個案工作與心理治療的課程卻是非常熱門。Siporin 觀察這些變化說道：「從 1930 到 1940 年代早期，以及 1960 年代末到 1970 年代末，這兩階段是社會行動取向的時期；而介於其間的階段與現在則是注重個人與家庭道德的改變，現今稱之為『治療』。」（1992: 83）

以下的統計數字是引人注意的。根據美國最大的社會工作專業組織

NASW 估計，私人開業的人數從 1967 年的約三千人到 1976 年的約九千人（Specht, 1991: 102）。在 1972 年與 1982 年之間，NASW 受僱於政府部門（聯邦、州政府、地方的）的會員人數減少了 18%。相反地，受僱於民間教會機構與營利機構——多半提供個案服務與心理治療服務——的會員卻分別增加了 132% 與 264%（*NASW news*, 1983）。此外，在 1975 年與 1985 年之間，美國臨床社會工作者的數量由二萬五千人增加到六萬人（140% 的增長）；而社會工作者第一次被列入提供心理衛生服務的專業人員之列——僅次於精神科醫生、臨床心理學家、婚姻與家庭諮商員（Goleman, 1985）。

當然，這樣的轉變也許是部分反映出 1970 年代政府緊縮對社會服務方案的補助以及政府部門工作機會的減少。老資格的公務人員由於對政府科層感到失望而轉行到民間部門或許是另一個原因。當然我們不能假設私人開業或民間機構的社會工作者就不會參與社會行動、就不會提供免費的服務或提供弱勢人口其他的協助（P. M. Alexander, 1987; Barker, 1991a; Brown, 1990; Butler, 1990; Reeser and Epstein, 1990）。但是相關資料明確顯示出特別是從 1970 年代早期開始，大家逐漸忽略公共議題，而較關切心理治療與個案服務，這也為許多的社會工作者帶來了受人尊重、高收入的工作機會（Specht, 1990）。Specht 強烈地指出：「大部分選擇私人開業的專業人員他們將自己從問題、機構、人口群中抽離出來，而這正是社會工作所要面對處理的。心理治療並不是不好，只是它不是社會工作。」（1991: 107）Keith-Lucas 也提出相似的論點：

> 這些私人開業的社會工作者拋棄了社會服務，對他們而言，"social" 二字不再是處理社會整體面的事務——他們只是在診斷與治療服務對象時將 "social" 視為其中的社會因素來考量。除此之外，很難再視他們為社會工作者……。當然社會需要心理治療師與臨床工作者，他們也沒有理由不能私人開業或爭取專業的認可。但是，我只是希望他們不要再稱自己是社會工作者；或者是另一派關切社會中最弱勢人口的工作者，可以給自己另外一個不叫社會工作的名字。（1992: 62, 67）

從上述的討論可看出在社會工作的歷史發展中，社會工作的價值觀不斷地轉變；包括了早期關切貧窮者的道德觀念，再來是關注社會改革與社會正義，以及後來數個階段是關注臨床心理治療工作。綜言之，已有六種不同的社會工作價值取向發展出來，其存在的時間長短也各不同：(1) 家長主義取向（paternalistic orientation）；(2) 社會正義取向（social justice orientation）；(3) 宗教取向（religious orientation）；(4) 臨床取向（clinical orientation）；(5) 專業自我保衛取向（defensive orientation）；(6) 無道德取向（amoralistic orientation）。雖然這六個取向在概念上是不同的，但是它們並不一定互斥。換句話，它們可能同時存在於實務工作者的價值觀中，以及同時存在於社會工作歷史發展的不同階段。

家長主義取向（Paternalistic Orientation）

此觀點主要是存在於十九世紀末與二十世紀初，當友善訪問與慈善組織會社開始興起之時。其假設是專業使命是為了提升服務對象的正直品格，使他們能過一種有德性的、完整的、豐富的生活，而不依賴政府或民間的財源幫助。主要的目的是幫助飢餓的、無家可歸的、失業的、貧窮的人（以及有些時候是無神論者），運用自己的內在能力去過有意義的生活。協助那些偏離人生正道的人回頭。

社會正義取向（Social Justice Orientation）

根據此觀點：最弱勢的人口群其文化與經濟生活中存在著社會結構的缺失，而使得他們無法自立。貧窮、失業、犯罪以及一些精神疾病只是道德喪失文化中的副產物。資本主義的缺失以及種族主義，與其他形式的壓迫，已產生了受剝奪的低下階層。這樣的狀況必須經由基本的社會改革行動，例如：對婦女與弱勢團體的平權行動（affirmative action）、機會平等、財富再分配、人道的社會福利給付與服務等。累退稅制、自由企業、無道義的企業家等都必須由公平、道德與慈悲等的價值觀來替代。「睦鄰組織運動」、「新政」、「對貧窮作戰」、「大社會」等的政策都可反映出此觀點（A. Davis, 1967; Gil, 1998; Lundy, 2004）。

宗教取向（Religious Orientation）

宗教取向包含了家長主義與社會正義取向的特質。此觀點主張專業的中心任務——起源於與教會有關的社會工作發展歷史——是將自己的宗教信仰轉變成有意義的社會服務（Constable, 1983; Marty, 1980）。對一些社會工作者來說，信仰的承諾與其專業工作是密不可分的。

舉例來說，慈善可代表猶太—基督教的愛，在人與神之間的愛，與鄰居之間的愛。這未必是根植於家長主義的思想，但是卻與宗教責任感有關（Bullis, 1995; Canda, 1988; Canda and Furman, 2010; Canda and Smith, 2001; Hodge, 2002, 2003; Joseph, 1987; Judah, 1985; Siporin, 1992）。

臨床取向（Clinical Orientation）

在與個人、家庭、團體工作中，倫理兩難的議題已逐漸受到重視，這也可反映出臨床取向對於社會工作價值與倫理所採取的立場。此現象——尤其自 1970 年代末期開始——已成為當代專業倫理潮流的一部分。此派討論的議題如服務對象的保密（例如：保護服務對象以外的相關人物〔third parties〕的義務、未成年人的隱私、資料釋出給其他服務提供者）、對話內容只有會談者與被會談者知道的溝通（或稱為溝通特權，privileged communication）、知情同意、家長主義、服務終止、告知事實真相、雙重關係與界限議題、利益衝突、實務工作者運用社群媒體與遠距服務、揭發機構或專業團體內部不當的行為（吹哨）（whistle-blowing）、遵守法律及機構的規章等。這個取向的特徵是強調倫理的抉擇，專業義務之間衝突的化解。其之所以重視價值觀衝突與倫理兩難，部分是因為社會工作長久以來都關切服務對象與社會工作者兩方之間的價值觀差異。

防衛取向（Defensive Orientaion）

防衛取向在現階段社會工作價值與倫理中受到顯著的關注。若與臨床取向相比，臨床取向著重於服務對象利益（包括個人、家庭、團體、社區、組織以及社會）的社會工作倫理，而防衛取向則關切風險管理、對實務工作者的保護。其關心的議題包括：有關對於各種倫理相關的不當行為與疏失的指控，以及最大宗的是專業人員業務相關之責任議題（liability issues）與逐漸增加的法律訴訟風險等（Reamer, 2003, 2009a, 2009b, 2015a）。

無道德取向（Amoralistic Orientation）

此派的特徵是不涉及價值或規範性的概念。將實務工作視為純技術性；例如在 1920 年代「精神醫學」洪流時期的實務工作者，他們避免運用有關於價值或倫理的觀念，而運用心理動力的專用術語來釐清人類行為的奧祕。然而，這個取向並非價值中立的，因為其包含了心理動力方面與其他理論的概念，是有其預設的價值基礎的（H. Perlman, 1976; Perlman and Brandell, 2011）。此派取向並未受到傳統社會工作價值所支配，而現今社會工作者基於所謂的價值中立考量來選擇某些工作方法，例如心理治療技術、方案評估、成本效益分析等的情形也是歸類於此種取向。

對於社會工作價值與倫理最明顯的表述是《NASW 倫理守則》（2017）。社會工作的使命宣言加入至 1996 年的版本。該使命宣言清楚地強調社會工作對個人福祉與社會福祉的雙重承諾。使命宣言中也標明社會工作對社會正義的持續承諾：

社會工作專業的首要使命在促進人類福祉，協助全人類滿足其基本人性需求，尤其關注弱勢族群、受壓迫者及貧窮者的需求和增強權能。社會工作的歷史傳統和形象定位皆著重於促進社會脈絡中的個人福祉和社會福址。社會工作最根本是要去關注那些產生、影響和引發生活問題的外在環境影響力。

　　社會工作者協同服務對象或倡議代言以促進社會正義和社會變遷。「服務對象」（clients）被用來代表個人、家庭、團體、組織和社區。社會工作者要敏銳覺察文化及族群的多元性，並致力於終結歧視、壓迫、貧窮及其他形式的社會不公義。這些活動的形式包括：直接的實務工作、社區組織、督導、諮詢、行政管理、倡議、社會和政治行動、政策發展和執行、教育、研究與評估。社會工作者尋求增進個人表達自我需求的能力。社會工作者也嘗試去促使組織、社區和其他社會制度對個人需求與社會問題的回應。（1）

 ## 社會工作實務中價值的類型（Typologies of Values）

　　隨著不同時期的專業價值逐步演變，專業價值如何影響社會工作實務呢？過去已有學者嘗試定義與分類與實務工作相關的社會工作核心價值，其中最早也最為人知的是 Gordon（1965）所寫的〈知識與價值：釐清兩者在社工實務中的差別與關係〉一文。Gordon 指出有六種價值觀建構社會工作實務的基礎：

1. 社會中最基本的關注對象是個人。
2. 社會中的每個人是相互依賴的。
3. 社會中的每個人對他人負有社會責任。
4. 社會中的每個人都有共同的需要，但是每個人也有其獨特之處。
5. 民主社會的重要特徵是每一個社會成員的潛能都能發揮，同時經由積極的社會參與來盡社會的責任。

6. 社會有責任協助每一個成員去克服或預防各種阻礙（例如個人與環境之間的失衡），使其能自我實現。（1965: 32）

Vigilante 也提出了類似的觀點：「社會工作價值是屬於人道主義的理念。其重要的觀點是尊嚴與個人的價值。因此社會工作是處理群體間、個人間的互動關係，此互動關係又是在社會目標的架構下運作。社會工作是一社會責任，人道主義可視為其哲學的基礎，而由此發展出來的社會工作專業自有其價值理念與『社會』意涵的功能。」（1974: 109）

美國 NASW 也在其 *NASW Standards for the Classification of Social Work Practice* 提出社會工作價值的核心內容（1982）：

1. 重視社會中的每一個人。
2. 尊重與服務對象關係的保密性。
3. 改變社會以滿足社會的需要。
4. 專業關係中不涉及私人情感與需要。
5. 願意將知識與技巧提供給他人。
6. 尊重與欣賞個人的與團體的差異。
7. 協助服務對象發展自助的能力。
8. 即使感到挫折，也堅持為服務對象的利益考量。
9. 堅持社會正義，以及為所有社會成員的經濟、物質與心理福祉而努力。
10. 堅持個人行為與專業行為符合高的規範標準。

雖然上述不同學者提出的社工核心價值觀有些差異，但是卻也有相當的一致性。正如 Levy 所說：「自社會工作專業化開始，社會工作者對社會工作價值都有相當持續且基本的認同。」（1976: 80）

通常被引用的社會工作價值包括：個人價值與尊嚴、重視個人改變的潛能、培養服務對象的自我決定權與增強權能、提供個人發揮潛能的機會、尋求提供個人足夠的資源與服務以滿足其基本的需求、堅持公平的機會、不歧視、尊重多元、對社會正義與社會改革的承諾、確保保密與個人隱私、願意傳遞專業知識與技能給他人（Abbott, 1988; Aptekar 1964; Baer and Federico, 1979; Barker, 1991b; Bartlett, 1970; Biestek, 1957; Biestek and Gehrig, 1978; Billups, 1992; Compton and Galaway, 1994; Congress, 1999; Goldstein, 1983; Gordon, 1962; Hunt, 1978; A. Johnson, 1955; L. Johnson, 1989; Keith-Lucas, 1977; Levy, 1973, 1976, 1984; Morales and Sheafor, 1986; NASW, 1982; Plant, 1970; Popple, 1992; Pumphrey, 1959; Reamer, 1987c, 1989b, 1990, 1993b, 1994; Sheafor, Horejsi, and Horejsi, 1988; Siporin, 1992; Solomon, 1976; Teicher, 1967; Timms, 1983; Varley, 1968; Wilson, 1978）。

　　過去有些著名的學者將這些社會工作價值作分類。1959 年 Pumphrey 就曾經提出社會工作價值分類的最早版本之一，他依照專業關係將社會工作價值分為三類；第一類是「專業與其所處的文化環境之關係」（79）。此部分關切專業使命——例如有關社會正義、社會改革、滿足人類的共同需求——與社會價值之間的相容性。這類的討論包括了檢視社會工作價值與社會普遍價值觀相衝突的情況；例如有關美國的福利改革或是全民性醫療照顧的政策（A. Johnson, 1955）。Frankel 指出：

> 我們將會面臨長期的困境，也就是在這動亂的年代是否要維持現況或是創造社會行動的情境。我們需要對未來的路與行動有更清楚的認識。單說「解決問題」是不夠的：我們需要更精確的原則指導我們成功地解決問題；特別是我們必須決定專業價值與社會價值之間關係的定位。（1969: 30）

Pumphrey 區分的第二類是關切「專業人員之間的關係」（1959: 79-80）。例如專業如何解釋與執行專業的價值與鼓勵符合倫理的行為。此類包含了社會工作者透過專業人員的溝通與政策的制定來致力於釐清基本的價值與倫理的原則。

　　最後一種的分類是關切「與服務服務對象或團體的關係」（p. 80）。也就是說根據社會工作的價值去了解與回應服務對象需求。這包括了影響專業人員與服務對象建立關係的價值觀，譬如：尊重個人的價值與尊嚴、重視個人改變的潛能、自我決定權、服務對象的增強權能等。

　　Levy（1973, 1976, 1984）也提出兩種有助益且先驅性的社會工作價值分類。第一種是將社會工作的價值依照對人偏好的觀念、期望可達到的境界、期望待人的方法而分為三組概念。第一組是對人偏好的觀念（preferred conceptions of people）（1973: 38, 1976: 83），例如相信個人的價值與尊嚴、有朝著建設性方向改變的能力與動力、彼此責任感、需要有歸屬感、獨特性、人類有共同的需求。第二組是期望可達到的境界（preferred outcomes for people）（1973: 40, 1976: 83）例如社會有責任去提供個人成長與發展的機會、提供資源與服務以協助個人滿足其基本需求、避免飢餓、失學或居住問題、疾病與歧視等問題、提供個人參與社會的平等機會。Levy 論及：

> 價值體系的架構是要能夠成為個別社會工作者、機構與專業協會選擇行動的依據，無論這行動是有關於服務對象的、有關於社會情況與社會制度。雖然社會工作者因為基於宗教與社會階級的差別而有不同的意見──但是大家也多半接受了上述三組概念的看法。目前需要的是能夠建構一套價值的規範，以提供社會工作者個別與集體行動的指引。（1973: 41）

Levy 所提出的第三組概念是期望待人的方法（preferred instrumentalities for dealing with people）（1973: 41, 1976: 83），例如相信人應該受到他人的尊重、有權利自我做決定、被鼓勵去參與社會改革、被視為是獨特的個體：「當服務對象前來求助時，他應該可以預期社會工作者會用何種方式對待他，因為社會工作者不會先預設立場，例如不帶有批判色彩的。」（1973: 42）

　　Levy 的第二個架構則採取了一個非常不同的取向。他（1984: 24-27）主張核心價值必須起源自四個價值類別：社會價值（societal values）、組織與制度價值（organizational and institutional values）、專業價值（professional values）、人群服務實務的價值（human service practice values）。社會價值的例子如：身體的、情感的與心理健康；所有人的公民權與法律權利；所有人的尊嚴；有機會擁有健康且安全的生活條件；提供機會給個人參與公共和社會政策之制定與執行。組織與制度的價值包括：所有人都可獲得有關組織與制度提供服務／方案／機會的資訊；公平且有原則地運用組織與制度的權威／資源／機會；組織與工作人員關切與尊重地對待每個人；提供機會使人能有意義地參與社區事務。專業的價值包括：提供服務而不是為了營利；公平且思慮周全地運用專業權威；倡議對服務對象有幫助的公共與社會政策。人群服務實務的價值包括：避免虐待／剝削服務對象與他人；重視服務對象個人與他人的尊嚴；尊重服務對象與他人的隱私權；社工幫助服務對象處理其需求／問題／利益／目標之同時，也提升服務對象自我決定的能力。

目前最常見的社會工作價值分類是在 2017 年《NASW 倫理守則》。我會在第三章有更完整的討論；NASW 守則修訂委員會於 1996 年起草守則修訂案時，決定條列專業的核心價值，這是美國社會工作歷史發展上的頭一次。經過系統性整理過去與當代對於社工價值的討論，委員會提出六個核心價值，並發展出具通則性、價值為基礎的倫理原則，以及簡短說明每一個核心價值的內涵。

1.價值：服務（Service）

倫理原則：社會工作者最基本的目標即在協助有需要的人們，並且關注社會問題及採取行動。社會工作者應超越個人利益來提供他人服務。社會工作者依其專業知識、價值和技術來協助有需要的人們，並關注社會問題及採取行動。社會工作者被鼓勵在不求主要的財務回報之下，貢獻他們部分的專業技能。（未要求收費的服務）

2.價值：社會正義（Social Justice）

倫理原則：社會工作者要挑戰社會的不公平。社會工作者追求社會變革，尤其要與弱勢、受壓迫之個人和團體一起工作，或是為其倡議發聲。社會工作者首要的社會變革著重在：貧窮、失業、歧視及其他型態的社會不公平。這些活動嘗試增加對壓迫、文化和族群多元性的敏感度和知識。社會工作者致力於確保服務對象能夠獲得必要的資訊、服務、資源、平等的機會，以及在全民決策上有意義的參與。

3.價值：個人的尊嚴與價值（Dignity and Worth of the Person）

　　倫理原則：社會工作者尊重個人與生俱來的尊嚴與價值。社會工作者以一種關懷與尊重的態度對待每個人，留意個別差異和文化及族群的多元性。社會工作者促進服務對象的自我決定具有社會責任性。社會工作者嘗試提升服務對象的能力，拓展改變的機會，面對處理自己的需求。社會工作者認知到自己對服務對象以及廣大社會的雙重責任。他們尋求能夠在符合專業的價值、倫理原則和倫理標準下，實踐社會責任，以解決服務對象和廣大社會間的利益衝突。

4.價值：人群關係的重要性（Importance of Human Relationships）

　　倫理原則：社會工作者應認知到人際關係的核心重要性。社會工作者了解人與人之間的關係是改變的重要原動力。社會工作者在助人過程中扮演服務對象的夥伴角色。社會工作者在有目的之努力下，嘗試增強人際關係，以提升、恢復、維持和促進個人、家庭、社會團體、組織和社區的福祉。

5.價值：德行整全（Integrity）

　　倫理原則：社會工作者行為表現是值得信賴的。社會工作者要能持續地覺察專業的使命、價值、倫理原則和倫理標準，並能言行一致。社會工作者行為表現誠實且負責任；並在所屬的服務組織團體中，促進合乎倫理的實務工作。

6.價值：能力（Competence）

　　倫理原則：社會工作者應在自己專業能力範圍內執業，並提升自己的專業知能。社會工作者應持續地致力於增加自己的專業知識和技能，並在實務工作中運用。社會工作者應期許自己對專業的知識累積有所貢獻。（2017: 5-6）

　　根據上述這些社會工作價值的不同分類，可觀察到有一個最持續出現的主題就是：社會工作者同時對個人福祉與社會福祉有所承諾。正如我將要在下面討論的，社會工作者有時會面對服務對象個人利益與社會利益衝突的困難抉擇。另一種緊張的關係存在於社會工作者運用心理治療去改變個人與家庭，以及社會工作者為了不平等、歧視、貧窮與正義而運用社會改革的方法（Gil, 1994, 1998; Karger and Stoesz, 2009; Reamer,

1992b; Rhodes, 1986; Specht, 1990, 1991; Wakefield, 1988a, 1988b）。例如 Billups 論及：「社會工作的再建構需要創造性地將幫助個人與改善社會兩項重點同時融合。姑且不論其個人的偏好或專長如何，這是專業的責任（此處我們的論點有些基變取向），也是個別實務工作者的責任。」（1992: 105-6）

社會工作價值的影響
（The Influence of Social Work's Values）

在有關社會工作價值的文獻中，包含了一個重要部分：社會工作者需要釐清其個人的價值觀；這是因為基於個人價值觀會影響到對服務對象、服務方式與策略的選擇、對服務結果成功與否的認定。有時，個人價值觀會產生問題，特別是當個人價值觀與法律、機構政策相衝突時（Comartin and Gonzalez-Prendes, 2011; Doyle, Miller, and Mirza, 2009）。例如 Gordon 指出對社會工作者而言，「認為某事物有價值」就是「對其有所偏好」。而偏好的程度可表現在個人需要付何種代價、盡何種努力、做何種犧牲以得到所偏好的事物，可能是某物品、某種行為，或是一種狀況。因此，要認定個人或社會的價值觀，需要知道其「偏好什麼」，以及個人需要付何種代價、盡何種努力、做何種犧牲以得到所偏好的事物；或是社會的規定、處罰以便要求社會成員達到某種偏好的情況（1965: 33）。

Rokeach（1973）在其《人類價值觀的本質》（*The Nature of Human Values*）一書中對個人價值的定義有助於我們對社會工作價值的概念分析：「價值是一種持續的信念，相信某一種方式或最終的狀態是比另一種相反的方式或狀態要來得好」（5）。根據此觀點，需要將價值區分為終極的（ultimate）、中介的（proximate）、工具性的（instrumental）三類。終極價值是具廣泛性的、對團體目標提供一個概括性的指引。社會工作價值中的尊重個人、平等、沒有歧視都是屬於終極價值。Pumphrey 是社會工作界中最早並勇於嘗試對社工價值進行研究的學者之一，其指出

「終極的社會工作價值」包含：

1. 每一個人都應該被視為是極有價值的，都應該享有其本有的尊嚴與免於困苦的情況。

2. 人類擁有很大的與未知的潛能以發展追求內在心靈的和諧與滿足；同時也有能力幫助其他的人去發展追求。

3. 為了了解個人的潛能，每一個人都需要與他人建立一種施與受的關係，而且都享有同等的機會去建立這種關係。

4. 追求人類更美好的境界是有可能的。改變、成長、進步等名詞常見於社會工作價值陳述中；其意味著社會工作者相信人類，無論個別的或集體的，有能力去改變，以達到專業所認定的個人或社會的理想境界。

5. 對個人、團體或社會而言，可藉由他人的幫助與鼓勵來促進其朝向一種積極方向的改變。而他人的協助介入也可減緩或阻止其在消極方面的改變。換句話說，「助人」的過程是有效用的，助人的價值觀應被看重。

6. 但無法強迫人去做最有效的改變。因為人有掌握自己人生方向的能力；除非是缺乏能力或能力嚴重不足，否則這樣的能力應受到尊重。

7. 人類是可知的；我們需要持續的探究，對人類需求與潛能有更多認識。而對於已知的部分，我們也需要將之應用於與提升個人與社會理想的實現。

8. 社會工作專業是集體致力於這些價值的維護與實踐。（1959: 43-44）

另一方面，中介價值則是較特定的。在社會工作中的例子如：精神病患有權利拒絕某些型式的治療、領取福利給付者有權利得到某一水準的給付標準或是少數族群獲得良好醫療照顧的權利。最後，工具性價值則是對欲達到目標的手段予以說明。在社會工作中的例子有保密、自我決定、知情同意等（L. Johnson, 1989; Rokeach, 1973）。

雖然有一些社會工作學者認為專業並沒有自己擁有一套獨特的價值基礎（Meinert, 1980），但大多數學者認為專業確實已發展出一套價值基礎[2]。Gordon 主張社會工作需要達到下列的標準，才可說是有一套獨特的價值體係。首先，專業的大多數成員相信其對社會工作而言是正確的，並且要求實務工作者毫無保留地接受（1965: 38）。

第二，這一套價值在歷經一段相當長的時期之後仍能顯出其對專業有助益，可以提供專業使命的指引，以及提示較特定的實務工作遵行方向（Meinert, 1965: 38）。最後，這套價值必須能促進價值在應用方面知識的成長，並鼓勵將價值視為有待驗證的假設（38）。正如 Levy 所說，理想上，社會工作價值將成為：

> 在社會工作價值的終極發展階段，社會工作價值成為一種基礎，可預測社會工作者在某些情況下會採取哪些行動，並決定其是否有任何的違反。因此，無論是直接服務的工作員或是間接服務的工作員都有相似的價值基礎。這些價值基礎會歷經持續地修正，而成為社會工作專業集體的目標。（1973: 37, 38）

明確的是，社會工作者的個人價值通常會影響到其倫理的抉擇。有些道德哲學家主張：專業人員自己的道德與品格是倫理抉擇的核心（MacIntyre, 1984），而倫理守則與其他指引所規範的倫理標準反倒是附帶的。根據 Beauchamp 與 Childress 所述：

> 德行（virtue）是為社會所接受的品格，而具有道德的德行（moral virtue）則是道德所重視的品格。……道德上我們關切人們的動機，尤其關切**品格**的動機（characteristic motives），也就是人們品格中所深藏的動機。例如說，人們若以此方式表現出同理與個人情感，是可以接受的；但若是人們背後的動機是為了個人野心，則可能是不被接受的。簡言之，人們可能傾向

---

[2] Meinert 提出在社會工作文獻中最極端的說法之一是「社會工作的價值並不存在，而認為社會工作價值的存在是一種迷思，這樣的迷思不應再欺瞞學生或大眾」（1980: 15）。

去做他人認為是對的事情，也打算去做，也實際去做了；然而其心理卻是不想去做。若是人們以這樣的動機去行事，並不符合具有道德的德行，即使其所表現的外在行為是道德的。（2001：27）

就此觀點，也就是德行倫理（virtue ethics），一個人具有符合道德的價值觀與品格——例如誠實、慷慨、忠誠、真誠、仁慈、熱情與值得信賴——並能言行一致。倫理的判斷是源自於這些核心價值與品格，而不是倫理的規範與標準。Beauchamp 與 Childress 指出：「品格包含一組持久不變的美德，影響人們的判斷與行動。雖然我們每個人都有不同的特質，但是具有一般能力的人們，皆可以培養具重要性的道德特質。這些特質包括了信念、動機與情感層面所組成的複雜結構。就專業人員的生活而言，這些特質起源自專業角色的職責，是受到鼓勵與讚許的。」（2001: 30）

 ## 核心的專業德行（Core Professional Virtues）

生物醫學倫理學家 Tom Beauchamp 與 James Childress 在 1970 年代發展了最著名的專業德性的分析架構。當時的生物醫學倫理與專業倫理正開始出現並逐漸受到重視。這個重要的分析架構是在 1979 年首次發表，並持續在專業倫理領域占有重要的地位，同時也是高度適用於社會工作。Beauchamp 與 Childress（2013）指出數個核心重要的德行，對專業人員執行職務極為重要。

熱誠（Compassion）

此特質結合了積極關心他人福祉的態度，以及理智與情感面的回應，此回應是一種深度的同理、溫柔，也能夠苦人所苦。熱誠是以同理為前提，與仁慈（mercy）類似，並在行為上表現出善行，嘗試減緩他人的不幸或痛苦。

洞察力（Discernment）

此德性帶有敏銳的洞悉能力、判斷能力以及理解能力，進而採取行動。洞察力涉及做判斷、抉擇的一種能力，不會因為無關的因素、擔心害怕或個人情感等而受到影響。

值得信賴（Trustworthiness）

信任是對於他人的道德特質與能力的一種信心與倚靠。信任需要一種信心，此種信心是認為他人的行為具有正確的動機，以及符合適當的道德規範。

德行整全（Integrity）

是指一個人的品格是健全的、可靠的、完全的與整合一致的。而狹義的解釋則為對道德規範的堅持。因此，具有兩種面向，第一個面向為每個人的各層面——情感、渴望、知識等——是相互一致的，不會相互抵觸。第二個面向是對於道德標準的持守，必要時也會站出為自己的立場辯護。

認真盡責（Conscientiousness）

一個人的行為是認真盡責，因為某件事情是對的而去做。也會付出心力去決定什麼是對的、規劃去做對的事情，並付出合理的努力去完成。

上述這五種核心的德行與 Beauchamp 與 Childress（2013）所提出的四種核心道德原則有直接的相關。這四種道德原則建構出專業實務的道德基礎：自主（autonomy）、不傷害（nonmaleficence）、行善（beneficence）與正義（justice）。這些道德原則明顯地可以廣泛運用於社會工作實務，也對社會工作實務具有相當的意涵。

自主

自主的概念——與社會工作中服務對象自決的價值觀有密切的關聯性——其是一種自我的掌控，不受到他人的控制介入，也免於外界的限制，例如不充足的理解以致無法做出有意義的選擇。一個有自主權的個人（例如一位身心障礙者希望知道自己如何獨立生活），可以依照自己選擇的計畫自由地行動。一個自主權受到限制的人（例如婚姻暴力或兒童虐待的受害者）其某些層面的生活受到他人的掌控，或是無法依照自己的意志與計畫而行動。

不傷害

此原則堅持一種不帶給他人傷害的責任。典型的例子包括：不殺人、不帶來痛苦、不使人失去能力、不會引起冒犯、不會剝奪他人生活的需要，例如食物、衣服、住宅、醫療照顧。因此，社會工作者不應該傷害服務對象，正如父母不應該傷害自己的孩子。

行善

行善意謂憐恤、仁慈與博愛的行為。行善的類型一般包括利他主義、關愛、人道主義。**行善**是指使他人得到益處的行為，社會工作者的行為也是根源於行善的原則。

正義

哲學家對於正義內涵的闡述有所不同，包括公平（fairness）、**值得與否**（desert）以及**應得的權利**（entitlement）。這些對正義的解釋如公平、公正、適當的對待等，都是在說明什麼是人們應該得到的。運用正義的標準以衡量個人應得到的或是應負擔的，例如工作表現具有生產力，或是被他人傷害時的時候。**不正義**（injustice）是指一種錯誤的行為或是一種不作為，因而否定人們應享有的權利，或是未能公平地分配應負的責任。社會工作者尤其關心如何提升弱勢者（例如虛弱的老人、被疏忽的孩子）、被壓迫者（種族、族群或社會歧視的受害者），或是貧困人口的正義。

取得個人價值觀與專業價值的一致
（Reconciling Personal and Professional Values）

　　以下是有關社會工作價值與道德原則的一些議題，基於實務工作者的特殊角色，值得特別提出來討論。首先是社會工作者有時會面臨到自己的價值觀與服務對象、雇主、專業本身的價值觀存在著緊張的關係；如此無可避免地，社會工作者面臨到價值觀的衝突。有關於服務對象方面，社會工作者有時會遇到服務對象的價值觀與行為是不道德的與自己不投合的（Goldstein, 1987; Hardman, 1975）。社會工作者或許會對服務對象教養孩子的方式、觸犯法律的方式、對待伴侶的方式等有強烈的反應。社會工作者如何對這些狀況反應——他們是否告訴服務對象自己的想法或是保留自己的判斷——端視實務工作者對自己價值觀定位的看法而不同。Levy指出：「社會工作者也有釐清自己價值取向的責任。部分實務工作中的兩難是發生於實務工作者的價值觀與服務對象的價值觀一致與否。其解決的方法則要看實務工作者採取何種價值觀來提供服務，以及服務對象對於服務回應的價值觀。」（1976: 101）

　　以下的例子是說明社會工作者遇到自己的價值觀與服務對象的價值觀相衝突時的困難。

案例 2.2 ....

　　Roger P. 是在 Pikesville 社區心理衛生中心工作的社會工作員。他的機構與當地一家造紙廠合作推動員工協助方案（employee assistance program, EAP）。機構對廠內員工提供諮商的服務。

　　Alvin L. 是該工廠的員工，也是 Roger P. 的服務對象有七週之久。Alvin L. 最初前來尋求服務是因為他喝酒的問題。事實上，是他的工作督導將他轉介給 Roger P.，因為他擔心 Alvin L. 的工作表現不佳。

　　Roger P. 曾接受過酗酒治療的特殊訓練，他與 Alvin L. 一起設計了處理酗酒問題的服務計畫。

在某次諮商會談中，Alvin L. 提到他與工廠內的同仁有婚外情的事（Alvin L. 已婚，有三個孩子）。但這件事似乎並沒有讓 Alvin L. 感到困擾，Alvin L. 也沒有要求 Roger P. 的幫助。

但是，Roger P. 對於 Alvin L. 的外遇問題深感困擾，Alvin L. 的行為顯然違反了 Roger P. 的價值觀。Roger P. 不知道他是否要與 Alvin L. 討論這個問題。

另一些情況是社會工作者的主要目的是要認知到服務對象正面臨到價值兩難的問題，並協助服務對象處理之（Goldstein, 1987; Siporin, 1992）。相關的例子包括服務對象因一些與道德相關的決定而困擾：外遇、服務對象要照顧曾虐待過他的父母、終止懷孕、離婚、不誠實申報退稅，以及處理家庭暴力問題。Goldstein 指出，社會工作者必須知道服務對象的困難常常包含了重要的道德意涵在內；服務對象常因問題中的道德部分而苦戰：服務對象經驗到的衝突與痛苦常來自於嚴重的道德與倫理的兩難、來自於缺乏可靠的解決方法。這些兩難的情況牽涉到對某些生活上問題的關鍵性抉擇，這包括了對他人所負擔的義務與責任。更進一步來說，社會工作者若能覺察到服務對象問題中的道德衝突，將可以更廣泛與深入地理解服務對象的困難或苦楚（1987: 181-182）。

因此，為了幫助服務對象，社會工作者必須學習同時透過倫理的視角，以及臨床的視角；也必須學習如何運用倫理的語言。對於實務工作者而言，運用「道德對話」（moral dialogue），與服務對象、服務對象的重要他人一起討論，尤其可以帶來幫助。社會工作者在其中扮演關鍵角色，對於需要抉擇的情境，探索多元的道德觀點與倫理框架（Spano and Koenig, 2003: 98）。社會工作者在此過程中，積極探究服務對象認為哪些是倫理上正確的觀點、哪些是倫理上錯誤的觀點。

 ## 文化與宗教的價值觀

價值觀衝突可發生於：當服務對象的文化或宗教價值觀與專業的或

社會工作者自己的價值觀不同時（例如有關於對孩子的醫療照顧方式）（Comartin and Gonzalez-Prendes, 2011; Hardman, 1975; Hollis, 1964; Loewenberg and Dolgoff, [1982] 1996; Reamer, [1982] 1990; Rhodes, 1986; Timms, 1983）。因此，社會工作者需要了解到自己的與服務對象的文化或宗教價值觀所產生的影響。例如有些情況涉及服務對象是否要墮胎——宗教信仰會對如何解釋問題與如何處理問題有相當的影響（Canda, 1998; Canda and Furman, 2010; Loewenberg, 1988）。同樣地，服務對象尋求婚姻諮商的服務也會受到宗教信仰的影響；社會工作者或許在多次治療會談後，發現這對夫妻不太可能化解衝突與歧異，於是建議這對夫妻分居與離婚，但是他們並不接受因為他們的宗教信仰禁止離婚。

宗教信仰也會對服務對象或社會工作者的行為產生不易覺察的影響。例如有一社會工作者擔任社區組織的工作，面臨到白人居民對於有色人種的鄰居存有種族主義的觀點。社會工作者必須決定是否要面質與挑戰這樣種族主義的觀點，或是尊重個人表達自己意見的權利。可想見的是，社會工作者會部分受到她強烈的宗教信仰與聖經中有關與鄰居相處的告誡，而決定如何採取行動。

社會工作者也需要了解到不同國家、文化的倫理規範也有差異，因而影響到其服務的提供。我有一個親身經驗就是我被邀請到臺灣，講述社會工作倫理的主題。我的任務是指出重要的倫理議題，並提出對於臺灣專業教育與規範的意涵。

這是一個艱鉅的任務。一方面，在去臺灣之前，我就先與臺灣的社會工作者溝通，我感覺到有些倫理議題在美國與臺灣是相當的、可比較的。畢竟，與服務對象不當的性行為、從未寫過服務紀錄的情形，在任何地區都是不符合倫理的。類似的狀況如：社會工作者在任何國家都需要決定如何回應服務對象的餽贈，或服務對象要求社工提供私人的資訊。我發現臺灣的社會工作者與美國社會工作者一樣，都關心使用網際網路工具的關係界線議題。雖然各國的文化規範對於如何處理這些議題都有差異，但是整體的挑戰卻是類似的。

不同的是，許多臺灣社會工作者他們對於臨終照顧（end-of-life care）的基本社會工作價值觀卻與我非常不同。他們告訴我：在其文化背景中，並不會與服務對象討論預立醫囑，因為對於未來的死亡或是直接討論死亡是不恰當的。我對於美國與臺灣社會工作者對此議題的不同取向感到震驚。

　　我到印度的經驗又再度提醒我這個議題。我前往印度進行社會工作倫理的教學，對象是一群有經驗的社工與教師。在一次對話中，我們討論到有關對無家者提供服務。我說到美國社工的倫理挑戰，有時無家者居住於街頭，但卻拒絕社工的幫助（例如無家者個人的自我決定權、社工專業的家長主義想要讓無家者減少傷害）。在討論的過程中，我很快地發現我與課程參加者對於**無家者**的定義有非常不同的理解。有些參加者說：因為印度的貧窮問題是普遍存在的，美國社工看到高速公路橋下或是大樓間的無家者，在印度可能不會被認定是無家者。

　　根據我與臺灣、印度社會工作者的對話經驗，我確認我過去到歐洲國家、其他亞洲國家討論倫理議題所產生的推測，也就是對於社會工作者而言，倫理議題的解讀需要具有敏銳的國際視角。一個國家或文化的倫理挑戰在另一個國家可能並不明顯，或是因為文化規範及脈絡的差異，而有不同處理倫理議題的方式。以下提出幾個例子：

■ 美國 1996 年通過的「醫療保險可攜式與責任法」（Health Insurance Portability and Accountability Act, HIPAA），再加上其他對於保密的嚴格法規，美國社會工作者重視服務對象的隱私保密。除了極少數的例外（例如發生立即危險的緊急狀況），社會工作者不能在沒有取得服務對象的同意之下，將服務對象的個人資訊告知其家人。

　　然而在某些以家庭為基本單位的文化中，社會工作者被期待要將服務對象的個人資訊告知其他家庭成員；此情況下，並不需要服務對象的知情同意，因為其個人隱私是次要的。確實在某些文化中，知情同意的概念並沒有普遍認知。在有些文化中，家屬也會告知社工有關服務對象的保密資訊，也期待社工不要告知服務對象（例如有關健康不佳的預後、家屬規劃將服務對象安置於養護之家）。

■ 在美國，社會工作者的首要工作是盡力協助服務對象因應生活的挑戰。受僱於機構的社工並不會被要求去處理機構辦公室的行政業務，例如監督服務對象繳交給機構費用的付款狀況、逾期繳交的催收等；這些都具有潛在的利益衝突。然而在其他國家，雇主會認為這也是社工的責任，社工需要追蹤服務對象付費狀況，未繳時需要催繳。這樣的雙重角色在一些文化中並不會被視為有利益衝突的問題。

■ 我到臺灣訪問的期間，與一些社會作者討論有關服務對象的自我決定權議題，尤其是精神疾病的治療。社工們告知我，對於嚴重且慢性的精神疾病（例如思覺失調症），他們會尊重家屬的想法，讓家屬尋求佛教、神職人員的協助，而不是專業人員的協助；尤其是當家屬認為精神疾病是因為今生或前世做了不當的行為，而被魔鬼附身或邪靈纏身。服務對象與家屬相信透過信仰與宗教的儀式，可以醫治此病。許多人會到廟裡念經，尋求宗教領袖的幫助。對於接受西方訓練的社工或是傾向採取西方介入方式的社工，就需要思考如何平衡：服務對象的自我決定權，以及符合服務對象最佳利益的介入。這樣的挑戰包含了專業家長主義的複雜問題，也就是在某些情況下，為了服務對象的利益，社會工作者會干預服務對象的自我決定。

■ 我到印度訪問的期間，我發現：對於專業關係的界限議題，許多印度社工比美國社工會更為彈性。印度社工認為他們有義務接受服務對象的邀請，參加婚宴或是其他重要的生命階段事件。從文化的觀點，拒絕邀請是不恰當的。

　　對所有社會工作者來說，有些複雜的挑戰是國際適用的、具跨國性的；有些則適用於特定的國家或文化。保密、隱私、界限與自我決定等概念都可運用於各個地區，但其特定的意義與如何落實就會顯出差異。社會工作者需要避免假設自己國家、語言及文化脈絡下的倫理標準、概念可以直接轉換到其他國家、語言及文化脈絡。倫理傲慢（ethical hubris）是認為自己的倫理議題可以適用世界各地，而倫理謙遜（ethical humility）才是更為適當的。

　　依此觀點，社會工作者可以從文化人類學的角度學習。文化人類學者提醒我們，需具備文化敏感、同理進入另一個不同的文化。有經驗的民族誌學者藉著參與觀察、努力向關鍵資訊提供者學習，尊重其看法觀點。社會工作者面對不同文化的服務對象，必須尋求理解、欣賞不同的國家與文化，來解讀及運用倫理概念。採取這些由來已久的人類學原則與方法是有幫助的。

「是否社會工作倫理具有普世眞理」一直是一個持續被提出的問題。是否社會工作的倫理與價值應視當地的觀點與風俗而不同？或是某些部分爲普世都可適用的？何種程度可適切地說：沒有例外，社會工作者應該對服務對象誠實、不說謊、避免雙重關係、尊重其自我決定權？到何種程度，這些重要的社工價值觀需要考量文化因素？至少，社會工作者需要考量美國 NASW（2021）有關文化能力的倫理守則討論，如下摘述：「社會工作者應具有知識，與不同文化背景的服務對象工作。社會工作者應具備文化知情的技能，以提供服務，並對處於社會邊緣的個人及團體予以增強權能。」（倫理標準 1.05[b]）

倫理兩難涉及複雜的文化規範，對實務工作者來說，可能會格外麻煩，以下就是一個例子。

案例 2.3 ....

Carol S. 是在 Sinai 醫院急診室的社會工作員。一天下午，救護車送來了一位年僅 9 歲的女孩，她的家庭最近才從東南亞移民到美國。根據急診室醫療人員的說法，這女孩在下課時昏倒在遊樂場上。學校護士發覺到女孩的右耳後面有腫大的現象。

醫師建議要做活體組織檢查。Carol S. 聯絡女孩的父母，他們正在上班，並告知目前的情況。

女孩的父母不久便趕到醫院，醫師向他們解釋可能的併發症與預定的程序。醫師要求女孩的父母同意以便進行檢查。

女孩的父母拒絕簽同意書，透過翻譯人員他們向醫師與 Carol S. 解釋說：他們的文化禁止對人腦有任何的穿透性動作。依據他們的傳統文化，使用針去刺穿腦部會釋放出一種靈，將會帶來對這孩子與其他家人的不幸。雖然女孩的家長擔心孩子的健康，但是他們認為有義務持守住傳統的文化。

社會工作者對於應與服務對象討論自己想法的程度會有不同的看法，尤其是當不同的看法反映出文化規範之差異。一些實務工作者主張：當服務對象有道德議題的困擾時，社會工作者應該保持中立。根據此觀點，社會工作者不應該對服務對象為解決生活困難所付出的努力有所偏見。另一個相對的觀點是：社會工作者應讓服務對象知道社工的價值觀，以便服務對象可以充分了解社工是否存有偏見。儘管這樣的爭論仍持續著，但在專業社群中對於 Hollis 所提出的意見仍受到相當的支持：

> 雖然個案工作中強調接納的觀念，但這觀念常被誤解。當服務對象感到罪惡感或是覺得自己不值得受到社工的喜愛或尊敬的時候，實務工作者的態度以及與服務對象的溝通是必須妥當處理的。有時有人會誤認實務工作者對於服務對象行為的對或錯、適當與否不該表示任何意見；但這似乎是不可能做到的。當然，社工自己的價值觀不能成為服務對象的目標，但是，專業的規範與價值觀卻是無可避免地，且相當適當地，成為訂定服務目標的考量因素。（1964: 85, 208）

　　價值觀衝突也存在於社會工作者的價值觀與專業價值觀之間。一個不錯的例子就是專業對於性傾向、性別認同或是性別表現的立場。NASW 所採取的立場為大多數會員，並非全部會員，所接受。根據《NASW 倫理守則》（2017），社會工作者不得基於性傾向、性別認同或性別表現，而從事、寬容、促進或與他人協同做出任何形式的歧視行為（原則4.02）。這樣的政策為相對少數的社會工作者帶來困擾，由於其個人或宗教的理由反對同性戀與同性戀的權利（例如結婚的權利、收養小孩的權利）。這樣的社工在支持 NASW 政策的機構中工作也會帶來問題。在這些例子中，社工必須對服務對象的責任、對雇主的責任、對專業的責任與對自身的責任等做出困難的抉擇。需要銘記在心的是：社工需要堅守專業的價值觀，不可因為服務對象的性傾向而有所歧視。我們看以下的例子。

　　Oliver M. 是心理衛生機構的臨床社工。他的個案包括來自鄰近大學的學生，因為機構與學校合作為學生提供心理衛生方面的服務。

　　Oliver M. 的服務對象中有一位 19 歲的男性，Tyrone P.，他最初前來尋求服務的原因是他有焦慮的症狀。約三個月後的一次會談中，Tyrone P. 對 Oliver M. 表示他發現自己是同性戀者。Tyrone P. 說他對自己的發現感到非常慌亂，他請 Oliver M. 幫助他釐清他的生命中到底發生了什麼事，以及他的性傾向。

　　在 Oliver M. 的私人生活中，他所信仰的宗教是反對與譴責同性戀的。但是他知道他工作的機構是贊同及積極支持《NASW 的倫理守則》，反對基於性傾向而有的任何形式的歧視行為。Oliver M. 知道他的機構政策是避免基於性傾向而有的歧視行為，並積極幫助服務對象探索同性戀的生活方式。Oliver M. 很願意協助 Tyrone P.，但是他不知道如何將他個人的宗教信仰與機構的政策取得平衡。最後，Oliver M. 決定身為一位社工，就有義務幫助 Tyrone P. 處理個人的問題，不讓自己的價值觀凌駕於上。Oiver M. 也了解若是在服務過程中，他個人的價值觀影響到對 Tyrone P. 的服務，他需要轉介給更適合的社工來提供服務。

自由意志（Free Will）與決定論（Determinism）間的緊張關係

　　另一個重要的議題，是有關於社會工作者的價值影響到決定服務對象問題的形成因素。社會工作者常對於服務對象問題的成因提出假設，並根據此假設規劃出服務的計畫（McDermott, 1975; Reamer, 1983c; Stalley, 1975）。例如：貧窮可以視為是社會不公正的結果，其中有歧視、勞工的剝削，與不充分的社會支持系統，或可視為個人懶惰的結果。類似的例子也可見於以下的問題：情緒困擾、犯罪與偏差行為、失業、強迫性賭博、物質濫用等。有些社會工作者會認為這是因為社會結構的問題而產生的，個人沒有控制的力量；而有些社會工作者卻認為這是個人自己的選擇（Reamer, 1983c）。

　　如此看來，社會工作者的價值觀對於介入服務對象服務有重要的影響。其影響的層面有：何種改變是可能的、如何產生這樣的改變、服務對象應該得到何種協助。一位社工相信一個罪犯（例如：毒品販賣者）是自己選擇違法行為（也就是所謂的自由意志觀點〔free will view〕），其所採取的作法會不同於另一位社工，其相信社會因素而導致犯罪行為（也就是決定論的觀點〔determinist view〕）。同時，這些社會工作者對於犯罪者值得接受何種程度的幫助也會有不同的意見。

　　社會工作教育者對於自由意志觀點與決定論觀點的爭論，也可反映於專業的文獻中。例如 Ephross 與 Reisch 發現在社會工作導論的教科書中，各作者有明顯的價值取向差異：

> 關於社會、政治、經濟的內容，這些教科書呈現明顯的差異。這樣的差異對專業教育而言是相當重要的。我們可以把這些導論教科書按照意識形態的差異排成一系列，從「左派」到「右派」。這裡所謂的左派或右派並非與左右派政治立場者完全相同；而是區分其主張社會結構的歸因或是個人歸因。左派主張：個人主要是受到社會的政治、經濟、制度的因素限制與影響；而右派則主張：個人與家庭因素對於個人經歷及其人際經驗有相當的影響力。（1982: 280）

 ## 對社會工作價值的挑戰

　　另一個重要的議題是有關於一些當代社會工作價值觀之合法性的爭議。雖然社會工作價值已歷經專業發展的各階段，但是它並不是完全靜態的，與未受到挑戰的。例如 Siporin（1982, 1983, 1989）就表示關切，他認為可能是對自由主義觀點的過度包容，這可導致放棄個人或社會責任。

例如允許家長可以拒絕對孩子的救治，因政府不應該干涉家長的權利。對 Siporin 而言，社會工作主要是一種道德事業（1989: 44），但是近年來卻失去其一些道德意義，主要是受到醫療模式的影響以及實務營利模式的影響：「這些趨勢所帶來的影響是社會工作道德或倫理承諾的被破壞。他們已破壞了衝突價值間既存的平衡，使社會工作者對此議題產生對立，也分裂了社會工作專業的團結。」（1989: 50）

　　社會工作者需要認知到核心社會工作價值中政治層面的意義。社會工作價值出現於西方資本主義社會，以及專業價值也受到西方政治觀點的影響，尤其是有關於個人價值與尊嚴、自我決定、分配正義等（Popple, 1992; Rhodes, 1986）。社會工作價值反映出某一特定的政治意識形態，且最終影響到實務工作的本質。舉例來說，資本主義社會中的社會工作者支持並嘗試促進服務對象自我決定的權利，這或許表示接納某種形式的個人主義；這會與其他政治環境的價值觀衝突，如社會主義的社會強調的是集體主義。同樣地，在西方社會中注重的隱私權以及知情同意等價值，對於其他不同文化（如權威主義）來說卻是十分陌生的。

 ## 從價值到行動

　　對社會工作價值的熟悉當然是重要的。畢竟，實務工作者對於社會工作價值的信念與支持能夠給予其一種激勵，使其能維持有意義的專業生涯。此外，了解社會工作價值也有其工具性的目的：能對於實務工作提供概念性的基礎與倫理方面的指引。如果實務的原則是將專業價值表現出來，社會工作者必能認定專業的價值基礎與實務工作原則的關聯性，這關聯性影響著每天的實務工作。正如 Perlman 論及：

　　若無法將價值由信念變為實際行為，由口頭的肯定轉化為行動，則價值就沒有什麼重要了。價值是一種受到珍視的信念，有情感的偏好在其中，若缺乏某種形式或方向的行為表現，則

價值就沒有什麼重要的。價值的力量來自於其對於行動的掌握
　　與指引。社會工作特別之處是在於其有工具性的價值。價值可
　　經由我們所發展出來的知識、技術與資源去追求與實現出來。
　　（1976: 381, 382）

社會工作者面對最具挑戰性的任務之一是：將抽象的價值觀轉化為實際的
行動方針，以提供每天實務工作的指引。正如 R. M. Williams Jr. 所述：
「價值是行動選擇的標準，當價值的界定是明確的、完整的，則其會成為
判斷、偏好與選擇的標準。」（1968: 283）

　　社會工作者必須清楚專業的價值，因為最終實務工作者需要面對專業
職責的衝突（倫理兩難的主要部分），要在不同的價值中所選擇，其又會
影響到倫理抉擇的決定（Frankel, 1959）。Levy 也說：「事實上，倫理
是價值的具體化。……根據這些價值，社會工作者可以決定其專業行為或
是評估結果。這些價值也可以視為規範專業行為的基礎，可以鼓勵符合倫
理的行為，或是對於不當行為予以制裁。」（1976: 14, 79）

　　具體而言，社會工作者的主要任務是將《NASW 倫理守則》所陳述
的專業核心價值——服務、社會正義、人性尊嚴與價值、人群關係的重
要、德行整全，以及能力——轉化為有意義的行動。對於社會工作者而
言，服務是需要超越自我利益；若可行，需要做一些志願服務，運用專業
才能幫助別人。利他主義不是用嘴說的，而是要實踐出來。

　　提倡社會正義的部分，社會工作者尤其需要關心弱勢與受壓迫者，特
別是面對貧窮、失業、歧視與其他不正義的人們。真正關切社會正義的社
會工作者，會盡力協助受害者，滿足其需要；並採取社會行動（例如立法
倡議、社區組織、政治運動以及遊說），以便帶動有意義、持續的、結構
性的社會變遷。根據《NASW 倫理守則》（2017），社會工作者需要參
與社會及政治行動，以尋求確保每一個人可以平等的運用資源、就業、服
務以及機會，以滿足生活所需並得以充分的發展。社會工作者應該要覺察
到政治對於實務工作的影響，倡議政策與立法的改變，以改善社會條件，
滿足人們的基本需要，促進社會正義（標準 6.04[a]）。

　　關切人性尊嚴與價值的社會工作者，其會尊重他人，避免傲慢與武

斷。社會工作者盡其所能去提升每個人的能力，使其追求生命中的目標，並避免家長式、以恩人自居的服務介入。在助人過程中，社會工作者將人們視為夥伴（partners），並盡力做到誠實與能力的實踐。

　　本章中我討論了社會工作價值的本質，以及它們對於專業使命與服務方法的影響。下一章，我將討論核心價值間的衝突會產生非常複雜的倫理兩難與困難的抉擇。我也將會闡示社會工作價值的多種觀點，對實務工作者的倫理抉擇有著直接的意義。

問題討論

1. 什麼樣的個人價值觀影響你決定成為一位社會工作者？
2. 你個人的價值觀是否與社會工作的核心價值發生衝突？如果有，你如何處理此衝突？
3. 你是否曾與某位服務對象工作，其個人價值觀讓你很困擾？你是如何處理你與他在價值觀上的衝突？
4. 你的文化、族群與宗教背景如何影響你的個人價值觀？這些價值觀如何影響到你與服務對象的工作？

第三章
倫理兩難與抉擇：
一個參考架構

案例 3.1 ....

Hinda B. 社工，是 Mt. Washington 婦女庇護中心的臨床主任。此庇護中心提供受暴婦女緊急安置與諮商的服務，該中心可收容八位婦女及其孩子。

Mary M. 和她的兩個孩子在此庇護中心有六星期了，而這次已經是他們第三次住進中心了。Mary M. 說她先生毆打她已有兩年，他先生有嚴重的飲酒問題，他不喝酒時，則還好；一旦喝醉了，她與孩子都必須小心。

Mary M. 的先生最近打傷了她的下顎，她正在復原中，她表示她為自己及孩子擔心。

在一次工作會議中，Hinda B. 表示她對於處理此個案有些困難，因此需要一些幫助。Hinda B. 說：「Mary 說她知道她必須離開她的先生，她知道他有嚴重的飲酒問題，以及這對她與孩子來說都是實際的威脅。但她又表示她仍然愛她的先生，希望他會改變。我擔心她又會回到她先生那邊，目前我們也正在設法處理這部分的問題。

「然而最緊急的問題是 Mary 偷偷告訴我說她盜領福利金已有三年之久了。這盜領是很嚴重的，因為她利用三個不同的名字來盜領，她想她已有足夠的錢離開她的先生獨立生活。

「我該如何做呢？我應該將此案告發？還是保密？我是否應該面質 Mary？還是不管此事，因為這也許是使 Mary 唯一能離開他先生的方法？」

此案例提供了社會工作倫理兩難的一個範例，如第一章所述，倫理兩難是指當社會工作者面臨到數個專業職責與價值的衝突，而必須決定何者較優先考量。此案例中，社會工作者一方面要為服務對象保密並保護服務對象免於受到傷害，另一方面則又必須注意到其非法的行為。

道德哲學家及倫理學家通常視此種情形為**困難的個案**。因為其面對著在衝突職責中的困難選擇，這也是哲學家 W. D. Ross（1930）所指衝突的**表面義務**（prima facie duties）——就其本身而言，這些義務我們都會去做。例如：社會工作者希望為服務對象保密，並保護他不受到傷害。然而，某些情況之下兩者可能無法同時達成。到最後社會工作者必須在衝突的表面義務中選擇出 Ross（1930）所謂的**實際義務**（actual duty）。

如此困難的個案就是表面義務的相衝突，社會工作者必須在不相容的選擇中做決定。無論選擇哪一種，我們似乎都必須做一些犧牲；而我們的選擇也可視為是 Popper（1966）所謂的「痛苦的最小化」（minimization of suffering）。

　　許多社會工作倫理的議題並不是如此複雜，例如：我們都知道我們必須對服務對象說真話，我們也知道我們必須避免某些行為以免傷害服務對象。這些責任都很明確而且通常並相互不衝突。然而，有時些候責任之間會發生衝突；例如當你告訴服務對象實情時（服務對象詢問有關其精神狀況時，你據實以告），則可能增加服務對象內心的痛苦。這些就是謂的困難的個案（Reamer, 1989b）。

　　在本章中我將要探究在社會工作實務中倫理兩難的本質，並檢視如何運用一些方法 —— 包括倫理守則、倫理原則與倫理理論 —— 來幫助實務工作者做倫理上的抉擇。在第四章與第五章我將要針對更多的倫理兩難來做深入的分析，並運用上述的方法來討論。

 ## 倫理守則

　　在二十世紀，幾乎所有的專業都發展出倫理守則來幫助實務工作者面對倫理上的兩難。倫理守則除了提供倫理抉擇的處理原則外，還有其他的功能：保護專業免於外界的約制，建立與專業使命與方法相關的規範，也提出一套標準幫助處理不當行為的申訴（Corey, Corey, and Callanan, 2018; Jamal and Bowie, 1995）。專業倫理守則一直都是社會工作者面對倫理抉擇的最明確指引。在北美，主要有兩個社會工作倫理守則：《美國 NASW 倫理守則》、《加拿大社會工作者協會的倫理守則》（Code of Ethics of the Canadian Association of Social Workers）。其他的倫理指引如：《非裔社會工作者全國協會之倫理守則》（Code of Ethics of the National Association of Black Social Workers）、《臨床社會工作協會之倫理守則》（Code of Ethics of the Clinical Social Work Association）。

許多國家的社會工作組織也都採行社會工作倫理守則。主要的例子如：澳洲、丹麥、芬蘭、法國、德國、愛爾蘭、以色列、義大利、日本、盧森堡、挪威、葡萄牙、俄國、新加坡、西班牙、瑞典、瑞士、土耳其與英國（Congress, 2013）。此外，社會工作者國際聯盟（International Federation of Social Workers, IFSW）發展的倫理守則，包含重要的原則如：人權、人性尊嚴、社會正義以及專業行為。《IFSW 倫理守則》特別重視普遍的倫理概念：服務對象的優勢、自我決定權、保密、不歧視、文化與社會多元性、分配正義、社會行動，以及專業者的能力、德行整全、熱誠與自我照顧。

在美國最著名的倫理守則是《NASW 倫理守則》。這倫理守則已歷經數個修正版本，反映出社會文化背景的變遷以及社會工作界標準的調整。最早的倫理守則可追溯到 1920 年 Mary Richmond 所提出的實驗性的守則，而 Richmond 是社會工作界著名的先驅之一（Pumphrey, 1959）。雖然在社工專業發展的早期有許多組織提出倫理守則——例如美國家庭社會工作協會（American Association for Organizing Family Social Work）與美國社會工作人員協會（American Association of Social Workers）的一些分支機構——但直到 1947 年，後者在當時是最大的社會工作組織採行了一套正式的倫理守則（A. Johnson, 1955）。在 1960 年，NASW 成立的五年後，採用該組織第一個倫理守則。

1960 年的倫理守則包含了一連串的宣言，例如有關於社會工作者的專業責任優先於個人的利益、尊重服務對象的隱私權、當社會有緊急事故發生時提供適切的專業服務、貢獻知識、技術並支持人群服務的各種方案。這些內容是以第一人稱的方式宣誓出來（例如：我視專業責任優先於個人的利益、我尊重服務對象的隱私權），而在這些宣言的前面還有序言，指出社會工作者的責任是堅守人道主義理念、提供並改進社會工作的服務、發展專業的哲學與技能。在 1967 年又新加入了有關排除種族歧視的宣言。

但是，在 1960 年倫理守則頒布後，NASW 的成員開始關切倫理守則中下列的議題：守則內容的抽象程度，倫理守則對於解決倫理兩難的適用性，以及倫理守則對實務工作者與機構的倫理申訴之處理等（McCann and Cutler, 1979）。在 1977 年 NASW 的代表大會上成立了一個任務小組來修改專業倫理守則以提升其對實務工作的適切性。1979 年修正版本制定出來並於 1980 年實施，包含了六部分簡短、未加以註釋的原則；在原則的前面還有前言，說明了守則的一般性目的、所根據的社會工作價值，並宣告倫理守則提供社會工作者實務執行的標準。

1979 版的倫理守則被修訂過兩次，在 1990 年時一些有關於招攬服務對象以及收費的原則也被修訂。美國聯邦貿易委員會（U.S. Federal Trade Commission）於 1986 開始調查 NASW 政策對於商業交易產生限制的可能性。之後 NASW 便修定了倫理守則，刪除對於招攬同仁間或同機構內之服務對象的限制；並修改有關接受轉介補償的用語。NASW 對於聯邦貿易委員會此次調查所關切的議題也簽署了同意的合約。

1992 年 NASW 的總裁指派了一個全國性的任務小組，由作者本人來領導以便提出倫理守則的一些改革方向。在 1993 年，NASW 依據此小組的建議於代表大會上投票修正了倫理守則中有關於社會工作者能力減損（impairment）而影響服務工作提供的議題，以及社會工作者與服務對象、同仁、學生等之間不當專業界限的問題（本修訂在 1994 年實行）。社會工作者能力減損會影響到其專業功能的發揮；不當專業界限的問題則是關切社會工作者避免與服務對象、其他一起工作的人產生剝削或傷害的關係。1993 年的 NASW 會員代表大會也決議大幅修訂協會的專業倫理守則。

1979 年的 NASW 的守則（如修訂後的）提出有關社會工作者的行為舉止；與服務對象、同仁、雇主、受僱機構、社工專業、社會等的倫理職責。其原則一部分是屬於應該要做的（prescriptive）（例如社會工作者應該尊重服務對象的隱私權，並對專業服務過程中所有資訊予以保密，社會工作者的主要責任是對服務對象負責）。其原則另一部分是屬於不應該做的（proscriptive）（例如社會工作者不應該參與、包容，或涉及不誠實、欺騙、詐欺或扭曲事實等有關行為）。有一些守則是具體的以及特定的（例如社會工作者不應在任何情況下與服務對象發生性行為；在專業服務或服務交易轉介中，社工必須留意與同仁共用的保密資訊）。然而有些倫理守則是抽象的（例如社會工作者應提升社會的一般福祉；社會工作者應堅持並提升專業的價值、倫理、知識與使命）。

　　倫理守則中這麼多層面的原則顯示出其有多重的目的。較抽象的、較理想性的原則，是有關於社會正義與一般福祉，提供社會工作者一種重要的使命感。而其他的原則有較特定的規則，實務工作者被要求去遵守，若違反了可能會受到倫理的申訴。此外，倫理守則的主要目的之一是幫助社會工作者解決倫理兩難的問題。

　　然而，許多社會工作者並不覺得《NASW 倫理守則》或其他社工倫理守則對於其所面對的複雜倫理議題有一定的幫助。雖然 NASW 守則有一些重要的主題——例如保密、不當性行為與剝削服務對象——但其並未提出具體的指引來協助社工面對相衝突的專業職責。例如：Mary M. 的案例，其原則有關於服務對象保密的權利與不誠實的衝突。正如 McCann 與 Cutler 對 1960 年倫理守則的批評：「對於倫理守則的不滿來自於：實務工作者、服務對象、分會委員會，以及一些因倫理申訴而受到影響的人。隨著專業分工以及組織的多元發展，許多倫理守則的議題都浮現出來了，這包含了守則的抽象程度與不明確、守則的範圍與適用性、守則可用於倫理申訴的處理等。」（1979: 5）

　　當然，要求倫理守則對每一倫理兩難的情境提供明確的指引是不合理的（Corey, Corey, and Callanan, 2018; Jamal and Bowie, 1995）。倫理守則應有多種功能，包含了對專業成員的啟發、專業的一般倫理規範、提供專業一個道德約束；若是太特定了，守則會變得大而不當（Kultgen, 1982）。正如 1994 年《NASW 倫理守則》前言所述：

　　　　就倫理守則本身而言，它並非代表一套規範涵括專業行為中的
　　　　各個面向；而是提供一般性的原則指導專業行為，正確的評價行
　　　　為。它提供倫理行為發生前後的判準，通常某一特定情境決定
　　　　了何種倫理原則可以適用，以及其適用的狀況。在這種情形之
　　　　下，不只是要考慮某特定的原則，也要考量整體的倫理守則與
　　　　其精神。某特定倫理守則的應用也應考量其整體的環境因素。
　　　　（V）

因為社工界對於 1979 年 NASW 倫理守則版本的漸趨不滿，且在此版守則通過後，相關的應用倫理學，與專業倫理的領域都有許多激奮人心的新進展；所以，1993 年全美社會工作人員代表大會（NASW Delegate Assembly）通過決議，確立一工作小組進行草擬全新倫理守則的任務，提交 1996 年代表大會審核[1]。這工作小組致力於發展出一範圍更全面、內容更切合當代實務應用之倫理守則。自 1979 倫理守則施行以來，社工在執業過程中已經可以更敏銳覺察到更多的倫理議題。又隨著 1970 年代初期應用倫理、專業倫理的發展已漸趨成熟，因而顯現出 1979 年的倫理守則版本的不足，未能擴及新興的倫理議題。尤其是在 1980 年代、1990 年代初期，各個領域，尤其是社會工作，專業倫理的學術分析都呈現快速的發展。

 ## NASW倫理守則的修訂

NASW 於 1994 年指派倫理守則修訂委員會進行修訂，費時二年草擬新版的守則。此委員會由本書作者擔任主席，成員包括一位專業倫理學家，以及來自各實務領域及不同教育背景的社會工作者。我們將這個的任務分三階段施行。首先，委員會回顧了各種與社工倫理、應用倫理及專業倫理有關的文獻，以決定有哪些重要概念及議題是新版守則可以加入的。委員會也檢視了 1979 年舊版守則，確定哪些內容該保留，哪些該刪除，和新加入的內容該放在什麼地方。委員會也討論了許多組織新版守則的方式，讓新版守則與實務更貼切且更實用。

在第二階段，我們也從事與第一階段相關的工作。委員會正式邀請所有 NASW 的成員及各種社會工作組織的成員（如：非裔社會工作者全國協會〔National Association of Black Social Workers〕、社會工作教育協會〔Council on Social Work Education〕、社會工作法規政策委

---

[1] 此部分的討論是引用自 Reamer（1992b）。

員會〔Association of Social Work Boards〕與臨床社會工作者全國聯盟〔National Federation of Societies for Clinical Social Work〕），請大家集思廣義，為新版守則可以討論哪些議題提出建議，之後，委員會再重新審核自文獻及公眾評論中摘選出來的相關內容，並發展出數個草案。委員會再將最後版本的草案與一小群專長於社會工作，及其他專業領域的倫理學家討論，尋求他們的建議。

在第三階段，委員會依據各倫理學專家仔細審核過文稿後給予的回饋，對稿件又做了相當的修訂。修訂後的守則草稿印行於《NASW 通訊》（NASW News），繼續邀請 NASW 會員惠賜指教，以作為委員會為 1996年 NASW 代表大會提出之定稿的參考。此外，在最後一個階段，委員會成員們還拜訪了各個 NASW 代表大會的地區聯盟，與他們討論守則的發展，並蒐集代表們對新版守則的回饋與建議。終於，守則於 1996 年 8 月提交大會批准通過，且在 1997 年 1 月正式施行。

1999 年 NASW 會員代表投票通過 1996 版守則的一部分更動。修訂守則中標準 1.07(c) 的用語，有關於沒有服務對象同意時的保密資訊揭露。也就是刪除「法律或政策規定必須揭露服務對象的資訊，不用服務對象的同意」，此部分的修訂是因為社工認為若是依循此條規定，可能損及或破壞服務對象的利益（例如社工必須向執法人員揭露沒有合法身分移民的身分）。在 2008 年，NASW 會員代表大會增加守則中標準 1.05、2.01、4.02 與 6.04 有關對於「性別認同或表達」與「移民身分」保障。這些重大的修訂反映出社工界理解服務對象的困難處境。例如對缺乏有效居留身分的移民提供服務，社工一方面要面對服務對象急迫的需要，另一方面也要面對爭議性的公共政策，兩者是相衝突的，會不利於服務對象的福祉、隱私與保密。學校社工面對跨性別的青少年，也面臨到服務對象的權益，與學校政策的衝突（例如衣著規定、廁所使用、運動隊的參加、保密、性別代名詞或姓名的使用）。

在 2017 年倫理守則又進一步更新修訂。2015 年 NASW 指派一個任務小組，本書作者也在此小組中，以決定是否增加有關社工、服務對象使用科技的議題。從 1996 年守則修訂後，社工實務界使用電腦、手機、平板、電子郵件、簡訊、社群網站、監視工具、影視科技及其他電子科技的趨勢明顯增加，而 1996 年版本卻沒有論及這些科技議題。在 2017 年，NASW 採行修正版的倫理守則，增列科技相關的議題：知情同意、具能力的實務工作、利益衝突、隱私與保密、性關係、性騷擾、服務的中斷、同事不合乎倫理的行為、督導與諮詢、教育與訓練、服務紀錄、評估與研究。守則最重要的修正如下：

- 鼓勵社工在服務過程中，與服務對象討論有關科技使用的政策。服務對象必須清楚地了解社工如何運用科技提供服務、如何與其溝通、如何網路搜尋有關服務對象的資訊、如何儲存服務對象敏感的資訊。
- 鼓勵規劃運用科技提供服務的社工，在專業關係開始的階段，取得服務對象同意使用科技的意願。
- 建議使用科技與服務對象溝通的社工，評估每位服務對象的能力，並提供知情同意文件。
- 建議社工提供遠距服務時，需要確認服務對象的身分與所在地（尤其是在緊急狀況，使社工能夠符合服務對象所在地的法律規範）。
- 提醒社工評估，服務對象是否有能力接觸到科技工具？是否有能力使用科技工具？尤其是當提供線上與遠距服務的時候。當運用科技工具提供服務並不合適的時候，更新版的倫理守則也鼓勵社工幫助服務對象找到其他替代方法。
- 鼓勵社工在網路搜尋服務對象個人資料之前，先取得服務對象的同意。以表達對其隱私的尊重（除非有些緊急狀況是例外的）。
- 闡明社工需要知道運用電子科技、遠距服務時會產生溝通上的挑戰，以及如何去處理這些挑戰。
- 建議社工再運用科技提供服務時，需要依循社工與服務對象所在地的相關法規（因為社工與服務對象可能在不同州或國家）。
- 建議社工需要覺察、評估與回應文化、環境、經濟、身心障礙、語言，以及其他社會多元議題，這些會影響到服務的輸送或使用。
- 防止社工為了私人或與工作無關的目的，運用科技與服務對象溝通，以維繫適當的關係界線。
- 建議社工採取合理的方法，以免服務對象進入社工的私人社群網站以及私人的科技工具，以避免關係界線的混淆，與不適當的雙重關係。

- 建議社工應該知道將個人資訊貼在專業網站或是其他媒體，可能會引起關係界線的混淆、不適當的雙重關係，或是對服務對象造成傷害。
- 提醒社工要知道服務對象可能會根據社工個人參加的團體，以及社群網站，找到社工的個人資訊。
- 提醒社工應避免接受服務對象的要求或避免涉入，透過網路社群或是其他媒體而與服務對象有私人的關係。
- 建議社工採取合理的方法（例如加密、防火牆、安全密碼）以保護電子溝通的保密性，包括提供給服務對象或是第三方的資訊。
- 建議社工發展與揭露相關政策與步驟，以在適當的時機告知服務對象，違反資訊保密的情況。
- 建議社工告知服務對象，其並未授權可以接觸社工的電子溝通資訊，或是資訊儲存系統（例如雲端）。
- 建議社工發展並告知服務對象，關於運用電子科技以蒐集服務對象資訊的相關政策。
- 建議社工避免將服務對象的身分資訊或是保密資訊放在專業網站或是其他社群媒體。
- 建議社工運用科技進行研究與評估服務時，先取得服務對象的知情同意。更新版的倫理守則也鼓勵社工評估服務對象使用科技的能力，若可行，則提供其他替代性的選擇方式。

更新版的倫理守則也包括了與科技無關的調整，這是反映出法律與專業思潮的改變（例如在沒有服務對象同意時，對保密資訊的揭露，以免服務對象或是其他人受到傷害）。

　　至於 2021 年 NASW 倫理守則的修訂 [2]，主要是針對自我照顧（self-care）與文化能力（cultural competence）兩部分。有關自我照顧，在倫理

---

[2] 本書是 2018 年出版，美國 NASW 2021 年又再次修訂倫理守則，詳見 https://www.socialworkers.org/About/Ethics/Code-of-Ethics。

守則的目的陳述中增列：對於具備專業能力與符合倫理的社工實務而言，自我照顧是非常重要的。專業的要求、職場環境的挑戰、暴露於創傷的情境促使社工必須在個人及專業層面維持健康、安全與完整的生活。也鼓勵社會工作組織、機構與教育單位推動政策、措施以及相關的材料，以支持社工的自我照顧。

　　有關文化能力，在 2017 年的版本將標準 1.05 的標題由「文化能力」改為「文化覺察與社會多元」。而全美種族與族群多元委員會（National Committee on Racial and Ethnic Diversity, NCORED）在 2020 年主張恢復文化能力的用語，以便更強調追求所有人群的平等、良好生活品質與關懷。2021 年版本對於標準 1.05 文化能力有更清楚的操作定義，例如：理解文化的功能；具備相關知識／技能提供服務，並採取反壓迫的行動；文化覺察與文化謙遜的自我反思；理解社會多元性與各類的壓迫等。

　　目前 NASW 倫理守則，涵括最詳盡的當代社工倫理標準，主要有四個部分。第一個部分是前言——簡述社會工作使命與核心價值，如本書第二章。這是 NASW 史上，第一次有倫理守則收錄一份正式核准的使命宣言（mission statement），及一份有關專業核心價值的詳細摘要。該使命宣言闡述對社工實務的關鍵的議題：

- **致力促進全體人類之福祉，並協助滿足其基本需要**。社會工作自有史以來，特別關注弱勢、受壓迫，與貧窮者的需要，並重視增強權能（empowerment）。NASW 委員會提出此項致力於人類基本需要的概念，以提醒社工，關注大眾最基本的需要是根植於社工專業，基本需要例如食、衣、住及醫療保健等。（請見 Towle 的原著，*Common Human Needs* [1965]，該書對此觀念提出具影響力的討論。）
- **服務對象的增強權能**。尤其當十九世紀末至二十世紀初之慈善組織會社時期，許多社會工作者以家長主義的心態對待服務對象。當時的社工在處理人們問題時，會比較注意道德正直及品格等問題。但隨著時間進展，當社工更充分了解到結構性問題——如經濟不佳、種族歧視、貧窮、去工業化——帶來人們生活的困境，他們就將增強權能作為工作的目標（Gutierrez, 1990）。所謂『增強權能』是一種過程，協助個人、家庭、團體，社區增加他們個人、人際、社會經濟及政治等各方面的能力／優勢，並改善其生活環境（Barker, 1991b: 74）。如 Black 所說的：「社會工作已發現『增強權能』的概念，深化綜融社會工作者（generalist）所關注的；其設定的實務目標整合了：個人的自我控制力、影響他人行為之能力、提升個人與社區的優勢、增加公平的資源分配、生態學觀點的評估，與在『增強權能』過程中所產生出的力量。這種助人關係的基礎是合作與互相尊重；以及強調關係建立在既存的優勢上。」（1994: 397）

- **為弱勢，與受壓迫者服務**（Gil, 1994, 1998）。在歷史上，社會工作者一直不斷關注生活於貧困中或遭受迫害者之福祉。然而，縱觀此專業的歷史，有關依其定義下的社會工作，對窮苦、受迫者的諸多需要應專注到什麼程度之辯論，可謂如火如荼（McMahon, 1992; Popple, 1992; Reamer, 1992b; Siporin, 1992）。

  NASW 倫理守則修訂委員會正面迎擊這個議題，而新版守則也反映出委員會的結論。守則的使命宣言強調社會工作「特別關注弱勢、受壓迫，與貧窮者的需要，並重視增強權能」。這並不是說社工唯獨關切窮困及受壓迫者；而是說社會工作使命的核心是對貧困及受壓迫者的基本關切與承諾。委員會承認有許多正當且重要的社會工作服務，處理中產階級與中上階級的需要，包括在學校、醫院及其他健康照護的單位、心理衛生局機構、私人開業、職場及軍隊中所提供的各項社工服務。但是，委員會也堅持：對貧困與受壓迫者的基本承諾是構成社會工作使命與認同不可或缺的元素——使社會工作專業有別於其他助人專業。

- **從社會脈絡中關注個人福祉**。另一個社會工作的明確特色是致力於了解並處理個人在社會脈絡中遭遇的困境。這與眾所周知的生態學觀點一致（Compton and Gallaway, 1994; Germain and Gitterman, 1980; Hartman, 1994），社會工作者對於用社會脈絡解釋個人問題的決心自豪。這些環境脈絡包括他們的家庭、社區、社會網路、工作環境、族群及宗教團體等。

- **促進社會正義與社會變革**。這是社會工作的正字標記之一，無論是與服務對象一起，或是為服務對象發聲，都致力於對社會正義持續與深切的承諾。縱觀社會工作史，社工一直是積極參與關切人類的基本需要，並強化人們獲得各種重要社會服務之管道，這樣的社會行動以各種不同形式進行。例如：遊說政府官員、組織社區力量、組織改造以便可以回應人們的需要、為政黨候選人助選等（Weil and Gamble, 1995）。雖然，社工在全國與地方上所進行的種種社會變革努力，在不同時期起起伏伏（Gil, 1994, 1998），但至少原則上，社會工作者已了解到社會正義與社會行動的重要性。這也是區分社會工作與其他專業不同的一項特色。

■ **具有文化，族群多元的敏感度**。不像早期的 NASW 倫理守則，目前的守則強調社工需要了解實務工作中文化及族群的多元性；並激勵社會工作者為終結各種形式的歧視而奮鬥；不管是與種族、族群、性別或是與性傾向有關的所有歧視。特別自 1970 年代以來，社工就更加了解文化、族群規範與歷史如何影響到服務對象的個人經驗、認知與生活環境。此外，對於社會工作服務介入與社會政策規劃也必須考慮到文化與族群多元的議題（Anderson and Carter, 2002; Cox and Ephross, 1997; Devore and Schlesinger, 1998; Hooyman, 1994; Marsiglia and Kulis, 2008; Pinderhughes, 1994; Sue, Rasheed, and Rasheed, 2016）。

　　守則第二部分：「NASW 倫理守則之目的」，此部分提供了倫理守則主要功能的概覽，與處理社工實務中倫理議題或兩難的簡易指南。此部分提醒社工有關守則的多重目標：

1. 守則確認社會工作使命立基的核心價值。
2. 守則摘述普遍性的倫理原則，這些原則反映出專業的核心價值。守則也建立一套特定的倫理標準，以作為社工實務的指引。
3. 當社工遇到專業職責的衝突或是倫理方面的不確定，守則的設計就是為了幫助社工找出適切的考量。
4. 守則提供倫理的標準，使社會大眾可以信任社工專業。
5. 守則幫助新手社工學習社工專業的使命、價值、倫理原則與倫理標準。
6. 守則陳述倫理標準，社工專業用以判斷是否社會工作者涉及不合乎倫理的行為。（2）

在這部分的守則中，提供一個處理倫理議題的簡短指南，提示社工在處理困難的倫理抉擇時，應特別考慮多種的資源。這些資源（在本章後面的部分將有更詳細的討論）包括：倫理理論與抉擇、社會工作實務理論與研究、法律、規定、機構政策，及其他相關的倫理守則。該指南鼓勵社會工作者在合適的時機去尋求倫理的諮詢。這種諮詢可能是來自機構或社工組織的倫理委員會；它也可能由一個監督管理團體提供諮詢（如州政府發照委員會）；或者向具某方面專長的同事請益、督導或法律顧問請教等。

這部分的守則有一個重要的特色是明確指出有時候守則的價值、原則及標準有互相衝突的狀況。同時，此守則也可能與機構政策、法律、規定、其他相鄰專業（如心理學、諮商）的倫理標準相衝突。然而，守則並不提供任何解決衝突的公式，它也不指定哪些價值、原則、標準較重要（NASW, 2017: 3）。對此，倫理守則如此聲明：「在價值、倫理原則和倫理標準互相衝突時，對該如何給這些衝突的價值、倫理原則和倫理標準列出優先順序，社會工作者之間會存在著合理的分歧意見。在某一定的情境中做出倫理決策，應該要與每一個社會工作者個別了解情況後的判斷直接有關，此外除了個人判斷外，也要參酌同事審查過程中對倫理議題的考量……社會工作者的抉擇與行動需與倫理守則的內容和精神一致。」（NASW, 2017: 3）此部分同時也提醒社工有關科技使用的守則。

守則的第三部分為「倫理原則」，呈現六個社會工作實務應知道的原則。每一個原則都呼應在前言中引用的六大核心價值。這些原則都是以相當高層次的抽象方式呈現，也為較具體的倫理標準（standards）提供概念上的基礎。守則對個別原則加以註釋說明（請見第二章）。

守則的最後部分是「倫理標準」，包含明確的倫理標準，以指導社會工作者的行為，並提供裁決 NASW 成員倫理申訴的基礎。這些標準歸入六大範疇中，它們包括社會工作者對服務對象的倫理責任、對同事的倫理責任、在實務機構的倫理責任、作為專業人員的倫理責任、對專業的倫理責任及對社會的倫理責任。這部分守則的導論詳述了有些標準對專業行為具有強制性指導的意味，有些標準則是社會工作者個人努力的方向。更進一步，守則聲明：每項具強制性的程度是由負責處理違反倫理案件的人員所做的專業判斷（NASW, 2017: 7）。

　　一般來說，倫理守則的標準都與三類議題有關（Reamer, 2015c）。第一類議題為社會工作者可能會犯的錯誤；而這些錯誤具有倫理的意涵。這樣的例子包括：例如把該保密的資料攤在桌上，以致被未被授權的人閱讀；或是忘了把一些重要細節納入服務對象知情同意的文件中。第二類包涵了困難的倫理抉擇，及兩難情境相關的倫理議題——例如：要不要透露一些機密，避免第三方受到嚴重的傷害？或是否要為一位保險給付已用罄的服務對象繼續提供服務？最後一類與社會工作者不當行為有關，例如：剝削服務對象；違反專業界限；或對所提供的服務不實的收費等。

對服務對象的倫理責任（Ethical Responsibilies to Clients）

　　這是倫理標準的第一部分，是倫理標準中最詳盡的。它提到針對個人、家庭、伴侶及小團體等各種服務對象提供服務有關之議題。此部分內容，特別關注社會工作者對服務對象的承諾、自我決定權、知情同意、專業能力、文化能力、利益衝突、隱私與保密、科技運用、服務對象取得紀錄、與服務對象的性關係與肢體接觸、性騷擾、誹謗性語言的使用、服務收費、服務對象缺乏決定能力、服務中斷與終止等。

　　與 1960 年和 1979 年守則不同的是，2017 年《NASW 倫理守則》指出：雖然社會工作者首要責任是對服務對象的承諾，但在某些情況下，社會工作者對廣大社會，及特定法定之責任可取代他們對服務對象承諾的責任（標準 1.01）。例如：若服務對象有虐待兒童或威脅傷害自己或他人等情事，則法律要求社會工作者通報等，守則也聲明，當服務對象的行動，或可能的行動對他們自己或他人構成一種嚴重、可預見的及立即的風險時，服務對象的自我決定權可能會受到限制。

　　對於知情同意的相關倫理標準，詳細載明社會工作者在下列情形下需獲得服務對象或未來可能服務對象的同意：提供服務、使用各類科技提供服務及互相聯絡；對服務對象錄音或錄影；第三方觀察服務對象接受服務的情形；以及釋出服務對象資訊等。知情同意的表格應使用清楚、可被服務對象了解的語言，解釋服務提供的目的、與服務有關的風險、相關的收費、合理的替代方案、服務對象拒絕服務的權利或撤回同意的權利，及此同意有效期限等。社會工作者也被指導要告知服務對象任何有關服務的限制——如因第三方支付者（如保險公司或照顧管理公司）的要求。這相當重要，因第三方支付的影響力日益增加（Reamer, 1997b）。

倫理守則中有一章節與文化能力及社會多元等主題有關的。如前述討論的，近年來社會工作者一直強化他們對服務對象文化及社會多元性之理解。例如：文化及族群的規範，可能影響服務對象對生活中議題的看法，並影響他們對可取得服務的反應。所以，守則要求社工需要採取合理的步驟去了解，去敏銳覺察服務對象文化及社會多元性。它們包括種族、族群、國籍、膚色、性別、性傾向、性別認同或表達、年齡、婚姻狀態、政治信念、宗教、移民身分及身心障礙等。

至於有關利益衝突的倫理標準，提醒社工有責任避免一些有礙他們行使專業權力及公正判斷的情境。這包括：避免與現在，或以前的服務對象，有雙重或多重的關係；因為這雙重或多重關係，可能會剝削服務對象，為他們帶來潛在傷害（有關雙重或多重關係的本質，第四章中有詳盡的討論）。社工也要特別注意，當他們提供服務給二人或多人，而這些人已存在某種關係。社工若預期會有一些可能潛在的角色衝突時，守則建議他們澄清對其中每一位服務對象的責任，並採取適當的行動，使任何利益衝突減到最低的程度（如當社工被要求在孩子監護權爭議，或正在訴請離婚的兩造當事人的官司中作證）。

2017 年的守則實質擴展了社會工作對隱私及保密方面的標準。重要的部分如下：

- 社會工作者有義務去揭露保密的資訊，以免第三方遭受嚴重傷害。
- 為家庭、伴侶，或小團體提供服務時的保密指南。
- 揭露保密資訊給第三方支付者。
- 線上討論保密資訊；在公開或半公開場合，如走道、等待室、電梯、餐廳討論保密資訊。
- 在訴訟程序進行中揭露保密的資訊。

- 保密資料的保護：手寫或電子檔之服務紀錄；透過電腦、手機、電子郵件、傳真、電話等裝置傳送給相關人員之資訊。
- 使用線上搜尋引擎蒐集服務對象的資訊。
- 在教學和訓練活動中使用個案作爲素材。
- 對諮詢者揭露保密的資訊。
- 保護已過世服務對象的保密資訊。

守則也建議社工與服務對象儘早討論有關保密的作法，如有需要，也在服務提供的專業關係中，持續討論保密的作法。

　　守則也在禁止社工與服務對象的性關係方面加增了相當多的說明，包括：運用科技從事不適當的性溝通。除了 1979 年守則已禁止社工與目前的服務對象有性關係外，目前的守則也禁止與先前的服務對象有性行爲或性接觸。這是一個特別重要的進展，社工們密切關注實務工作者對過去服務對象的潛在剝削。倫理守則也禁止社工與服務對象之親戚或任何與服務對象有親近關係的人，發生任何性行爲與性接觸，若是對服務對象有剝削的風險或潛在的傷害。再者，也建議社工不要對曾有過性關係的人提供臨床服務，因爲這樣的關係可能會使社工與服務對象難以維持適當的專業界限。

　　除了在性關係上增加大篇幅的細節外，《NASW 倫理守則》也討論了社工與服務對象其他的肢體接觸。守則承認適當肢體接觸的可能性（例如：短暫安慰因父母疏忽而自原生家庭遷出的憂傷孩子；或握住手以安慰遭逢伴侶死亡的療養院院民）。但社工也要謹慎，不要涉及與服務對象的肢體接觸，像是把他們輕輕抱在懷裡或愛撫等，這可能造成服務對象的心理傷害。社工也禁止性騷擾服務對象，包括各類口語的、手寫的、電子的或肢體接觸的形式。

　　守則也增加了一個有關交易（bartering）的使用，也就是接受來自服務對象的物品或勞務，作爲專業服務的報酬。守則不再禁止直接的交易方式，並承認在某些社區中，交易可能是一種廣受接納的報酬形式。但是，由於在社工與服務對象的關係中可能有潛在的利益衝突、剝削、不當專業界限的問題存在，守則仍建議社工避免用交易的方式。例如：若服務對象以做某些勞務（如粉刷社工的房子或為社工修車），來抵償社工對他所提供的諮商；一旦此項勞務做得不甚好，就可能干擾原有的專業關係，並嚴重損害社工提供有效服務的能力。

對於終止服務或結案，守則建議社工在服務對象不再需要服務，或服務不再符合服務對象的需要或利益時，要適時地與服務對象終止服務關係。此外，守則也允許在付費服務的機構中，當服務對象不支付費用或是過期未結清的款項時，社工得終止與服務對象的服務關係。然而，服務也只能在以下的情況下終止：如果已事先與服務對象有清楚的財務合約說明、如果服務對象沒有對自己或他人有立即的危險，以及如果已與服務對象說明和討論未付款所造成臨床上與其他的結果，則社工可以終止對其服務。

守則建議社工在他們要離開原先受僱的機構時，須告知服務對象所有繼續提供服務的可能選擇，以及相關的益處與風險。這個倫理標準很重要，因為它允許社工與服務對象討論各種選擇的利弊：不管服務對象是決定轉到社工的新工作地點去接受服務；或留在原機構接受其他社工的服務；還是尋求其他社工或其他機構的服務。此外，守則也禁止社工為了與服務對象建立社交、財務或性方面的關係，而終止服務。

對同仁的倫理責任（Ethical Responsibilities to Colleagues）

這部分的守則講述有關社會工作者與他們專業同仁間關係的議題。它們包括對同仁的尊重；妥善處理同仁間共有的保密資訊；跨專業同仁間的合作與爭議；向同仁諮詢；與同仁的性關係、性騷擾；及處理同仁的能力減損問題、能力不足與行為不合乎倫理的問題。

守則鼓勵屬於跨專業團隊（如醫療或學校單位）一員的社會工作者應清楚勾勒出社會工作專業的觀點、價值與經驗。如果，在團隊成員中有無法解決的爭議，守則建議社會工作者尋求方法面對處理之，例如尋求機構主管或董（理）事會的協助。也建議社會工作者不要利用同仁與雇主間的爭議作為他們自己謀利的管道；也不要因與同仁不和而剝削服務對象。

守則包含諮詢及服務轉介的倫理標準。若諮詢有助於服務對象的最大利益，則社會工作者有義務尋求同仁的忠告與諮詢，並揭露可達諮詢目的之最少相關資訊。社會工作者也被要求要了解同仁的專長領域與能力。

　　守則也講述了雙重及多重關係的問題，特別是有關禁止社工督導、教育者與受督導者、學生及受訓者或其他同仁在其專業權威之下發生性行為或性接觸。此外，守則禁止任何對受督導者、學生、受訓者及同仁的性騷擾。

　　守則的倫理標準包括關於同仁的能力減損、能力不足與不合倫理的行為等問題。社工知悉同仁能力不足或不合倫理的行為，若可行，應與該同仁討論，協助該同仁進行補救的行動。同樣地，若知道同仁發生能力減損（可能因私人問題、心理社會的壓力、物質濫用或精神疾病的問題），而且這些問題已影響到其服務效果，也應採取前述的行動。如果以上的措施仍無法滿意地處理問題，社工應透過由雇主、政府機關、NASW、發照與監督管理單位及其他專業組織的管道來採取行動。社工也應該為受到不公平倫理申訴之同仁辯護和給予幫助。

在實務場域中的倫理責任
（Ethical Responsibility in Practice Settings）

　　這部分守則提到在社會服務機構、人群服務組織、私人開業，及社工教育單位等發生的倫理議題。該標準涉及的內容有社會工作督導、諮詢、教育或訓練、績效考評、服務紀錄、服務收費、服務對象轉介、機構行政、繼續教育與人力發展、對雇主的承諾與勞資爭議等問題。

　　社工應該只有在自己知識、能力範圍內提供督導、諮詢、教育或訓練。當社工提供前述的服務時，需要避免雙重或多重關係，若是剝削風險或潛在傷害存在。另一個標準要求社工，若擔任學生的教育者或實習督導時，當學生提供服務時，需要例行性確認：服務對象知道是學生在提供服務。

　　若干倫理標準與服務紀錄有關。紀錄要充分、確實與掌握時效性，以協助服務提供，並確保未來也能持續地提供服務。紀錄檔案處理應盡最大可能地與適切地保護服務對象的個人隱私，包括只揭露與服務有直接相關的資訊。此外，守則要求社工妥善保管紀錄，以確保未來需要時的取得；而紀錄的保存年限需要依據州政府法令或相關合約的要求。

服務收費的社工有義務去設立且維持能正確反映所提供服務本質與內容的付費方式。因此，社工不可偽造收費紀錄或開立不實收據。

社工也要特別注意，當服務對象正在接受其他機構或同仁的服務而來尋求服務時。社工在同意提供服務之前，應審慎考量服務對象的需求。為了降低可能的混淆與衝突，社工應與未來可能的服務對象討論：與其他服務提供者關係的本質，及與新的服務提供者建立關係後的意涵，其中包括可能的利益與風險。當新的服務對象曾接受其他機構或同仁的服務，社工在考量服務對象的最佳利益下，應與這位服務對象討論是否向先前服務提供者提請諮詢。

守則大幅擴充了與機構行政相關的倫理標準。守則要求社工行政管理者在機構內部、機構外部倡議充足的社會資源，以滿足服務對象的需要；並提供適當的員工督導。他們也必須促進資源分配程序的公開與公平。此外，行政管理者需採取合理的步驟以確保工作環境中的實務工作是與《NASW倫理守則》規範一致。他們必須採取合理的行動為組織員工安排繼續教育及人力發展等事宜。

守則也包含了給社工受僱者的倫理標準。雖然，社工被期待對雇主或僱用組織保持其承諾，但他們仍不該允許僱用組織的政策、程序、規定或命令妨害了他們實務工作應遵循的倫理規範。因此，社工有義務採取合理的步驟以確保僱用他們的組織之實務工作能與符合《NASW倫理守則》。社工僅在組織實行公正的人事制度下受僱或安排學生實習。此外，社工當妥善保存機構的資金，並杜絕濫用或使用非指定目的之經費。

守則的一個特色是承認勞資爭議是社工有時會面臨的倫理問題。雖說，守則未規定社工應如何處理這樣的兩難情境，它承認了勞資爭議問題的複雜性，並確切允許社工涉入組織行動，包括建立並參與工會，來改善服務及社工的工作條件。守則聲明：在實際或受威脅的罷工或抗議行動期間，對於社工身為一個專業人員的首要義務，各方有不同的意見是可接受的（NASW, 2017，標準 3.10[b]）。

作為專業人員的倫理責任
（Ethical Responsibilities as Professionals）

這部分聚焦在社工人員專業表現的整全一致（professional integrity）有關的議題。相關標準涉及社工的能力、私人舉止、誠實、能力減損、虛假陳述（misrepresentation）、招攬服務對象（solicitation of clients）與自承功績（acknowledging credit），以及避免任何歧視行為。

除了強調社工的實務要熟練專精以外，守則也督促社工要例行檢視專業文獻並批判性反思、參加繼續教育。社工需要將自己的實務工作奠基在被認可、能符合社工實務與倫理的知識基礎上，包括實證基礎的知識。

若干標準述及社會工作者的價值觀與個人行為。守則聲明：社工不應從事、包容、促進或參加各種形式的歧視；也不允許私人舉止妨害了執行專業責任的能力。舉例來說，若某社工參加政治性選舉，同時也公開社會工作師身分，並主張種族主義的社會政策；這是不合乎倫理的，因它違反倫理守則中有關歧視的標準。此外，假若該社工種族主義的價值觀已廣為同仁、服務對象熟知，且也反映在其專業工作中，這樣的個人舉止也可能妨害其執行專業責任的能力。守則進一步要求社工區分清楚：在私領域的個人的言論、行動與在公領域身為社會工作者的言論、行動。

守則中一個明顯的主題是有關於社工誠實的義務；包括真實呈現他們的專業資格、證照、學歷、能力，與會員身分等。因此，社工不應誇大或偽造他們的資格或證照，並只能對外表明確實擁有的專業證書。例如：一個有物理學博士學位的社工不應聲稱有，或故意製造印象讓人覺得其有與臨床社會工作相關的博士學位（例如在社會工作場合使用博士的頭銜）。同樣，對於自承功績的義務，只有對他們真正參與和真正有貢獻的作品，他們才能享有功績。舉例來說，社會工作者參與某個貢獻相當小的研究計畫，就不應宣稱其扮演重要的角色。同樣地，社會工作者也應誠實地承認他人的作品及貢獻。是故，若社會工作者引用或因其他同仁之作品而受益，卻不公開承認其引用或他人的貢獻，則他可能就是不倫理的。

　　守則也要求社會工作者不應不當地招攬他人成爲服務對象，因爲其特殊的情況較容易受到不當誘導、操縱或壓迫。例如對於一些自然災害或重大意外事件的受難者，社會工作者不應積極不當地引導他成爲服務對象。再者，因爲服務對象或其他人的特殊情況而較容易受到不當誘導，所以社會工作者不應要求服務對象或其他人爲自己的行爲背書（例如打廣告、宣傳等）。

　　守則中最重要的標準之一是關切社會工作者之能力減損。和所有專業人員一樣，社會工作者有時也會遇到個人的問題，這是人生常見的。然而，倫理守則指示，社會工作者不可讓私人的問題、心理社會因素的壓力、法律問題、物質濫用問題，或精神疾病的困擾等干擾他們的專業判斷與表現，或危害到服務的對象。當社會工作者發現他們個人的問題已妨害到專業判斷和表現時，他們有義務尋求專業的協助、調整工作量、結束實務工作，或採取其他必要措施以保護服務對象及他人。

對專業的倫理責任
（Ethical Responsibilities to the Profession）

　　社會工作者的倫理責任並不只限於對服務對象、同仁，與社會大眾；也包括對社工專業本身的倫理責任。此部分的守則標題是：「對專業的倫理責任」，其重視專業在價值理論、知識與實務的統整展現，以及社會工作評估與研究。專業的統整展現是關於社會工作者有責任維持與促進高品質的實務工作，這需要透過適當的研究、教學、出版、專業研討會的發表、諮詢、對社群與專業組織的服務、立法倡議等。

　　社會工作者已愈來愈重視評估與研究。相關的活動包括：需求評估、方案評估、臨床研究與評估，及使用實證基礎的文獻來引導實務。倫理守則包含了一系列與評估和研究有關的倫理標準。這些標準強調社會工作者對政策、方案執行和實務介入等負有監督與評估的義務。此外，守則要求社會工作者批判性檢視並取得與社會工作相關的新知；在專業實務中應用評估與研究的發現結果。

　　守則也要求社會工作者在從事評估與研究時，遵循有關保護評估與研究參與者之指導原則。守則中的標準特別關注知情同意在評估與研究中扮演的角色；確保參與評估與研究者有管道獲得適當的支持性服務；在評估與研究過程中，蒐集資訊的保密與匿名；正確地報告服務結果；謹慎處理與評估與研究參與者之間的潛在或實際的利益衝突，及雙重關係等。

對整體社會的倫理責任
（Ethical Responsibilities to Society at Large）

　　社會工作專業對社會正義有深層的承諾。在倫理守則的前言與倫理標準的最後一部分，清楚且有力地反映出此精神。倫理標準詳盡地顯示：社工有義務參與各種促進社會正義，及提升「自地方至全球的」的社會福祉活動（標準 6.01）。這些活動可包括：促進公開討論社會政策的相關問題；在公共緊急事件中提供專業服務；參與社會及政治行動（如遊說活動與立法活動）以闡述人類的基本需求；推動鼓勵尊重多元化及社會多元的社會環境；並致力防止、消除對任何個人、團體或社會階層的支配、剝削與歧視。

 ## 倫理兩難的解決
（The Resolution of Ethical Dilemmas）

　　正如我在第一章所討論的，自 1980 年代早期開始，社會工作與大部分的專業開始實質地關注倫理議題與倫理教育。專業教育訓練的共同目標是：介紹給學生與實務工作者倫理的理論與原則，可以協助他們分析與抉擇倫理的兩難（Callahan and Bok, 1980; Reamer, 1998b）。這些包括了道德哲學家所提出的：**後設倫理學**（metaethics）、**規範倫理學**（normative ethics）與**實務**（一般稱為**應用**）**倫理學**（practical or applied ethics）。

後設倫理學關切倫理用詞或語言的意義，以及倫理原則與指引的形成。典型後設倫理學的問題是：所謂「對」與「錯」是什麼意義？「好」與「壞」是什麼意義？用什麼標準來判斷是否某人的行為是不合乎倫理的？該如何建構一套倫理原則去指引面對倫理抉擇的個人？**規範倫理學**嘗試探究下列的問題：何種道德規範是我們應該接受以成為遵循的指引及行為的判準？為何如此？**實務（或應用）倫理學**則嘗試運用倫理規範與理論於特定的問題與情境中，例如：專業、組織與公共政策。

對於後設倫理學，有些哲學家屬於**認知學派的學者**（cognitivists），相信有可能找到客觀的標準去判斷倫理上的對與錯、好與壞。然而其他學者則不認為如此，這些學者為所謂非認知學派（noncognitivists），他們認為這些標準必定是主觀的，任何倫理原則最終是反映出我們自己的偏見與偏好。

就如同哲學家一樣，社會工作者也不同意倫理原則的客觀性。例如：有一些人相信可建立普遍性原則提供倫理抉擇及實務的基礎，或許像被認可的守則，或上帝的誠命一樣。主張此說法者，稱之為**絕對主義者**（absolutists）。而**相對主義者**（relativists）卻主張倫理標準是基於文化、政治環境、當代的規範與道德標準，以及其他外在脈絡因素的考量。

絕對主義者與相對主義者的爭論對於我們檢視社會工作的倫理議題有重要的意義（Reamer, 1990）。若某人相信倫理指引的客觀標準並不存在，那我們甚至沒有必要從倫理的角度去決定該行為的對或錯；因為某一行為被視為對的是可以被接受的，而被視為錯的也是可以被接受的。以Mary M. 的例子來說，社會工作者認為其福利金詐欺是道德上不被允許的，必須向政府舉發；此說法有其合法性。而另一位社會工作者則認為不應該舉發，因為她這樣做是為了她自己與孩子的需要。因此詐欺並非絕對的錯。

然而，若某人認為絕對的倫理標準是存在的或可存在的，則就須認定倫理標準的內涵，並根據此來判斷行為的對或錯。

相對主義與絕對主義的觀點在不同時代各有其興衰。絕對主義常伴隨著古典宗教教義的思潮；而絕對主義的式微也隨著相對主義的盛行，以及當時宗教懷疑論的思潮。然而，近年來已漸漸出現對於相對主義重視的減弱，而希望發展出倫理標準，以協助個人在面臨複雜的倫理抉擇時有清楚的道德指引。這對於社工專業而言尤其正確，因為社工有許多基本的價值觀，不容退讓，例如：不歧視、社會正義、人性尊嚴的尊重、專業的。

無疑地，如何能對倫理原則提出一套合理的解釋，以幫助人們區分對與錯是道德哲學家所面對的極大挑戰。哲學家 Plato、Aristotle、Immanuel Kant、John Stuart Mill 對此任務都做了許多貢獻。其他學者如 David Hume、Karl Marx、Friedrich Nietzsche 等則對提出倫理原則的作法提出質疑。但是，許多當代的哲學家都大膽地嘗試提出倫理的標準與原則。如 Gewirth 論及：

> 當社會處於極端混亂，人與人相互傷害的悲劇發生，哲學性思考對倫理原則提出一套合理的解釋已遠超過只是在追求一種明確的肯定性。其還在嘗試使得每個人與他人相處的原則有一致的認知。不只各個哲學家所提出的解釋不同，他們所堅持的倫理原則對於何謂正確的個人行為與社會制度的看法也各有所不同。（1978b: IX）

近年來在社會工作界對於明確的倫理標準的需求也日漸重視。在專業的早期，許多社會工作者相信基督教信仰。之後，世俗的價值觀代替了基督教信仰，這尤其是指著名的「精神醫學的洪流」（psychiatric deluge）而言，帶入臨床社會工作實務之中（Woodroofe, 1962）。

然而，1960 年代開始，社會工作界盛行相對主義論。這是受到了當時社會動亂的影響，以及對於傳統的社會制度與標準的懷疑。許多社會工作者對於當時明確指出對與錯的倫理守則提出質疑。其結果是許多社會工作者反對特定的倫理標準，以及反對以某一種價值觀來看待其服務對象，無論是個人、家庭或社區（Hardman, 1975; Siporin, 1982）。當時被視為是偏差行為的，如單親家庭、嗑藥、某些有關性方面的社會風俗等都受到更多的尊重，或是至少被社會所容忍；而將其視為某一世代或某一族群的生活方式或偏好，只是不同於傳統而已。由此可見，當時社會工作者經歷了包容不同生活方式的轉變。

在 1960 年代，社會工作與其他專業一樣重視相對主義的觀點。然而之後的時代，又逐漸出現了對於倫理標準需求的興趣。此對於倫理價值原則的興趣所關切的並非如專業早期所重視的服務對象生活方式或偏好的道德觀。其關切的重點是實務工作者的倫理——提供一套解釋來說明是否需要介入服務對象的生活、介入的方法與形式的可接受度，以及分配服務與資源的標準等。因此，實務工作者逐漸放棄相對主義觀點。雖然社會工作者認知到或許一套絕對的、客觀的倫理標準不易發展出來，但是大家也相信日常的實務工作中常隱含著倫理的意涵，需要給予更多的注意。確實如此，《NASW 倫理守則》論及：雖然社會工作者需要對於多元文化、不同的社會價值規範具有敏感度，但是社會工作有其自身的價值、倫理原則與標準作為基石。正如 Emmet 在她的社會工作倫理議題的書中提到：「我們所面臨的問題是一般都認為道德標準是個人的、主觀的與情感的，較缺乏理性客觀性以便讓外人了解或可與外人溝通討論。」（1962: 169）

 ## 倫理理論的回顧

相較於抽象的後設倫理學，規範倫理學則較切合社會工作所關照的問題；因為其與實務工作有直接的關聯。規範倫理學包含了嘗試將倫理理論與原則應用到實際的倫理兩難。這樣的指引對於社會工作者面對專業職責相衝突時格外有幫助；而相衝突的例子若就本章開頭所提到的 Mary M. 的例子來說，社會工作者必須在兩者之間做抉擇：尊重服務對象隱私保密的權利（有關福利詐領），這樣或許可以預防日後的家庭暴力事件；或是採取行動預防持續的欺騙與福利詐領。

規範倫理學的理論通常分為兩部分，一是**義務論**（deontological theories）（希臘文 *deontos* 是指義務的、必需的，即 obligatory）：某些行為無論其結果如何，都有其本有的對或錯、好或壞之分。因此，**義務論學者**——最著名的是康德（Immanuel Kant），十八世紀的德國哲學家——主張說實話本來就是對的行為，因此社會工作者不應欺騙服務對象，即使當情況顯示說謊可能對於有關的人有利的時候。相同的情形也適用於遵守與同仁間所做的約定、遵守與機構所簽定的契約、遵守法律等。對於義務論學者而言，規定、權利、原則是神聖的、不可違背。不能爲了達到某種目的而不擇手段，尤其是當違反了某一重要的規定、權利、原則或法律等（Frankena, 1973; Herman, 1993; Rachels and Rachels, 2015）。正如 Herman（1993）在她的重要著作 *The Practice of Moral Judgement* 一書中談到倫理抉擇根植於一種基本的責任感，同時也包含一種道德的良善感。在 Mary M. 案例中，義務論學者可能會主張：社工告知服務對象其所說的資訊會予以保密，就應該信守保密的承諾（有關福利金詐領），社工信守承諾也是道德上值得讚許的。

　　義務論學者的觀點常見的一個問題是對所謂對（或錯）行爲的解釋有相衝突的論點。有一義務論學者會說人類有生存的權利，因此社會工作者若協助重病並喪失生存意志的服務對象自殺將是不道德的。然而另一位義務論學者則會主張只要是出於自願性的、已知情的（informed）行爲，社會工作者應尊重服務對象自我決定的權利，因此社會工作者協助自殺是被允許的。在 Mary M. 的案例中，我們不難想像某一社會工作者不同意 Hinda B. 應該保密並維持其與服務對象間的承諾，其反而會主張社會工作者有義務去阻止違法的行爲。

　　規範倫理學理論的第二部分是**目的論**（teleological theories）（希臘字 *teleios*，是指其結果或目的），此觀點對於倫理的抉擇採取非常不同的看法。此觀點主張任何行爲的對或錯要視其所帶來的結果而定。對於目的論學者而言，若未能衡量潛在的結果就做倫理上的抉擇是一種過於天真的作法。哲學家 Smart（1971）認爲這是所謂的「規則崇拜」（rule worship）。

　　因此，依此觀點（有時稱之爲結果論，即 consequentialism）負責任的作法是分析行爲的每一種可能的結果，並權衡其輕重（Frankena, 1973; Rachels and Rachels, 2015）。對 Mary M. 的案例而言，社會工作者應該分析其行爲所帶來結果的利弊得失；換句話說，也就是去衡量：對服務對象福利詐領的事保密所帶來的結果有何得失？又將這些得失和告發詐領的結果相比有何不同？

目的論有兩個主要的學派：**利己主義**（egoism）與**效益主義**（utilitarianism）。利己主義較少用於社會工作中，此觀點主張當面臨兩難時，人們應該設法擴大自身的利益。因此社會工作者 Hinda B. 就應該決定她自身的最佳利益是什麼，例如：該做些什麼來減低她對此個案的不安、減低她的法律責任，以及減低她與服務對象之間可能的衝突。

相對地，效益主義的立場則是認為：某行為是正確的即是當該行為可提升最大的利益；此觀點一直是目的論的理論中最受歡迎的，也被許多社會工作者所認同。根據效益主義的古典思考——最早由十八世紀英國哲學家 Jeremy Bentham 與十九世紀的 John Stuart Mill 提出——當面臨兩難時，人們應該選擇能產生最佳利益的行為。因此，社會工作者應該決定何種作法會帶來最大的好處。對 Mary M. 而言，效益主義學者會主張對服務對象詐領福利金的事保密，可以保護服務對象與她的孩子免於受到傷害，這樣的行為是合理的，因為能帶來更大的益處（當然此處的假設是保護服務對象免於受到身體的虐待是比預防福利金詐欺要來得重要）。類似的例子是效益主義學者會主張若是能促進地方經濟的振興，則改建老舊住宅、遷移居民的作法是合理的。

效益主義理論之一是所謂的**利益累積式的效益主義**（good-aggregative utilitarianism），此派觀點認為最適當的行為是提升最大的整體利益。而另外一派是**集中累積式的效益主義**（locus-aggregative utilitarianism）則認為要提升最大多數的最大利益，其不僅思考所產生整體最佳利益數量的多寡，也考慮到受益人數的多少（Gewirth, 1978a）。對社會工作來說，能區分兩者是重要的；例如說你要分配一筆社會救助金，一種作法是為了增加最大的整體滿意度（即將這筆錢分給少數的人），或是另一種作法是提升最大多數人的最大滿意度（較多的人拿到錢，但每人拿到的金額較少）。

就如義務論一樣，效益主義學說的問題之一即是其對於同一種情形有時會有不一致的論點。例如：某一效益主義學者會主張，Hinda B. 讓服務對象免於受到丈夫的暴力而忽略福利金詐欺的問題將可產生最大的利益——當免於受到傷害的益處大於預防福利金詐領的益處；而另一效用主義學者則會對於利弊的比重有不同的看法，或是加入其他考慮因素，因而認為福利金詐欺所帶來的傷害大於對服務對象可能的威脅。

一些哲學家主張區分**行為的效益主義**（act utilitarianism）與**規則的效益主義**（rule utilitarianism）是有意義且有幫助的（Gorovitz, 1971）。根據行為的效益主義，行為的正確性是決定於針對該個案或該特定行為所帶來的結果；不需要再探究因此而產生隱含的意義。而規則的效益主義則認為並不是單獨思考該個案或該特定行為，而是思考一般性通則來決定行為所帶來的長遠影響。因此行為的效益主義學者會主張若能阻止福利金的詐領，則可將福利金省下來用於更多需要幫助的人（在告發福利金詐領與為服務對象保密的兩種選擇中，對此個案而言，前者的結果較佳）。然而規則的效益主義學者會主張：雖然不保密而告發服務對象詐領行為會帶來好處，但是不保密所帶來的傷害將會大過益處；因為長遠來看，無法保密會使服務對象對社會工作者失去信心，尤其是當社工已經答應會保守祕密，因而不利於專業服務的提供。

另外一個例子也可用來說明行為與規則效益主義的差別，這是有關於兒童虐待與疏忽通報的例子。根據美國法律，各州的社會工作者和其他相關人員一旦發現有可能是兒童虐待或疏忽的情況時，必須向兒童福利或保護機構通報。在第一章我所提到的 Koufax 案例可知，在某些情況下社會工作者會認為遵守法律並不能為服務對象帶來最佳的利益，因此依法通報反而產生的傷害大過益處。因此社會工作者會認為未依法通報若能帶來較大的益處，則是可以被允許的。

這是一個行為效益主義的典型例子，行為效益主義學者會主張若能說明不依法通報可帶來更大的益處，則該不通報的行為是合理的（例如若社會工作者能顯示出他告發兒虐事件，會使他無法繼續與該家庭維持關係，同時他繼續與案家維繫關係將可預防未來虐待兒童的事情發生）。但是，規則效益主義學者則會認為未遵循法律就會帶來傷害多過益處，不論此特定案例所帶來的幫助。因為如此會鼓勵社會工作者自行處理類似的個案，而非訴諸法律；因此就長期而論，這會產生弊多於利的影響。

所以效益主義的一個關鍵問題是人們因為不同的生活經驗、價值、政治意識形態等因素而會考量不同的因素，並視各因素的比重也不同。在 Mary M. 的案例中，社會工作者可能會較重視服務對象的隱私權，而另一位社會工作者則可能較重視對法律的遵守。

　　除此之外，在一些極端的狀況之下，古典效益主義會主張犧牲弱勢團體的權利以使大多數人受惠。一位個性冷漠的社工認為：保護精神病患的公民權是相當高成本的（在戒護就醫之前給予病患做完整的能力評鑑），這付出的成本會超過大眾的利益（除去城市中大家都不願見到的精神病患街友）。長久以來有無數多的例子顯示社會工作者為了大多數人的利益而犧牲了少數弱勢團體的權利，社會工作者應該對此嚴苛運用效益主義的作法給予更多的關切。

　　或許最著名可替代效益主義觀點的主張就是一些哲學家所提出的**權利為基礎的理論**（rights-based theory）。依據此觀點，人類有基本的權利——例如生活、自由、表達、財產的權利；免於受壓迫、不平等對待、隱私任意被侵犯——提供基本語言、倫理指引的框架（Beauchamp and Childress, 2013）。當代哲學家 John Rawls（1971），撰寫《正義論》（*A Theory of Justice*）一書，或許是這個主題中最有名的書籍。Rawls 的理論對社會工作而言有極深遠的影響力，其主張每個人是在一種平等的原初立場（original position of equality）去形成其道德原則；每個人並不知道其自身的特質與身分地位，而此自身的特質與身分地位會帶來某些好處或壞處。在此「無知之幕」（veil of ignorance）的狀況下，個人發展出其道德觀，基於優先順序的考量，最終可以保障最弱勢者。Rawls 也做了另一種區分，對社會工作者也有重要的意義，其區分自然的義務（natural duties）——做人基本的義務如幫助極需要幫助的人或不去傷害他人；超義務的行為（supererogatory actions）——這類行為是值得讚許的但並非是義務性的。

　　Rawls 所提出的一個概念對社會工作倫理有極重要的意義：排列價值與倫理義務的優先順序（rank-ordering of values and ethical duties）。對於 Rawls 和其他的道德哲學家而言，倫理抉擇通常可以化約為判斷何種價值或義務應優先考量。Rawls 稱之為「**辭典式的排序**」（lexical order）。是否服務對象的隱私權或免於受傷害的考慮應該優先於尊重法律以及避免涉及欺騙？套用 Ross（1930）的用語來說，在衝突的表面義務中，哪一個必須優先考慮？也就是說哪一個該是實際的義務？

其他的哲學家也提出重要的權利為基礎之理論，討論最適當的方法去排列責任義務之優先順序。哲學家 Donagan（1977）在《道德論》（*The Theory of Morality*）一書提出論證，當在數個應盡的責任中做選擇，而這些選擇有可能產生傷害，我們應該以產生最小傷害作為選擇依據。Popper（1966）稱此為痛苦的最小化（minimization of suffering），以及 Smart 與 Williams（1973）稱此為負面效益主義（negative utilitarianism）。根據 Donagan：

> 雖然錯事或不為道德允許的事並沒有程度之分，但是仍有其嚴重性的不同。對此解釋極容易明白，例如侵犯個人尊嚴是絕對不被許可的，但侵犯的行為則有嚴重性的不同；殺人或偷竊都是不被允許的，但是殺人比偷竊要來得更嚴重。現今的刑法也是基於此種考量，殺人與竊盜皆是重罪，但是殺人的罪更重。一般而論，每一種錯誤的行為都會損害人類的福祉，錯誤行為的嚴重程度視其所帶來的損害程度而有所不同。雖然對某些行為嚴重程度的判斷會有些爭議（例如竊取某人的名聲是否比竊取某人的皮包要來得嚴重），但若要在錯誤行為中做選擇，他會選擇嚴重程度最低的。此原則與我所談的最小惡原則（principle of the least evil）有關係，這在 Cicero[3] 時代就已著名了——也就是 *minima de malis eligenda*——兩害相權取其輕。（1997: 152）

根據此觀點，在 Mary M. 的案例中，社會工作者應選擇帶來傷害最小的行為，這或許與追求最大益處的方法而產生的結果會非常不同。

另一以權利為基礎理論有關的，同時也適用於社會工作專業的觀點，就是哲學家 Gewirth（1978b）提出了社工排列倫理義務優先順序的相關看法（Reamer, 1979, [1982] 1990）。Gewirth（1978a）在其所著的《理性與道德》（*Reason and Morality*）一書中提出道德哲學家對於倫理兩難

---

[3] 希臘哲學家，106-43 B.C.。

的看法。在複雜的哲學討論與引申之後，Gewirth 最後主張人類享有基本的自由權（非常類似社會工作中所說的自我決定權）與福祉，同時人類需要重視三種核心的善（goods）：一是**基本善**（basic goods）——這種層面的福祉是每個人從事有意義的活動所必備的（例如生命、健康、食物、居所、心理健全等）；其次是**非減除善**（nonsubtractive goods）——是指除去減低個人能力而阻礙其追求目標的（例如處於惡劣的生活環境、勞力剝削、被偷竊或被欺騙）；以及**累加善**（additive goods）——提升個人能力協助個人追求目標（例如知識、自尊、財富、教育）。

正如所有的道德哲學家一樣，Gewirth 認知到各種權利與義務有時會衝突，我們必須做抉擇。社工當然也會遇到這類的衝突。Gewirth 認為衝突的責任可以依照上述的善來排列優先順序，其提出了一些原則可作為衝突責任時的抉擇參考（1978b: 342-45）。

首先，若是某人或團體，違反了或是將會違反他人的自由與福祉（包含基本的、非減除的與累加的善），則可能需要採取阻止的行動。決定是否採取行動的判準是對他人產生不利的影響程度。如此若服務對象向你表示他打算傷害他的伴侶，社會工作者將會視保護其伴侶免於受到傷害是優先於對服務對象的保密。為保護其伴侶的福祉因而犧牲了服務對象的自我決定權與隱私，這種抉擇是可以被理解的。

第二，因為每個人都有責任去尊重他人的善（自由與福祉），若維護某一善的義務比另一義務更為基本且必需的，而且須犧牲後者，前者的權利才得以受到保障，如此就需要以前者為優先的考量。因此保護服務對象的伴侶免於受到傷害會比服務對象的隱私要來得重要，因為前者所涉及的權利比後者更基本更必需。

第三，在某些特別的狀況下，強制他人是需要的。但是這種作法須符合下列的條件：強制他人是為了阻止不當的威脅與嚴重的傷害發生，且此強制只限於為了必要的保護，而且此強制的相關規定須經過民主過程的運作。如此強制服務對象（例如強制通報其將傷害伴侶之事）以阻止另一不當威脅（身體的攻擊）與傷害的發生，這樣的抉擇是可接受的。但是，如此的強制絕對只限於為了保護其伴侶，同時對於通報行為的規定也應該經由民主的程序來做（例如由立法者或法官來訂定公共政策）。

就我的觀點而論，Gewirth 的架構對於社會工作倫理兩難的問題特別有幫助。譬如說，他的基本善的概念與社會工作中基本人類需求的觀念相符（Towle, 1965）。再者，Gewirth 排列價值、善與義務優先順序的觀念可支持社會工作專業關懷弱勢的承諾（對於社會正義議題的詳細討論，請見 Gewirth, 1996）。

另外，介紹兩個對社工有重要意涵的倫理理論，雖然這兩派理論較被重視運用於社工價值的討論，而實務上處理困難的倫理抉擇較不被重視。這兩派理論分別是：**社群主義**（communitarianism）（也稱為**社群基礎理論**，community-based theory）與**關懷倫理**（ethics of care）。依據社群理論，倫理抉擇應該要考量什麼是對於社群最好的，以及考量社群價值（共同的善、社會目標、合作精神），此與個人自我利益是相反的（Beauchamp and Childress, 2013）。

而關懷倫理是討論一組的道德觀點而不是單一的道德原則（Gilligan, 1983）。其重視在倫理抉擇中要考量：關懷他人，以及願意為生活中重要關係的人付出（Beauchamp and Childress, 2013）。這個觀點強調社會工作者對於服務對象承諾的重要性。支持關懷倫理者也會接納女性主義觀點，以及認為義務論與目的論過於依賴普世原則，忽略人群關係的重要性，以及人們的相互依賴。

根據哲學家 Burnor 與 Raley（2011）的說法，有兩種整體的道德觀點與性別有關，男性傾向運用**正義觀點**（justice perspective），女性則傾向運用**關懷觀點**（care perspective）。關懷觀點是基於關懷倫理，此觀點推翻普世主義、理性、個人主義等傳統理論，如義務論、效益主義。此觀點不是聚焦於個人的普世權利與義務，關懷倫理是重視人與人的關係。特殊責任是源自於特殊的關係之中（即**特殊主義**，particularism）。同時，某些關係建立出的感情，和理性一樣重要。最後其也指出個人的自主權也部分從與人的關係中產出。關懷倫理的主旨包括：關懷關係的重要性；互助關係中的多元連結；關懷確立與轉變我們之所以身為人類的意義；必須是真誠的關懷帶出行動，並處理實際的需要；強調關懷倫理的意涵是作為一種規範性的理論，對於人際間、對於個人，以及對於我們如何將關懷價值落實於他人身上（Reamer, 2016）。

一個持續在社會工作界的挑戰是實務工作者對於各類倫理理論觀點的運用、衝突的價值與職責的優先順位缺乏共識。社會工作者可以對於價值與職責持不同的合理看法──例如對於服務對象的保密、保護第三人、知情同意與利益衝突──會加重考量的分量。不過，我想許多社會工作者對於相衝突的價值之優先順序也有所共識。雖然對於某些高難度的個案會有例外，但是，一般而言排出價值的優先順序是明確的。正如道德哲學家 Gert 論及解決倫理兩難的困難：

> 總是不易去判斷哪一種分析工具是最好的，每一種分析工具或許在某一方面較好，但無法說將之合併就是最好的。理性的人類會說 A、B、C 是好的分析工具而 D、E、F 則是不好的；同時 A 與 B 可能比 C 更好。但是大家可能對於 A 與 B 哪個最好並沒有一致的看法。……然而，缺乏完整一致的看法並不意謂缺乏實質的一致意見。大家對 Ted Williams、Stan Musial、Willie Mays 中誰是最佳的棒球選手有不同的看法，但並不是說缺乏對此三位球員球藝精湛的共識。」（1970: 53）

倫理抉擇的過程
（The Process of Ethical Decision Making）

　　沒有一種精確的公式可以解決倫理兩難。理性、思考周全的社工可能對於應用於某個案的倫理原則會有不同的看法。但是，倫理學家卻認為有必要系統性的處理倫理的抉擇，並依循某些步驟以確保兼顧倫理兩難的各個層面。下列的步驟可提供社會工作者提升其倫理抉擇的品質。依我個人的經驗，下列的步驟對於社工解決倫理兩難是有其幫助的。

Ⅰ. 釐清倫理的議題，包括衝突的社會工作價值與職責。

Ⅱ. 找出所有可能被倫理抉擇影響到的個人、團體與組織。

Ⅲ. 嘗試找出各種可採取的行動以及參與者，並評估每種行動的利弊得失。

Ⅳ. 審慎地檢視贊成或反對每種行動的理由，考慮相關的：

　a. 倫理守則與法律原則。

　b. 倫理理論、原則與指導方針（例如：義務論與目的論—效益主義的觀點，以及所衍生而來的倫理原則）。

　c. 社會工作實務理論與原則。

　d. 相關的法律、政策及社會工作的實務標準。

　e. 個人的價值觀（包括宗教的、文化的、族群的價值觀與政治意識形態），尤其要注意他人與自己價值觀相衝突的部分。

Ⅴ. 向同仁與合適的專家諮詢（如機構工作人員、督導、機構行政人員、律師、倫理學家）。

Ⅵ. 做抉擇並記錄做抉擇的過程。

Ⅶ. 監督、評估與記錄倫理抉擇所帶來的結果。

　　我們可以藉著本章一開始的案例 Mary M. 的例子來運用上述倫理抉擇的架構。此案例中 Mary M. 與她的兩個孩子住在受暴婦女庇護中心，而社會工作者 Hinda B. 不確定她的責任該是如何。Hinda B. 擔心 Mary M. 若再回去，可能她的先生又會對她施暴，同時 Hinda B. 又關切 Mary M. 福利金詐領的問題。現在讓我們針對此案例分析倫理抉擇的各個步驟。

Ⅰ. **釐清倫理的議題，包括衝突的社會工作價值與責任。** 本案例中最主要的倫理議題是一些核心社會工作價值與義務的相互衝突：服務對象保密與自我決定的權利、保護服務對象免於受到傷害、避免介入不誠實或詐欺的行為，以及遵守法律。當然有技巧的諮商能預防倫理兩難的發生，換句話說與 Mary M. 討論福利金詐領的行為帶來的風險可能會阻止她不再做此事。但也有可能這樣做並不能影響 Mary M. 的行為，因此 Hinda B. 必須決定是否是尊重服務對象的保密與自我決定權，還是想辦法阻止或舉發福利金詐領的行為（這可能會導致刑事訴訟、政府福利單位也會要求 Mary 歸還過去詐領的金額）。

II. **找出所有可能被倫理抉擇影響到的個人、團體與組織。**與本案例相關的人有服務對象 Mary M. 與她兩個孩子、Mary M. 的先生、社會工作者 Hinda B.、因福利金詐領而使得需要幫助的人無法領到福利金、受到福利金詐領影響的納稅人、該婦女庇護中心。

III. **嘗試找出各種可採取的行動以及參與者，並評估每種行動的利弊得失。**運用腦力激盪的方式去找出各種可採取的行動以便根據倫理理論、社會工作理論、原則與指引來分析。這樣的分析也可能產生出其他未想到的選擇途徑，因此這個階段的嘗試是有其助益的。就此個案而言，一種選擇是為服務對象保守其福利金詐領的祕密。其可能的益處是 Mary M. 如此可以離開她施暴的丈夫，也不會因為犯罪而導致孩子必須離開她。可能的壞處是 Mary M. 的犯罪行為若持續下去，對其他需要幫助的人以及納稅人而言都要付出相當大的成本。而社會工作者及機構若沒有舉發福利金詐領的事也可能會增強 Mary M. 的行為。此外，而在法律的角度來看，社工員和其機構也可能因為知道福利金詐領之事而站不住腳。

第二種選擇是社會工作者堅持 Mary M. 必須終止福利金的詐領。Hinda B. 會解釋說她無法認同福利金詐領的事，若 Mary M. 不停止此行為，她會向有關單位舉發。此種作法的好處是可停止福利金詐領的行為，同時 Mary M. 也知道她這樣的行為是不被接受的。而福利金也可分配給其他需要的人。這樣做的缺點是 Mary M. 可能會回到她先生那邊，同時她也可能會因為福利金詐領而被告，並因此她的孩子必須離開她。這個行動過程可能也意指 Hinda B. 與 Mary M. 關係的結束。

IV. **審慎地檢視贊成或反對每種行動的理由。**在此階段可考慮：相關的倫理守則與法律原則；倫理理論、原則與指引（例如：義務論與目的論─效益主義觀點，以及從其而來的倫理原則）；社會工作實務理論與原則；相關的法律、政策及社工實務標準；個人的價值觀（包括宗教的、文化、族群的價值、政治意識形態），尤其是個人與他人相衝突的價值觀。《NASW倫理守則》中有一些原則可適用於此個案 [4]，包括：

> **標準 1.01　對服務對象的承諾（Commitment to Clients）**。社會工作者的首要職責是促進服務對象的福祉。一般而言，服務對象的利益是最優先的。但是，社會工作者對廣大社會或特定法律的職責有時也可能取代之，而服務對象也應被告知（例如：社會工作者被法律要求報告服務對象虐待小孩，或曾威脅要傷害自己或他人）。

一般來說，這條標準意味著社會工作者應促進服務對象之利益。但是，該標準也清楚指明，社會工作者可能也有對廣大社會的義務，或法律上的責任，比服務對象的利益更需優先考慮。這個結論在守則之「倫理原則中的價值三」一節的陳述中得到更進一步的支持：「社會工作者認知到自己對服務對象以及廣大社會的雙重責任。他們尋求能夠在符合專業的價值、倫理原則和倫理標準下，實踐社會責任，以解決服務對象和廣大社會間的利益衝突。」（6）

> **標準 1.02　自我決定（Self-Determination）**。社會工作者尊重並促進服務對象的自我決定權，並協助服務對象盡力認定和澄清他們的目標。在社會工作者的專業判斷下，當服務對象的行動或潛在行動具有嚴重的、可預見的和立即的危險會傷害自己或他人時，社會工作者可以限制服務對象的自我決定權。

---

[4] 此處使用2021版的《NASW倫理守則》。

這條標準意味，Hinda B. 應在此個案中尊重她服務對象的意願，這可能就是尊重 Mary M. 對她詐領福利金事件的保密。此標準也意指，若 Hinda B. 能提出證據指出 Mary M. 的行動已構成造成傷害他人之嚴重威脅，則凌越 Mary M. 之自決權一事，可被視為合理正當。

> **標準 1.03(a)　知情同意（Informed Consent）**。只有在適當的、有效的知情同意之下，社會工作者在此專業關係上提供服務。社會工作者必須以清楚和易懂的言詞告知服務對象：服務的目標、服務中有關的風險、第三方付費規定而有的服務限制、相關的費用、合理的其他服務選擇、服務對象有拒絕或撤回同意的權利、同意的時間範圍等。社會工作者應讓服務對象對於上述的議題有發問的機會。

此標準意指，Hinda B. 只有在取得她服務對象之知情同意後，才應該揭露有關她服務對象──Mary M. 的保密資訊。

> **標準 1.07(c)　隱私與保密（Privacy and Confidentiality）**。除非迫於專業理由，否則社會工作者必須對專業服務過程中獲得的所有資訊加以保密。社會工作者嚴守資料保密的一般例外情形為：預防服務對象或第三者遭遇嚴重的、可預期的、即將發生的傷害時。無論如何，社會工作者應揭露與達成目標最必要且最少量的保密資訊，而且只有與揭露目標直接相關的資訊。

與標準 1.03(a) 相同的情形，標準 1.07(c) 指出：在沒有迫切的專業理由時，Hinda B. 不應該揭露 Mary. M. 告知她有關詐領福利金的保密資訊。然而，該標準亦明白指出：服務對象之保密權利有其限制。因此，若 Hinda B. 能指出有迫切的專業理由存在，《NASW 倫理守則》可能允許 Hinda B. 揭露 Mary. M. 告知她的保密資訊。

> **標準 1.07(d)　隱私與保密（Privacy and Confidentiality）**。社

會工作者應盡可能在揭露保密資料前的合宜時機，告知服務對象有關保密的限制，以及可能產生的結果。無論基於法律的要求或是服務對象的同意，社工揭露保密資訊都需要依循前述的程序。

因此，若 Hinda B. 決定她有義務揭露關於 Mary M. 的保密訊息，則 Hinda B. 在行動前，應告知 Mary M. 這項揭露的決定，並告知其可能之相關後果。

　　標準 1.07(e)　隱私與保密（**Privacy and Confidentiality**）。社會工作者必須和服務對象及其他利益相關者討論保密的本質，和服務對象資訊應受到保密的限制。社會工作者應與服務對象討論在某些情況下需要揭露保密的資訊，以及依法可能揭露保密資訊的情形。這項討論應在社會工作者與服務對象建立專業關係後儘快安排，而如有必要，在專業關係的全程中均可討論。

所以，在他們的工作關係建立之初，Hinda B. 就應該和 Mary M. 解釋任何對 Mary M. 之保密權可能有的限制，特別是 Hinda. B 可能會有揭露保密資訊的義務。這個解釋也許能幫 Mary M. 決定什麼樣的訊息可以和 Hinda B. 分享。雖然，這樣的解釋也可能在 Mary M. 與 Hinda B. 分享資訊的意願上潑冷水，但 Mary M. 與其他所有的服務對象一樣，有權知道她的保密權例外的狀況。

　　標準 1.17(b)　服務終止（**Termination of Services**）。對仍有需要的服務對象，社會工作者應採行合理的步驟以避免終止其服務。社會工作者只有在非尋常情況下才可倉促地撤回服務，並要審慎思考各項因素，使得負面影響減至最低。如有必要，社會工作者應協助適當的安排以持續服務。

萬一 Hinda B. 決定撤回她對 Mary M. 的服務（如，Mary M. 拒絕終止對

福利金的詐領，而 Hinda B. 因此結論，她無法再繼續與 Mary M. 工作）
她應該，也只能，在仔細思考過各種選擇，及它們可能產生的效果後，才
能這麼做。

標準 4.04　不誠實、詐欺、誘騙（**Dishonesty, Fraud, and Deception**）。社會工作者不應參與、包容或涉及有關於不誠實、詐欺或誘騙等行為。

Hinda B. 必定會擔心她與服務對象詐領福利金的關聯性。

標準 5.01(a)　專業（知識、技能與價值觀）的整全表現（**Integrity of the Profession**）。社會工作者應致力於維持並提升高標準的實務工作。

有些社工員可能會把這條標準詮釋為，Hinda B. 在此個案中，應了解保密、自我決定、遵守法律等概念背後的社工價值與倫理。否則專業的整全表現會受到損害。

標準 6.01　社會福利（**Social Welfare**）。社會工作者應促進本土社會至全球的整體福祉，並增進人們及其社區、其環境的發展。社會工作者應倡議促進滿足人類基本需求的生活條件，並促使社會、經濟、政治和文化的價值與制度能符合社會正義的實現。

這條標準建議，社會工作者不只考慮服務對象的利益，也要考慮他們的決定對廣大社會的潛在影響。因此，Hinda B. 應考慮向一般大眾揭露（詐領福利金）之後果：包括如其他有需要的個人和納稅義務人在此詐領福利金事件中會受到的影響。也許，Hinda B. 也應當考慮在沒有服務對象許可的情況下，就揭露保密資訊，這樣的事會對大眾對社工的認知與信任造成什麼樣的影響。

此標準也建議，Hinda B. 應採取步驟以確保足夠的資源和社會服務，讓像 Mary M. 這樣的人取得，並可符合他們的需要。舉例來說，這可能包括去遊說一些方案或立法。

標準 6.04(b)　社會和政治行動（Social and Political Action）。
社會工作者應採取行動以擴大所有族群的選擇和機會，並對於弱勢族群、處於劣勢者、受壓迫者、受剝削的個人和團體予以特別的關注。

Hinda B. 會用這項標準爭辯說 Mary M. 是屬於弱勢族群、處於劣勢者、受壓迫、受剝削者的身分。然而 Mary M. 的處境，對於盜領福利金的事是否有充分的理由，仍是有問題的。

　　除了考量《NASW 倫理守則》中的倫理標準外，社會工作者面對困難的倫理抉擇時，也需要仔細考慮其他相關的倫理守則。有時社會工作者會發現其他守則與 NASW 的守則發生衝突。例如：某社工也是美國婚姻與家族治療協會（American Association for Marriage and Family Therapy）會員，或是美國諮商協會（American Counseling Association）會員，NASW 的倫理守則禁止社工與以前的服務對象有性接觸，而 AAMFT 及 ACA 守則禁止與以前的服務對象有性接觸只限於專業關係結束後的若干年。認同多個專業以及隸屬於多個專業團體的社工，應該要對各專業團體盡責。當然，NASW 要求其會員遵守其成文的倫理標準。

　　再者，社會工作者也應仔細考量有關法律的原則，包括制定法（statutes）與判例法（case laws）[5]。雖然法律未必會主導倫理的抉擇，但是社會工作者仍需要考量此因素。有時法律會強化社會工作者的倫理直覺，例如法律中規定社會工作者必須揭露保密的資訊，以免第三方受到危害。有時，法律也會減弱社會工作者的倫理信念，例如某些少數的法律鮮為人知且沒有確實執行，該法律使得社工無法為服務對象申請福利給付

---

[5]　英美法系用語，議會的制定法，法院的判例法。

（Reamer, 2005b）。

　　社工倫理標準與法律之間的衝突是特別具有挑戰性的。在許多的情況下，社工的倫理標準、期待及規定是與法律的標準、期待及規定相互一致。例如：在美國各州都有疑似兒童疏忽及虐待的通報規定。法定通報的規定與社工倫理標準是一致的，社工揭露保密的資訊是爲了預防服務對象或他人的嚴重的、可預見的、立即的危險（NASW, 2021, standard 1.07）。

　　然而，有時社工也會遇到專業倫理標準與法律標準相衝突時；或至少是與實務工作者對社工倫理標準的解讀相衝突。一些衝突發生在涉及社工做出不正確的行爲（acts of commission），因社工認爲此決定符合其倫理義務（例如：提供政府或是保險單位不正確的資訊，以便幫助弱勢族群）。其他衝突發生於社工沒有盡到法律要求的義務（acts of omission），因社工認爲此決定符合其倫理義務（例如：對於疑似兒童疏忽與虐待並未通報，以便繼續維持專業關係）。

　　在法律的領域，社會工作者應該要了解：與許多倫理議題有關的五大類規定與指引：憲法（constitutional law）、制定法（statutory law）、行政規定（regulatory law）、判例法與普通法（court-made and common law），以及行政命令（executive orders）。

憲法

　　美國憲法與各州的州憲法中的一些規定都與社會工作、倫理抉擇有關。例如：在成人及少年矯正機構的社工，須遵守憲法規定：保障受刑人免於不合理的搜索，免於遭受殘酷與不尋常的處罰。在學校的社工需要知道學生的隱私權以及言論自由。在醫療院所的社工需要知道婦女有憲法上的權利，在懷孕初期的十二週期間，可以與醫師討論決定結束懷孕的週期。

制定法

　　許多由美國國會制定的聯邦法規，以及各州立法機關制定的各州法規也影響到社工的倫理抉擇。例如：一項重要的聯邦法規影響學校社工的服務，其中清楚說明有關學生紀錄的保密（Family Education Rights and Privacy Act of 1974，修正案）（1974 年制定，之後修訂的家庭教育權利與隱私法案）。另一個重要的法案是「醫療保險可攜式與責任法」（HIPAA），提出嚴格的保密指引，影響許多社工的服務。例如州政府的法規規範社工：當發現疑似兒童／老人的疏忽或虐待時應盡的義務；釋出資訊給警方；揭露服務對象愛滋感染的狀況。其他政府層級，如城市、鄉鎮等也會制定相關法規。

行政規定

　　社會工作者需要知道從聯邦政府、州政府、市政府的行政規定如何影響倫理抉擇。這些行政規定是由政府單位所頒布的。例如：美國聯邦政府衛生與人群服務部（Department of Health and Human Services）、住宅與都市發展部（Department of Housing and Urban Development）、司法部（Deperment of Justice）的一些相關規定與社工倫理有關。例如：身心障礙給付的請領資格、聯邦補助住宅的驅離、聯邦機關之間保密資訊的交換、愛滋感染者服務的經費等。行政部門有合法權力去執行行政規定，一旦經過嚴謹的程序蒐集公眾意見、召開公聽會、檢視規定的成本，以及與其他相關規定／法律的一致性等（所謂的行政程序法）（Administrative Procedures Act）。與社工相關，其中最著名的行政規定之一是：保障有關於物質使用障礙的診斷、治療、轉介的保密資訊（42 CFR Part 2）。

判例法與普通法

許多與社工倫理相關的法律產生的背景是因為訴訟及法院的裁定。例如：法官需要解釋各類法律的意義；解決現存法律間的衝突或是法律間的落差。這個過程稱之為**法律解釋**（construction）（Madden, 2003）。同時，法官也需要針對目前各類法律無法處理的新興現象或議題提出司法的解釋，這類法院的司法解釋就是判例法（case law）或判例（precedent）。例如：一位已結案的服務對象向社工提出告訴，認為社工業務疏失，因為社工運用一種非傳統的諮商技術，讓他受到傷害。若是缺乏適用此案的相關法規，法官會依據她自己對於現行法律的解釋而進行裁定。在第四章，我將會討論一個有名的判例是關於 Tarasoff 與加州大學董事會（Board of Regents）之間的事件。這個法律判例指出為預防第三方受到傷害，社工有義務揭露保密資訊，不需要取得服務對象的同意。

行政命令

行政部門的最高首長，如州長或市長也可以發布行政命令。發布命令的權力一般是來自於各州的制定法、州憲法，或是市憲法（或根據美國憲法，由總統發布的行政命令）。行政命令對於社工的影響，例如：有關運用政府的經費提供緊急住宅安置或是在財政危機中的人員聘僱等。

社工面對的情況會涉及倫理與法律的選擇，可以由兩個主要的向度，形成四種類型。第一個向度是社工的行為與法律的標準、期待與要求是否一致。社工可能做出不正確的行為（acts of commission）而違反法律。社工也可能沒有做到該做的（acts of omission）而違反法律。

第二個向度是社工的選擇與現行的專業倫理標準是否一致。社工可能做出不正確的行為（acts of commission）而違反專業倫理標準。社工也可能沒有做到該做的（acts of omission）而違反專業倫理標準。

如此產生四種類型，有關於社工的法律與倫理之選擇與行動可能是下列的一種狀況：

- 法律與倫理標準都符合；
- 法律與倫理標準都不符合；
- 法律標準符合，社工倫理標準不符合；或是
- 社工倫理標準符合，但法律標準不符合。

　　除了上述相關的法律議題，以及與社工倫理標準是否相容之外，社會工作者也應該參考相關的倫理理論、原則及指引。這些倫理理論、原則及指引可以幫助社工更清楚概念化相衝突的專業職責有哪些，以及尋求可能的解決途徑。例如：義務論學者會考量社會工作者本身應有的責任；其可能會主張 Hinda B. 應該尊重服務對象的自我決定權以及為其保密；而另一位義務論學者則會主張應遵守法律。而兩位義務論學者的觀點是不同的。

　　目的論或結果論的觀點呢？根據前述，在社會工作中，效益主義是目的論觀點中最受歡迎的；由此觀點，社會工作應尋求整體最佳利益或最少傷害，另一種是尋求最大多數的最佳利益或最少傷害。

　　行為的效益主義者——關切該個案所產生的結果——會主張社會工作應尊重服務對象的自我決定權與為其保密，因為如此才有最佳的益處與最小傷害。益處是 Mary M. 可離開先生，獨立生活，免於受到暴力的侵害；同時她也免於受到法律的制裁與孩子必須離開她。而這樣做的好處大過壞處。

　　另一位行為的效益主義者則會採取不同以及相反的看法。他會認為社會工作者應阻止 Mary M. 福利金詐領的行為，因為此會帶來許多不良影響，包括對於其他需要幫助的人以及納稅人都不利，同時知法犯法對社會而言也是不好的。

　　規則的效益主義者也會有不同的觀點，此派所重視的並非此個案的結果，而是將此個案類推到其他的情況時所帶來的長遠影響。如此規則的效益主義者會主張因為尊重服務對象自我決定權與保密而產生此個案的最佳利益與最少傷害。但是，就長遠觀點而言，這樣做未必是合乎倫理的。因為雖然就單一個案來看一時福利金詐領是被接受的，但是就全面來看，其

不利於社會救助體系的運作，也對社會有害。因此規則的效益主義者認為我們有責任要考量對長遠的影響，若從長遠考量會帶來更多的益處或是更少的傷害，則可被接受。

　　社會工作者對此案例也需要考量社會工作實務理論。有關婚姻暴力或是人際暴力（interpersonal violence）的文獻可以提供一些想法。通常，嫻熟的實務技巧對於倫理兩難的處理會有所幫助。

　　就此案例而言，哪些社會工作實務理論與文獻會有助益？近年來相關的專業對於婚姻暴力已發展了相當的文獻（例如 Carlson, 2013; J. Johnson and Grant, 2004; Messing, 2014; Pryke and Thomas, 1998; Roberts, 2002）。文獻指出婚暴社工不應該過度樂觀期待：施暴者（多半是男性）會對自己的暴力行為負責並自願的求助（Bolton and Bolton, 1987; Messing, 2014; Saunders, 1982）。根據 Carlson（2013）周延的文獻探討，其指出理想的狀況是讓妻子或是伴侶離開施暴者，單獨居住，只有當一段時間之後，都沒有暴力再發生，才會同意一起商談。

　　雖然，這些從社會工作理論與實務文獻中所得到的資訊並不能解決 Hinda B. 所面臨的倫理兩難，但是其協助釐清處遇的目標：協助服務對象離開先生獨立生活，至少維持一段時間。然而，Mary M. 利用福利金詐領來達到此目標則也會是不合乎倫理的。

　　此外，社工在遇到倫理兩難時，也要參考機構的相關政策，以及知名專業組織所發展的重要實務標準。在社工界，NASW 已發展出不同主題的實務標準，例如：文化能力、臨床社會工作、物質使用障礙的處遇、學校社會工作、社會工作督導、安寧緩和與臨終醫療、長者服務、青少年服務、長期照顧機構的社會工作、醫療機構的社會工作、個案管理、兒童福利、軍隊社會工作、整合基因遺傳學觀點於社工實務、社工的科技運用（第四章將會討論）。這些實務標準是經由仔細挑選的一群專家制定、NASW 會員的回饋，再經由 NASW 理事會通過。因為制定的過程嚴謹且這些標準也是重要的，所以，通常在倫理諮詢、政策發展、法院判例、發照委員會都會視為正式的標竿，作為一種參考依據。

　　Hinda B. 也應該將自己的個人價值觀與政治意識形態納入倫理抉擇的考量（Levy, 1976; Rhodes, 1986）。她也應仔細考量與自己想法不同的價值觀與意識形態。若說 Hinda B. 在家庭暴力的議題上是採取女性主義的觀點，換句話說，她視婦女的受虐為伴侶間權力分配不均的表現，她避免讓服務對象成為待罪羔羊，並設法增強服務對象的能力（Bograd, 1982; Carlson, 2013; L. Davis, 1995）。這是一個具有正當性且重要的觀點，此觀點挑戰了長久以來實務工作將問題指向受虐婦女並責難受虐婦女的作法。

但是，這樣的觀點對於 Hinda B. 倫理上的抉擇有何意義？與其他觀點相較有何差別？較激進的作法是社會工作者與服務對象一起努力，使服務對象增強能力以遠離其先生；而這樣的作法可能包含了有意的觸犯法律（如詐領福利金），不過，相較於服務對象受暴，這樣的違法可能也並不是那麼要緊了。另一種屬於中間派女性主義的作法是 Hinda B. 與 Mary M. 一起討論如何增強 Mary M. 的能力，並運用合法的方式來協助 Mary M.，接受住宅與其他的社會服務以便離開先生，獨力生活。

V. **向同仁與合適的專家諮詢（如機構工作人員、督導、機構行政人員、律師、倫理學家）**。一般而言，社會工作者不應自己單獨做出倫理的抉擇。這並不是說倫理抉擇都是團體的決定；有時是的，但許多情況是社會工作者有機會徵詢同仁及專家的意見之後再做決定。

通常，社會工作者向相同工作性質的同仁徵詢意見，以及向熟悉此議題的人徵詢意見——督導、機構行政人員、律師與倫理學家。有時這樣的討論是非正式的，例如正巧與同仁談話時討論到；或是用正式的方式，例如機構倫理委員會（institutional ethics committees）（Reamer, 1987a, 1995a, 2015a）。

機構倫理委員會（IECs）的概念主要出現於 1976 年，當紐澤西州最高法院判決 Karen Ann Quinlan 的家庭與醫生需要徵詢倫理委員會的意見以便決定是否要將她的維生系統拔除（雖然至少早在 1920 年代開始，有些醫院已有類似的倫理委員會）。Quinlan 在 21 歲時，有一天傍晚，當她服用鎮定劑以及喝了含酒精的飲料之後，陷入昏迷。他的雙親要求拔除呼吸器，讓女兒有尊嚴的安息，因為已經沒有恢復的希望。法律訴訟的起因是照顧 Quinlan 的醫師拒絕依照 Quinlan 父母的意思去做。美國紐澤西州 Morristown 高等法院法官拒絕家長的要求；但是在上訴最高法院之後，結果出現逆轉。法院主張：若是醫療當局認為已經沒有合理的恢復可能，Quinlan 拔除維生器帶來的利益是大於國家保護生命的利益。法院做出此判決部分是基於出版於 1975 年 *Baylor Law Review* 的一篇研討會論文，其中一位小兒科醫生倡導運用倫理委員會來處理醫療照顧上所面臨的倫理兩難（Teel, 1975）。

倫理委員會包括了來自各個學科的代表，除了教育與訓練的功能外，還有對個案提供諮詢（C. Cohen, 1988; Cranford and Doudera, 1984; Hester and Schonfeld, 2012; Post and Blustein, 2015）。大部分以機構為基礎的倫理委員會提供倫理諮詢（工作者對該諮詢可以選擇接受與否），提供實務工作者思考個別案例議題的機會，並可與有經驗的、熟悉倫理觀念的、專精倫理訓練的同仁討論。雖然 IECs 未必能夠對複雜的議題提出絕對的答案（也不應該對其有這樣的期待），但是其提供了一個有價值的討論空間，將困難的倫理兩難做充分且批判性的分析。

不同的人群服務機構或是醫療院所，其機構倫理委員會的組成與程序會有所差異。跨專業的成員則需要視機構的出資者以及組織使命而定。醫療院所的 IECs 通常包括：醫師、護理師、神職人員、主管、社工、該專業領域的倫理學家，以及其他醫療專業人員；有些委員會也邀請非專業人士參加。心理衛生機構的 IECs 成員則可包括：心理衛生的專業人員（例如精神科醫師、社工、心理學家、諮商師、成癮相關的專家）、個案管理者、主管等。許多 IECs 也有律師，擁有相關的法律專業背景。通常這樣的律師是外聘的，避免利益衝突的情事發生，因為若是機構自己的律師，則可能會保護僱用自己的機構。IECs 也可以提供個別的倫理諮詢，提供者可能是：專業的倫理學家，或是全部委員會、次委員會（subcommittee）。

向外徵求諮詢的理由有二，第一是有經驗、思慮周全的諮詢者可以提出有用的靈感，這可能是社會工作者所想不到的。正如所謂的「三個臭皮匠，勝過一個諸葛亮」，實際情況也確實是常常如此。

第二個理由是當社會工作者因其倫理的抉擇而被告時，這樣的諮詢也可保護社會工作者。社會工作者尋求外界意見也可顯示出其做抉擇時是謹慎的。若有人告社會工作者其所做的決定太過倉促與大意時，這樣的諮詢可以幫助社會工作者辯護。

VI. **做抉擇並記錄做抉擇的過程**。一旦社會工作者仔細衡量了倫理的議題，包含相衝突的社會工作倫理與價值；找出所有可能被倫理抉擇影響到的個人、團體與組織；嘗試找出各種可採取的行動以及參與者，並評估每種行動的利弊得失；審慎地檢視贊成或反對每種行動的理由（考慮相關的倫理理論、原則、倫理守則、社會工作實務理論與原則、法律、機構政策、實務的專業標準、個人的價值觀）；並徵詢同仁以及專家的意見後，就可做出決定了。有些情況下，決定是很明確的；經過如此的抉擇過程，不斷釐清議題使社會工作者的倫理職責變得明確。

然而，在另有些狀況之下，社會工作者可能仍會覺得不確定該如何做。這些通常是所謂的高難度個案，也是常見的情形。畢竟，需要全盤的考量的情境，就定義上來說就已是複雜的；若其不複雜的話，則早就可以解決了。因此，經過完整有系統地檢視倫理議題後，這些倫理議題仍有可能具爭議性。這也是倫理兩難的本質。

這是一個重點，在 Mary M. 的案例中，我會主張 Hinda B. 在某一時間點應與 Mary M. 討論福利金詐領的事。Hinda B. 可利用下面的時機：當其與 Mary M. 表明想幫助她離開丈夫獨立生活，同時 Mary M. 也願意如此做。Hinda B. 的主要目標應該非常明確：協助服務對象在獲得充分訊息後做有關的決定，包括與她先生的關係、她居住問題的安排等。而當社會工作者與服務對象對這些目標都有共識後，若 Hnida B. 忽略福利金詐領的問題則是不對的。也就是說若尚有其他資源可幫助 Mary M. 和其孩子獨立，Hinda B. 就不應認可 Mary M. 不誠實的行為。同時 Hinda B. 對其他需要福利金幫助的人以及納稅人也有義務，因為他們都可能因福利金詐領而受到不利的影響。但這並不是說福利體系本身並不需要改革，改革是需要的，這是 Hinda B. 應該去努力的，這也是社會工作者的責任之一。

Hinda B. 也有權利思考此案例對其自身的影響。也就是說 Hinda B. 有權利去避免下面的情況發生：她感覺她在積極地支持服務對象去詐領福利金。Hinda B. 也可能感覺到這個案會對她的專業生涯有不良影響。最後，Hinda B. 會覺得她的責任是向 Mary M. 充分地解釋福利金詐領所帶來的風險並幫助她做決定。若 Mary M. 拒絕停止詐領福利金，只要 Hinda B. 依照《NASW 倫理守則》與社會工作實務原則，Hinda B. 是可以終止與 Mary M. 的專業關係。但這樣關係的結束不可太草率，Hinda B. 也應該幫助 Mary M. 尋找其他的服務來源。理想上，Mary M. 應停止詐領福利金，若她不願意，Hinda B. 並沒有義務持續此段關係。

是否 Hinda B. 有義務要舉發 Mary M. 的福利金詐領的行為則是個複雜的議題。一方面，許多，或許是大部分的社會工作者都不願意如此做，社會工作者通常認為低收入服務對象生活困乏，社會工作者會盡可能協助他們。當服務對象真的極需要幫助時，有些社會工作者也會忽視服務對象福利金詐領的行為。

另一方面，大部分的社會工作者也知道應該遵守相關的倫理標準（包括：有些情況是社工可以在沒有服務對象的同意之下，揭露保密的資訊）、法律、規定與機構政策。而如何避免人群服務的失序也是重要的。我將在第五章直接討論有關這些倫理議題的抉擇。

上述只是我個人的倫理分析與抉擇。其他的實務工作者可能運用相似的分析架構而得到不同的結論。這並不說此倫理抉擇的分析架構有基本的缺點，而是其顯示出倫理抉擇的特質：即使仔細周詳地分析倫理議題，對於複雜的個案常會有不同分析與結論。

而這樣的結果未必是一個問題。最終我們所關切的是周延詳盡的倫理抉擇，而這樣的抉擇常會有不同的結論。這也是社會工作實務的特徵。在實務工作中，對於複雜的個案，不同臨床社會工作者的處遇計畫也不會相同，尤其當他們運用不同的理論觀點、不同個人與專業的經驗、政治意識形態等。相同的情形也會發生在社區組織工作者或社會工作行政者面臨複雜的情境並需要提出建議時。我們也可預期類似的情形也會發生於倫理兩難的狀況。但是，服務對象與其他相關的人有權利期待社會作者的倫理抉擇應是完整、詳盡、敏銳且公正的。

一旦做出抉擇，社會工作者必須謹慎地記錄抉擇過程的各步驟。倫理抉擇正如臨床介入一樣，應屬於社會工作實務的一部分，也應成為紀錄的一部分（Kagle and Kopels, 2008; Luepker, 2012; Reamer, 2005a, 2015a; Sidell, 2011）。這是完整專業實務的表現。此案的社工與其他相關的工作人員未來也可能需要再翻閱此紀錄。如同 2021《NASW 倫理守則》3.04(b) 所說「社會工作者應維持服務紀錄內容是充分且合乎時效的，以幫助服務的輸送和確保未來提供服務的延續性。」

　　除此之外，當個案進入倫理申訴或是法律程序時（例如對社工的申訴），準備好倫理抉擇的相關重點是非常重要的。正如我前面所言，小心記錄抉擇的重點顯示社工的審慎態度，能夠免於社會工作者受到不當行為、業務疏失或過失的控訴（Reamer, 2003, 2015a）。

　　社會工作者需要決定紀錄的詳盡程度。尤其是當實務工作者的紀錄被法庭調閱時，太詳細的紀錄也可能會是個問題，因為將服務對象生活的敏感部分曝光也可能並非服務對象的意願。同樣地，若紀錄太簡單薄弱也會是個問題，尤其是當未來的服務需要參考此紀錄以便更進一步幫助服務對象時。總言之，社會工作者需要配合專業所接受的標準，掌握詳盡的程度是一方面有助於服務的提供，另方面也不會使服務對象過度曝光（Kagle and Kopels, 2008; Luepker, 2012; Reamer, 2005a, 2015a; Sidell, 2011）。按《NASW 倫理守則》：「社會工作者的紀錄應盡可能與適當地保護服務對象的隱私，且僅記載與服務提供直接相關的資訊。」（標準 3.04[c]）。

VII. **監督、評估與記錄倫理抉擇所帶來的結果**。社會工作者完成抉擇後並不是完成了最後的階段。就某一種觀點而論，這也是另一個問題解決過程的開始。社會工作者應該注意並評估倫理抉擇所帶來的結果。這也是對於服務對象、雇主、經費補助者負責任的態度，若有必要，也需要記錄倫理案件申訴、訴訟的事件。這樣的工作可以是例行的個案評估、記錄或運用一些研究工具做更周詳的評估（Blythe and Tripodi, 1989; Bloom, Fischer, and Orme, 2009; Drisko and Grady, 2012; Reamer, 1998a; Ruffolo, Perron, and Voshel, 2016; Siegel, 1984, 1988）。因此 Hinda B. 可以運用非正式或標準化的工具來測量 Mary M. 的功能、自信與她對服務的感受（尤其是有關於 Hinda B. 對福利金詐領倫理兩難的處理方式）。

正如我前面所說，認為倫理抉擇可產生明確的結論並不正確。若有人認為是這樣的話，則是對倫理本質的誤解。由於社會工作者不同的理論觀點、個人與專業經驗的不同與偏見都無可避免地會產生不同的結論。但這並沒有問題，尤其是當我們認為維持實務工作者間的對話有助於提升了解與啟發對於倫理兩難的處理時，得到不同的結論是沒有問題的；同時就社會工作的觀點而言，過程往往才是最重要的。正如 Jonsen 所說：「倫理的指導原則並不是現代的摩西十誡；他們只是簡速的道德指導，提供了一些簡明的概念用來幫助充分準備好的人做明智的判斷，以便決定該如何行動。」（1984: 4）

本章中我檢視了社會工作倫理兩難的本質，並用多種角度分析之。接下來我要更深入地討論分析社會實務工作中的倫理兩難。

問題討論

1. 比較 NASW 的倫理守則、美國心理協會（Americna Psychological Association）的倫理守則、美國諮商協會（American Counciling Association）的倫理守則、美國婚姻與家族治療協會（American Association for Marriage and Family Therapy）的倫理守則。其相似與相異之處是？《NASW 倫理守則》的優點與限制是？

2. 自 1970 年代開始，許多專業開始運用道德理論——例如義務論、目的論、效益主義、德性倫理、社群主義與關懷倫理——協助處理倫理兩難。道德理論的幫助是？限制是？

3. 找出你在工作或實習中所發生的兩難，並說明為什麼這是倫理兩難？你與你的同仁如何陳述此兩難？你對於兩難的處理是否滿意？

4. 複習本章所討論的倫理抉擇。應用上述步驟一至四的架構去分析你在第三題中的倫理兩難。你用此抉擇架構是否會得到不同的結論？此架構是如何幫助你理解倫理的兩難？

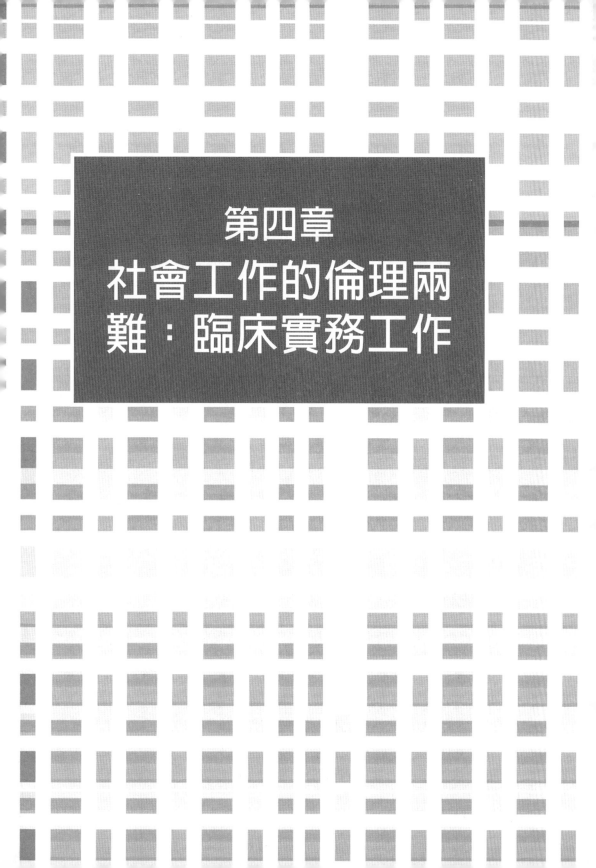

第四章
社會工作的倫理兩難：臨床實務工作

社會工作者涉入許多不同層面的倫理兩難。一般來說，他們面對了兩大類型的倫理兩難：一類是針對個別服務對象、家庭或小團體（臨床實務工作）（clinical practice）；另一類是參與社區組織、倡議、社會政策與規劃、行政管理，以及研究與評估等活動（鉅視實務工作）（macropractice）。在這一章中，我將要把焦點放在臨床實務工作中的倫理兩難，並應用第三章所介紹的抉擇架構。在第五章，我再把焦點放在鉅視實務工作的倫理兩難問題。

在臨床實務工作的倫理兩難中包括了許多議題。其中最突顯的主題有保密及隱私權；自我決定與家長主義（paternalism）；分裂的忠誠（divided loyalties）；專業界限與利益衝突；實務工作者運用科技提供服務、與服務對象溝通、儲存敏感的資料；服務終止；專業價值與個人價值觀的關係。

 ## 保密及隱私權

社會工作中許多倫理兩難都與保密及隱私權有關。實務工作者普遍面對的倫理兩難與揭露保密資料有關：對家庭成員揭露（例如服務對象有自殺的傾向）、對家長或監護人揭露有關未成年子女的資訊、為保護第三方而揭露、為保障服務對象的權益而揭露、對執法人員揭露、法院的傳喚或裁定而揭露、徵詢同仁的諮詢時揭露。

案例 4.1 ....

Ivy T. 是一家私人團體工作室的工作人員，她對 41 歲的保險經紀人 Donald M. 給予每週一次有關婚姻問題的諮商。據 Donald M. 自述：一年多來，他的太太「充滿敵意並保持距離。她已經很少和我說話，我不知道我們之間到底怎麼了？」

在一次會談中，Donald M. 變得異常沮喪和激動。他告訴 Ivy T.：兩天前他發現他太太外遇，對方是公司的同事。Donald M. 花了很長的時間表達他被背叛與暴怒的情緒。在會談結束時，Donald M. 脫口而出：「我可能之後會後悔，但我想我會去殺了那傢伙！」

在會談的最後時段，Ivy T. 特別問 Donald M. 有關他想去殺了所謂太太外遇對象的問題。而會談結束時，Ivy T. 並不確定 Donald M. 是否真的會對這位第三者採取攻擊行動。

許多社會工作者經常遇到服務對象確切地威脅要去傷害第三者（通常是伴侶、工作夥伴或情人）或只是語帶含糊地說他們想要傷害別人。在這些案例中，主要的倫理議題是：社會工作者要在下列兩者間做選擇：尊重服務對象的隱私權與自我決定權，以及去保護那些可能受服務對象傷害的其他人。

當服務對象反對社會工作者揭露可能傷害第三方的保密資訊時，社會工作者面臨一個困難的抉擇。社工必須考量第三方受服務對象身體傷害的風險程度。除此之外，社工也必須考慮：揭露服務對象未授權的資料對專業關係的可能傷害，以及服務對象威脅行動曝光後所需面對的法律責任（例如：刑事訴訟）。社會工作者也需要考慮他們自己可能面對的結果，譬如：受到倫理申訴、被（服務對象）控告無法保密、被（受害者）控告未能保護第三者等。

在這種情形下，社會工作者有下列數種選擇：他們可以嘗試臨床上的介入，以避免傷害發生，或是取得服務對象的同意揭露資訊，以保護受威脅的第三方。如果這些策略都不成功，社會工作者必須決定他要尊重服務對象的隱私權與自我決定權，還是要違背服務對象的意願去揭露資訊。

從義務論的觀點，會要求社會工作者應有義務去尊重服務對象的隱私權與自我決定權[1]。相反地，一位行為的效益主義者會主張如此太過短

---

[1] 在本書中所有討論的案例中，我會常常使用一些名詞，例如：**義務論的**（deontological）、**目的論的**（teleological）、**效益主義者**（utilitarian）、**行為的效益主義者**（act utilitarian）、**規則的效益主義者**（rule utilitarian）。我了解這些名詞滿難以理解的，也太偏專業術語。但是，它們卻是倫理文獻中標準的及廣泛使用的名詞。它們很難用其他簡單易懂的名詞替代。

視，並要求社會工作者在尊重服務對象的隱私權與自我決定權之上，有更重要的責任去保護第三者免於嚴重傷害（此與不傷害〔nonmaleficence〕的道德原則相符）。與義務論的觀點一致的是，規則的效益主義者關切社會工作者違反服務對象隱私權與自我決定權的長期結果為何。也就是說，規則的效益主義者擔心社會工作者與服務對象之間的治療關係，是否因為服務對象開始認為與社會工作者所分享的資訊未必總是被完全地保密而逐漸受到破壞。在義務論與目的論——效益主義間的緊張關係也很自然地同時反映在美國社會工作人員協會（NASW）的倫理守則中，特別強調尊重服務對象的隱私權和防範一般大眾免於傷害的重要性。根據守則：

> **除非迫於專業理由**（except for compelling professional reasons），否則社會工作者必須對專業服務過程中獲得的所有資訊加以保密。社會工作者嚴守資料保密的一般例外情形為：預防服務對象或第三者遭遇嚴重的、可預期的、即將發生的傷害時。無論如何，社會工作者應揭露與達成目標最必要且最少量的保密資訊，而且只有與揭露目標直接相關的資訊。（標準1.07[c]）；另加入粗體字以強調重點）

在 Donald M. 的案例中也是與法律原則有關。最有名的判例是 1976年的 Tarasoff 與加州大學董事會的案例。這個有名的案例為之後無數的法規和法庭判決鋪路，現在也影響實務工作者在面對服務對象對第三方威脅時的決策。

根據法庭紀錄，Tarasoff 案例有關的人是在加州大學柏克萊分校柯威爾紀念醫院（Cowell Memorial Hospital）接受精神科諮商的門診病人 Prosenjit Poddar。他告訴他的心理醫生 Lawrence Moore，他打算等某位小姐放完暑假回校後殺了她，其實很容易辨識出他所謂的某位小姐就是指 Tatiana Tarasoff。在這次宣稱要殺人的會談結束後，心理醫生打電話給駐校警察要求他們多留意 Poddar，因他可能需要住院，他具有傷害自己或他人的危險性。心理醫生在打完電話後隨即再寫一封信給駐校警察隊長要求協助。

駐校警察將 Poddar 予以暫時拘留，但隨後因他看來正常而放了他，警察也警告 Poddar 離 Tarasoff 遠一點。這時，Poddar 和 Tarasoff 的哥哥搬到一間離 Tarasoff 和父母同住房子附近的公寓中。不久之後，心理醫生的督導也是精神科主任 Dr. Harvey Powelson 要求駐校警察歸還心理醫生的那封信，下令要銷毀心理醫生的那封信以及有關的個案摘要，並指示不可以採取進一步要 Poddar 住院的行動。沒有人警告 Tarasoff 或是她的家人有關 Poddar 的威脅。Poddar 再也沒有回去接受治療。兩個月後，他殺了 Tarasoff。

Tarasoff 的雙親控告加州大學的董事會、學生健康服務中心的幾位工作人員、駐校警察隊隊長和四位隊員，因為他們沒有通知 Tarasoff 她所受到的威脅。加州初審法庭基於對多位被告的免責以及心理治療師對保密的職責，不受理本案。這對雙親提出上訴，加州最高法院接受上訴並隨後更正判定：高等法院對工作人員疏於保護被有計畫殺害的受害者的判決是不負責任的。法庭最後裁示：心理健康專業人員對於得知服務對象將有傷害他人之計畫時，有責任保護被計畫加害的受害者。

Tarasoff 的案例以及隨後許多法庭的判例都在提醒社會工作者有揭露保密資訊的職責，以預防對第三方的嚴重傷害（Kopels and Kagle, 1993; Reamer, 1991, 2003, 2015a）。這項政策也與倫理指導原則一致，即預防對生命及健康的傷害優先於避免揭露保密資料的傷害。

案例 4.2 ·····································

Alan F. 是 Columbia 家庭服務機構的社會工作者。他對 Peter 和 Doris S. 進行婚姻諮商。這對夫妻開始接受婚姻諮商是因為 Doris S. 告訴 Peter S. 她想請求離婚。

Peter S. 和 Doris S. 都一致認同 Peter S. 有嚴重的賭博問題。因為賭博引起嚴重的財務困難，最近，Doris S. 說：「我在也不能忍受了，不是 Peter 接受協助停掉賭博，就是我們之間完了。我受夠了。」

Peter 參加匿名戒賭會地方分會的課程並接受 Alan F. 的夫妻協談，他提到匿名戒賭會對他的幫助有多大，而戒賭後他感覺多輕鬆。

一個下午 Peter S. 打電話給 Alan F. 要求私下討論。在他們隔天的會面中，Peter S. 坦承他參加匿名戒賭會的課程是在說謊，他沉迷賭博的問題更加嚴重，他也深感絕望。Peter S. 要求 Alan F. 幫幫他並請求 Alan F. 不要將他說謊的事告訴他太太。

這個案例與 Donald M. 的案例大不相同，Donald M. 的案例是對其他人的傷害有具體的威脅。現在這個案例，社會工作者得到服務對象之一所提供的隱私資料，在實務工作者的判斷，服務對象之二有權利被告知。而第一位服務對象尚未表達出對他人的傷害。

這個案例中，社會工作者 Alan F. 對於 Peter S. 明確要求保密的職責內容應該為何？他對 Doris S. 應盡的職責又是什麼？她是否有權利被告知她先生的說謊與欺騙？同樣地，Alan F. 在必須考量自己的利益時，他的權利是什麼？特別是如何避免捲入 Peter S. 已清楚描述對太太隱瞞繼續賭博問題的企圖中，Alan F. 的權利為何？

Alan F. 可以有的選擇包括：繼續和 Peter S. 工作並促使他向他太太表白繼續賭博的問題；如果 Peter S. 拒絕揭露這項訊息，Alan F. 可以撤銷本案件；Alan F. 自己向 Doris S. 供出 Peter S. 的機密。

當然理想上，最好是 Alan F. 成功地讓 Peter S. 自己揭露這項訊息。引用「**道德對話**」（moral dialogue）的概念（Spano and Koenig, 2003），Alan F. 可以積極地與 Peter S. 討論其道德選擇與價值觀。但如果他不成功地讓 Peter S. 自己揭露這項訊息呢？義務論者會主張 Alan F. 有應盡的義務要尊重服務對象的隱私權（與自主的道德原則相符）。當然，另一個不同觀點的義務論者則主張社會工作者應盡的義務是要保護 Doris S. 免於受到 Peter S. 傷害的打擊（與不傷害的道德原則相符）。而行為的效益主義者也主張要揭露隱私資料，但所堅持的理由不同：保護 Doris S. 免於婚姻中的實際欺騙行為以及面對 Peter S. 的謊言的結果是較好的。相反地，一個規則的效益主義者主張保留隱私資訊是可以被理解接受的，如此不會影響服務對象對社會工作者的信任。倫理利己主義者看到的是 Alan F. 有權利撤回這個案件或對 Doris S. 揭露資訊以保護自己免於捲入欺騙中。

美國社會工作人員協會的倫理守則有幾項標準與此相關。第一：守則中建議社會工作者應該告知服務對象「保密的本質，和服務對象資訊應受到保密的限制。社會工作者應與服務對象討論在某些情況下需要揭露保密的資訊」（標準 1.07[e]）。同時，守則也強調：一般來說，社會工作者未徵得服務對象的知情同意之前不應對第三者揭露隱私資料（標準 1.03[a]）。更進一步地，守則中包括兩項標準是特別與家庭或伴侶諮商中有關保密議題的標準：

> 當社會工作者提供諮商服務給家族、伴侶或團體，社會工作者應使每位成員均同意關於每個成員的保密權利，同時也對其他人所分享的機密資料有保密的義務。社會工作者也必須提醒參加家族、伴侶或團體諮商的成員，社會工作者沒有辦法保證所有的參與者均能遵守他們的保密協議。（標準 1.07[f]）
>
> 　　社會工作者應告知參與家族、伴侶或團體諮商的服務對象，有關社會工作者的雇主和機構對於社會工作者在諮商如何公開成員間保密資料的政策。（標準 1.07[g]）

所以，Alan F. 應該在他和 Doris S. 以及 Peter S. 開始建立關係之初就與他們討論保密的政策。這樣，Alan F. 應該清楚區隔了如果服務對象之一向他表白重要的機密資料，而他應該或是可以向另一位服務對象分享。例如：許多臨床社會工作者在家族或伴侶諮商中的「沒有祕密」政策，以鼓勵開放和真誠的溝通，並避免被任何一部分的成員認為是他們的同夥。

在第三章的倫理指導原則也許有助益。它建議社會工作者保護個人免於基本傷害的義務（不傷害）優先於免於揭露機密資料的傷害。這項指導原則可以運用來看 Doris S. 的基本心理健康（以她的基本功能而言）受到她先生持續的賭博和欺騙威脅著。

雖然 Peter S. 擁有保密和自我決定的表面權利（或自主權），但因他對他人的實際威脅而喪失了這些權利。在本案例中，特別是婚姻諮商的範疇內，Peter S. 對太太的故意欺騙是不被接受的。其次，社會工作者不論其參與是多間接的，都有權利避免捲入在這項實際的欺騙中。如果 Peter S. 沒有意願停止欺騙或告知太太他仍在賭博（可被臨床界定的），Alan F. 向 Peter S. 解釋他無法再為他們夫妻諮商是被認為適當的。Alan F. 可以解釋繼續諮商是不合倫理的，因為他已知道伴侶之一正欺騙另一人。《NASW 倫理守則》中陳述：「社會工作者不應參與、包容或涉及有關於不誠實、詐欺或誘騙等行為」（標準 4.04）。

　　Alan F. 也可以解釋：婚姻被期許建立在一些基礎上，而欺騙是很不好的，他很關切他內心的平靜所受到的威脅，以及一直對 Doris S. 隱瞞重要資訊的可能後果。Alan F. 可以提供 Peter S. 幾次的會談幫助他思考如何向太太分享這項資訊，以及討論他告知太太他繼續賭博的感受。

　　這個策略能讓 Peter S. 有繼續治療的機會，並且給他時間調整心情以告訴太太他的賭博。這向策略容許這對夫妻可以繼續對他們的婚姻問題工作，也避免 Alan F. 涉入有計畫對 Doris S. 的故意欺騙中。以此方法處理這個個案，在提供最佳機會以保護所有參與成員的權利，是能夠被接受的。

案例 4.3 ....

Charice E. 是 Cheswolde 庭服務機構的個案工作者。她對 Nina C. 提供諮商服務，她是為她 9 歲的兒子 Bobby 在學校的行為而來。根據 Bobby 老師的形容：「他很憂鬱且容易分心」，而且完成課堂作業有困難。

兩個月後，Charice E. 也對 Nina C. 提供諮商，因為她覺得「被焦慮籠罩」。Nina C. 已與 Bobby 的父親 Ron C. 離婚。Nina C. 正與 Ron C. 爭奪監護權。Nina C. 告知 Charice E.，她擔心她正在使用酒精與大麻來自我藥療。

一天，Charice E. 收到法院傳票要對監護權審議流程作證。Ron C. 的委任律師傳喚 Charice E. 要她在誓言之下回答有關 Nina C. 心理健康以及她照顧 Bobby 能力的問題。Nina C. 不希望 Charice E. 出庭作證或揭露她在保密的治療過程中所透露的資料。

　　這個案例的倫理兩難是很清楚的。它包含了社會工作者對保護服務對象隱私權的職責以及法庭傳訊所可能導致的揭露機密資料的衝突。本案例的服務對象 Nina C. 可能因爲揭露她生活相關細節以及難保監護權資料而受害。相對地，她先生 Ron C. 與小孩 Bobby 都將因社會工作者對法庭傳喚的反應而受影響。而且，如果社會工作者決定保留資料，違抗法庭傳訊或是之後的法庭命令，她可能要面對藐視法庭的處罰而有害她的職業生涯。

從義務論的觀點認爲社會工作者有義務要遵守法庭的傳訊與法庭的命令，因此社會工作者 Charice E. 應該揭露被要求說明的資料。同樣地，行爲的效益主義者主張：如果證據顯示揭露資料會帶來本案件有關人員（主要是他們的孩子）能夠獲得被期望或是好的結果，則將這個案例有關資料揭露是可以理解的。這個好處將超過揭露資料所帶來的傷害，這些傷害例如有：傷害到服務對象與治療者的關係、傷害到社會工作者的聲望和生涯等。這個觀點與倫理指導原則是一致的：如果傷害包含於違背對服務對象的隱私權，卻是爲了預防基本的傷害（如：孩子的基本心理進康）（與不傷害的道德原則相符），那麼揭露是可接受的。但是，規則的效益主義者認爲違背服務對象意願而揭露保密資料（或服務對象的自主權）是錯誤的，因爲長久下去，一般實務工作中若毀棄對服務對象的保密權利，將導致破壞服務對象對社會工作者的信賴並且鼓勵服務對象不要求助。

許多實務工作者面臨這類的倫理兩難：社會作者必須決定是否回應法庭傳訊而揭露保密資料。在許多案例中，在法庭爭奪監護權，而社會工作者的證詞被用以支持或挑戰父母親是否有照顧子女能力的請求。在別的案例中，當社會工作者的服務對象控告他人（例如：他們因終止僱用、醫療疏失或是一些意外事件所引發的情緒傷害）或是被其他人控告，社會工作者會被傳喚去做證。

在一些案例中，服務對象並不反對社會工作者的供詞，特別是他們相信這些供詞對自己這邊較有利時。有時候，服務對象並不允許社會工作者作證，一部分是因爲他們認爲在法庭作證將對自己有害，另一部分是因爲社會工作者所揭露的資料都很個人性或涉及隱私。

許多社會工作者誤解了法院爲何傳喚他們。一些社會工作者以爲法庭傳喚他們出庭並揭露所需資料，否則他們將被處以藐視法庭並被監禁或是罰款。事實上，傳票僅僅是個命令要求對資料（資料可以用口頭作證或是個案紀錄形式呈現）做回應。誠如 Grossman 說：「如果接受者知道要拿到一張法庭傳票有多容易；如果他知道傳票多偏好要求資料而實際上它沒有法定權利要求洩密；如果因為他是受到脅迫，在法律上他就沒有責任去揭露機密的資料，他可能用較不害怕和較敢質疑的態度看待傳票的威脅。」（1973: 245）

如果服務對象不允許社會工作者揭露被要求的資料，社會工作者最好盡力說服法庭資料不應該被揭露。社會工作者可以主張那些被要求的資料正在保密中，以及未經服務對象同意在法庭上的揭露可能導致相當的傷害。如果可能，社會工作者可以建議法庭運用其他替代方案或資源以獲取所需資料。根據 Wilson：「如果法庭想獲取的資料可以透過其他管道得到，一個被傳喚的專業工作者不需要揭露其保密的資料。如果實務工作者可以輕易地釋出保密但不是溝通特權的資料且不會遭到反對，則法庭可能不會去從別處獲得資料。如果專業工作者拒絕揭露，無論如何，法庭會調查它是否可從其他資源獲取資料。」（1978: 138）其次，《NASW 倫理守則》中陳述：

> 在訴訟過程中，即使是法律所允許的範圍內，社會工作者仍應保護服務對象的隱私權。如果未經服務對象同意揭露這些機密或授權資料，以及洩密會傷害服務對象，即使這是法庭的要求或是其他法定代理人的命令，社會工作者可以要求法庭撤回命令，或是盡可能限制命令的範圍，要求保持紀錄是密封的、不會對外曝光。（標準 1.07[j]）

即使實務工作者或律師嘗試去避免或限制洩密，法庭仍有可能以正式命令要求社會工作者洩露被傳喚的資料。這種情形仍會發生在有些州，即使他們已有成文法規確認社會工作者的服務對象具有溝通特權（right of privileged communication），也就是說，社會工作者只有在服務對象的應允同意下才可以揭露機密資料。例如一個廣為人知的紐約州案例（*Humphrey v. Norden* [1974]）：一個社會工作者的服務對象已被成文法規設定擁有溝通特權的保護，在一個父子關係訴訟中被法庭傳喚作證，並指出：「揭露與父子關係正確決定的證據，會比專業關係中不情願揭露隱私造成的傷害來得較為重要[2]。」這個案例一成立，社會工作者便很難決定洩露機密資料可接受的範圍為何，亦即，哪些資料內容是對預防參與會談的人免於基本傷害的必要資訊。除了考量社會工作者的決定如何影響服務對象和他生活有關的人，社會工作者也應該適切地考量他們的決定如何影響自己的生涯。

這個案例中 Charice E. 也喚起了社會工作者有必要去關心服務對象間的潛在利益衝突。雖然本案例並不包含伴侶諮商，但有可能安排。當婚姻爭執可能引發敵對的法律訴訟程序（例如：爭奪孩子的監護權），社會工作者必須非常清楚他們的角色和潛在的利益衝突。根據《NASW 倫理守則》：

> **標準 1.06(d)** *利益衝突。*當社會工作者對彼此有關係的兩個或兩個以上的人提供服務時（例如：伴侶、家庭成員），社會工作者必須向所有的人澄清誰才是服務對象，並說明社會工作者對不同個人的專業職責本質。社會工作者在面對服務對象間的利益衝突時，或是必須扮演可能衝突的角色（例如：社會工作者被要求在兒童保護個案的爭議中作證，或在服務對象的離婚訴訟中作證），社會工作者必須向有關人員釐清他們的角色，並採取適當的行動將任何利益衝突減到最低。

案例 4.4 ....

Jose G. 是 Harborplace 青少年輔導中心的社會工作者。該中心提供遭遇困難的兒童、青少年和他們的家庭諮商及相關服務。

Jose G. 有一個 16 歲高中學生的服務對象 Alvin。他是因為在校成績持續下滑、曠課多日，以及一位老師的形容「他似乎是孤獨的」而被輔導中心的諮

---

[2] *Humphrey v. Norden,* 359 N.Y.S.2d. 733 (1974), 734.

商員轉介給 Jose G.。

　　經過幾次諮商會談，Alvin 向 Jose G. 坦承他有嚴重的古柯鹼（cocaine）成癮。Alvin 承認他是在幾個月前參加一位朋友的舞會時，由他介紹而上癮。

　　Jose G. 接到 Alvin 父母親的電話。他們詢問 Jose G. 對其兒子問題的印象。他們希望知道 Jose G. 是否對其兒子在校適應困難的原因有所了解。

　　社會工作者對未成年者提供服務時常會遇到這樣的困境：家長或監護人要求知道有關被協助的青少年的資訊。而且，社會工作者在服務未成年者經常需要決定：即使家長或監護人沒有要求，是否要對家長或監護人揭露特定相關資料。這些資料通常是與未成年者的物質使用、性行為、懷孕和偏差行為有關。

　　在這個案例中，社會工作者 Jose G. 必須評估：Alvin S. 的保密權利，以及其雙親必須知道兒子藥物濫用的權利，孰輕孰重？雖然我們了解 Alvin 為什麼不想讓父母知道他有物質使用的問題，我們也了解為什麼 Alvin 的父母想知道兒子的藥物使用問題，或是他們覺得自己有權知道孩子的狀況。如果 Alvin 已成年，這個案例就簡單多了。但他是未成年者，情形自然複雜了。

　　如果 Jose G. 不揭露資訊給 Alvin 的父母，他可能可以增進和 Alvin 間的關係品質。如果 Jose G. 將保密資料告知 Alvin 的雙親，他要面對服務對象的疏離或是中斷治療關係，Alvin 與父母親關係也會緊繃。但是，Alvin 的雙親也可能會有建設性的回應並支持其子努力面對他的問題。

　　從義務論的觀點，Jose G. 有義務要尊重 Alvin 對其隱私保密的權利（與自主的道德原則相符）。行為的效益主義者也認為洩露機密資料是無法接受的，因為弊多於利（例如不利於治療關係）。規則的效益主義者則主張破壞保密權將對社會工作者的信任立下不好的、有害的先例。當然，不同觀點的規則的效益主義者會認為當親子之間藏有祕密將會造成長期的傷害。

　　一個較為社會工作者所接受的指導原則是：若是揭露保密資訊未必能讓未成年服務對象免於傷害自己或他人，則社工可以保留他們和未成年服務對象間的隱私資料（Reamer, 2005c, 2015a）。許多社會工作者也相信未成年服務對象揭露他們參與的嚴重犯罪行為將喪失他們的保密權；而未成年服務對象揭露他們參與較不嚴重的違規犯過行為則不需被揭露他們的隱私。如同 Wilson 的結論：「實際上，許多專業的助人工作者從未成年服務對象得知兒童或青少年的違法行為多半選擇不通報，這是因為：如此會對於專業關係，以及協助過程造成重大的破壞。」（1978: 123）這個結論與倫理指導原則一致：預防個人免於基本傷害的需要比揭露保密資訊所造成的傷害更為重要。

在這些指引之下，社會工作者只有在他認為：服務對象的物質使用仍然持續中，並且會對服務對象或其他人造成嚴重傷害，社工才可以揭露服務對象物質使用的資訊（與不傷害、行善的道德原則相符）。無論如何，如果社會工作者發現服務對象已經面對他的物質使用問題並接受適當的治療，則揭露服務對象此部分的資訊有可能是不被認可的。

這個案例也對社會工作者必須了解相關法律和規定，提供很好的說明。在美國，聯邦政府與許多州都有立法關於未成年人的隱私保密權，特別是針對物質濫用問題、避孕、懷孕、性行為方面的傳染疾病等（Dickson, 1998; Madden, 2003; Saltzman, Furman, and Ohman, 2016）。聯邦政府提供三個指引，分別為：「物質使用障礙病人的紀錄保密」（Confidentiality of Substance Use Disorder Patient Records）（42 Code of Federal Regulations § 2）、「家庭教育權利與隱私法案」（Family Educational Rights and Privacy Act, 34 C.F.R. § 99）、「醫療保險可攜式與責任法」（Health Insurance Portability and Accountability Act, 45 C.F.R. § 160）。有關酒精及藥物濫用病人的紀錄保密規範，當病人接受服務的機構是有聯邦政府的補助，則診斷、治療、轉介的資訊都受到嚴格的保密規範。根據這些規範，若是任何與物質濫用預防相關，且由美國政府部門或單位執行、規範，或是直接／間接援助的服務，社工及其他專業人員必須保護每一位服務對象的紀錄包括：身分、診斷、預後、治療等。這樣的資料保護只有少部分的例外，例如：專業人員懷疑兒童虐待或疏忽，或是基於非常重大犯罪案件（如殺人、性侵害、武裝搶劫、致命武器攻擊等）的調查或起訴，法官會命令揭露保密的資訊。

與學校社會工作者特別有關的是：「家庭教育權利與隱私法案」（FERPA）。任何保存教育相關紀錄的場域（包括學校的心理輔導中心、少年矯正學校等）都在規範之內。FERPA 是聯邦法，保障學生的教育紀錄的隱私，適用於所有接受美國教育部資助方案的學校。

對於學生的教育紀錄，FERPA 賦予家長某些權利。但是當孩子滿 18 歲，或是就讀高中以上的學校，這些權利將轉移給孩子。這些取得轉移權利的學生稱之為「符合資格的學生」（eligible students）。根據美國教育部的網站：

■ 家長或是符合資格的學生有權利審閱學校保存的學生紀錄。學校並有必要提供紀錄的影本，除非家長或是符合資格的學生無法審閱，例如距離太遠。校方可以對紀錄影本收取費用。

■ 家長或是符合資格的學生若是認為紀錄不正確或是誤導。則有權利要求學校修正紀錄。若是校方決定不予以修正，家長或符合資格的學生有權利召開正式的公聽會，若是校方仍決定不做變更，家長或符合資格的學生有權利在紀錄中加入說明，闡示對於此爭議資訊的觀點。

■ 一般而言，學校需要取得家長或是符合資格的學生的書面同意，才可以釋出學生的紀錄資訊。然而，FERPA 也給學校一些權限，不需要取得同意可釋出保密的資訊，如下的條件或是人物（34 CFR § 99.31）：

　　校方人員基於合法的教育利益
　　學生轉介到他校
　　特定的監督或評估的官員
　　提供學生財力資助的對象
　　代表學校進行某些研究
　　已被認可（accrediting）的組織
　　基於法官的要求或法院的傳票
　　基於健康或安全的緊急事件，提供給適當的官員
　　各州及地方政府、少年司法系統、基於特定的州級法律

「醫療保險可攜式與責任法」（HIPAA）要求美國衛生暨人群服務部

（Department of Health and Human Services, HSS）部長訂定規範，以保護某些健康醫療資訊的隱私與安全。HSS 因應此法的要求，出版 HIPAA 隱私規定及安全規定。HIPAA 隱私規定或個人可辨識之健康醫療資訊的隱私標準，建立了保護某些健康醫療資訊的國家級標準。HIPAA 安全規定為保護電子化健康醫療資訊的安全，該資訊是以電子化的方式儲存或傳遞，也建立國家級的保護標準。該安全標準的運作也納入前項的隱私規定，處理各種科技與非科技的安全防護，HIPAA 適用的機構（covered entities）必須保護個人電子化的健康醫療資訊[3]。

對於臨床社工而言，HIPAA 規範對於心理治療筆記（notes）的保護與指引。該法區分一般個人的健康醫療資訊以及心理治療的筆記。HIPAA 將心理治療的筆記予以更多的保護，尤其是當第三方支付單位要求提供資訊時。HIPAA 規定：揭露心理治療資訊，除了一般的同意書外，也需要服務對象授權釋出敏感的資訊。當服務對象符合法規的規定，不提供心理治療的筆記時，保險公司不得拒絕支付費用。HIPAA 規定：

> 心理治療筆記是指以任何一種媒介的紀錄，由醫療照顧提供者記錄，該提供者是心理衛生專業人員，其記載或分析某一私人諮商中的對話，或是團體、聯合、家族諮商的對話。與個人健康醫療資訊的紀錄是分開的。心理治療的筆記不包含藥物處方與監督、諮商的起迄時間、治療的方式與頻率、臨床測驗的結果，以及任何一項下述項目的摘要：診斷、功能狀態、治療計畫、症狀、預後、到目前進步的狀況等。（§ 164.501）

一般來說，社會工作者在面對有關隱私權的倫理兩難時，應參考相關的聯邦與州的法律和規定。在美國《NASW 倫理守則》中說道：「社會工作

---

[3] Security Standards for the Protection of Electronic Protected Health Information, 42 U.S.C. 1320d-2 and 1320d-4, 68 FR 8376, § 164.302 (February 20, 2003), https://www.gpo.gov/fdsys/granule/CFR-2011-title45-vol1/CFR-2011-title45-vol1-part164-subpartC.

者若要揭露這些保密的資訊，必須是經過服務對象確實地同意，或是經過合法授權的服務對象代理人同意。」（標準 1.07[b]）

 ## 自我決定與家長主義

　　社會工作者通常投入專業工作是因為他們有強烈的渴望想幫助那些在生活上遭遇嚴重問題的人們，例如：心理疾病、成癮、貧窮、家庭暴力、身體障礙等。一般來說，社會工作者會許下長久的專業承諾去支持服務對象自決的原則，他們通常的定義是：「服務對象的權利與需求以能夠自由地做選擇和決定」（Barker, 1991b: 210）。如同《NASW 倫理守則》的表明：「社會工作者尊重並促進服務對象的自我決定權，並協助服務對象盡力認定和澄清他們的目標。」（標準 1.02）

　　社會工作文獻包含了為數可觀的有關自我決定的概念的學術討論（Banks, 2012; Beckett and Maynard, 2005; Gray and Webb, 2010; Joseph, 1989; McDermott, 1975）。只有極少數的案例討論到有些社會工作者並不認為尊重服務對象的自我決定權利是適當的。通常這種情形發生在社會工作者傾向於抵觸服務對象的自我決定權利是因為「為了自己好處」。這些案例包含了專業的家長主義。

案例 4.5 ....

　　Marcia R. 是 Owings Mills 綜合醫院的社會工作者。她被指派主要負責醫院的外科醫藥單位，服務對象是癌症病人及其家屬。一位 68 歲的病人 Michael H. 被送去接受下腹部探測性外科手術。Michael H. 的意志很薄弱，他的主治醫生形容為「情緒不安」。

　　一個下午 Michael H. 的女兒 Ellen S. 來找 Marcia R.，告知她父親的醫生剛剛通知她試探性手術的化驗報告顯示她父親已是癌症末期。Ellen S. 說她和家人「都很震驚，他們從未想到他會得這種病。他們無法告訴父親他的生命已近尾聲。他無法面對它的。」

> Ellen S. 告訴 Marcia R.：她和其他家人已經決定一旦她父親自麻醉醒來後，他們不希望醫院的工作人員告訴她父親他罹癌末期的事實。Ellen S. 希望 Marcia R. 可以幫忙她向她父親的主治醫師解釋。

表面上看來 Ellen S. 及其家人主要是在關心 Michael H.。也就是說，他們不想讓他知道他罹癌末期的消息是因為他們相信他無法面對這項消息（與不傷害的道德原則相符）。相反地，社會工作者 Marcia R. 和其他醫療團隊相信 Michael H. 有權利被告知他的醫療狀況且工作人員對他有責任要揭露這個資訊（與自主的道德原則相符）。

以義務論的觀點認為對 Michael H. 隱瞞資訊將造成一種欺騙，那是不符倫理的。義務論者較傾向贊成醫療人員有義務告知事實，短少資訊是違背服務對象的權利與自主性。然而，如果可以顯示出 Michael H. 在知道實情後的情緒痛苦所造成的傷害將遠大於隱瞞他診斷結果的善意欺騙的後果，行為的效益主義者可以接受保留事實。

在社會工作中這樣的兩難並不少見。它發生在社會工作者必須決定是否為了服務對象的利益而干涉服務對象的權利。家長主義以三種形式存在。第一種，當社會工作者為了服務對象之利益而對服務對象保留資訊被認為是可被理解接受的。這包含了有關服務對象生活的各種類型的資訊，但社會工作者相信它對他們是有傷害性的，例如：某些診斷的訊息、有關心理狀態的資料、心理健康的預後等。

相對於只是保留資訊，第二種形式的家長主義包括為服務對象之利益而對服務對象說謊。當社會工作者在回應服務對象的疑問時，故意給予服務對象有關他們生活面向上錯誤的訊息。例如：為了於心不忍，社會工作者告訴被遺棄的兒童說他的父親是真的愛他，而實際上根本不是這麼一回事。

第三種形式的家長主義包括了社會工作者為了服務對象之利益，違背服務對象的意願而有身體上的強迫干涉。強迫個人接受藥物治療或違背服務對象意願遷入庇護所都是家長主義一般出現的型態。請考慮下列已被媒體披露的真實案例（Hornblower, 1987: 29）：

案例 4.6 ....

> 　　1987 年的秋天，40 歲住在紐約市街頭、做過速記員的 Joyce Brown 在違
> 反她的意願下被送進 Bellevue 醫院。
> 　　她又被稱為 Billie Boggs，已經住在曼哈頓的人行道上一年。她每天以用
> 賣鍋柄所得的錢，花 7 元買食物維生。Brown 習慣住在排水溝中。市府工作人
> 員形容她骯髒、語無倫次，並注意到她撕毀和燃燒紙鈔的癖好。

　　對此向來的爭論是有關用欺騙或是強制的方法來保護人們遠離傷害
（不傷害的道德原則）。其重點是有兩派不同的觀點，一派的實務工作者
相信服務對象有權利設定和追求自己的目標、冒險、可能會犯錯（自主的
道德原則）；而另一派的工作人員認為至少一些欺騙或強迫讓服務對象遠
離傷害是必要的（行善的道德原則）。這項爭議的核心闡明了社會工作對
服務對象自我決定的價值（Reamer, 1983a）。Biestek 所觀察到的是：

> 　　服務對象自我決定的原則是在個案工作的過程，對服務對象自
> 由選擇和決定時的權利與需求的實務認知。個案工作者有一個
> 相對的職責就是去尊重這項權利、認知這項需要，協助服務對
> 象看到和運用社區以及他個人人格中有效的與適當的資源，以
> 促發與幫助服務對象實現潛在的自我方向。但是，服務對象自
> 我決定的權利被限制在服務對象需要有能力可以做積極的與具
> 建設性的決策，也被限制在民法與道德的架構之下，以及機構
> 功能限制之下。（1975: 19）

雖然家長主義的名稱是晚近才有，但從亞里斯多德的時代起，家長主
義的概念就備受爭議。亞里斯多德在西元前四世紀所撰的《政治學》
（*Politics*）中主張社會中存在有知識和智慧的精英，則某種程度的家長
主義是恰當的。家長主義最廣為人知的經典之作是 1859 年 John Stuart
Mill 大作〈自由論〉（On Liberty）。Mill 被認為是強烈反對家長主義者，
特別是在政府干涉市民私人的生活。在〈自由論〉中，Mill 時而舉例陳述

意見：「人類被個別的或是集體的保證：任何人的行動的自由被干預的唯一結果是自我保護。在任何文明社會，權力被正確使用的唯一目的就是避免對他人的傷害。他個人身體的或是道德的利益均不足以保證。……超越他自己、超越他的身體與心靈，個體是至高無上的。」（[1859] 1973: 484）

當代對家長主義的本質與限制的爭論最多的是 1960 年代，主要是因為公民權利和公民自由的議題被廣泛注意。對心理疾病患者、受刑人、福利使用者和兒童的家長主義治療方式提供了大量的哲學性思索。

並不令人驚訝地，現代眾所周知有關家長主義的論文都是在 1960 年代完成的。道德哲學家 Gerald Dworkin 在他 1968 年的論文〈家長主義〉（Paternalism）定義家長主義是：「完全為了被強制的個人其福利、益處、快樂、需求、利益或價值等理由來妨礙該個人的行動自由」（1971: 108）。例子包括：監禁某人使其免於自我傷害、強迫特定宗教團體成員接受治療、禁止自殺，或要求機車騎士戴安全帽。

哲學家 Rosemary Carter 為家長主義下了較廣泛的定義：包括對個人身體活動和情感狀態的干預。她定義家長主義者的行動是：「某人為了保護或促進某個主體的福祉的理由，試圖或成功地強迫個人的行動或狀態」（1977: 133）。也是道德哲學家的 Allen Buchanan 的定義更廣泛：包括妨礙個人獲得與其生活相關的正確與真實的資訊的權利。依 Buchanan 的觀點，家長主義是「干預個人行動或資訊的自由，或故意傳播不正確的消息。而其理由是：干預者或傳播不實者的目的是為了該被干預或被提供不實消息者的利益」（1978: 372）。所有這些定義都說明了脅迫或介入都是以為了被脅迫或被干預者的利益來取得合理性。

為何家長主義對社會工作者產生困難，是因為大多數實務工作者被專業吸引的因素是他們具有強烈而迫切的渴望，要借用一些有意義的介入來幫助服務對象。事實上，不同的案例顯示至少需要暫時對服務對象生活的強制介入才能預防一些悲慘結果（必須將倫理指導原則記在心上，尤其有關服務對象的自我決定權與自主性可能包括某種程度的自我傷害，可以優先於服務對象基本福祉的權利）。根據《NASW 倫理守則》描述：「在社會工作者的專業判斷下，當服務對象的行動或潛在行動具有嚴重的、可預見的和立即的危機會傷害自己或他人時，社會工作者可以限制服務對象

的自我決定權。」（標準 1.02）

　　當妨礙服務對象使其遠離其所必需的，或是暗中為了個人或機構自我的利益所驅使的行動，那麼家長主義就是個問題。也就是說行善的道德原則及語言被誤用，作為干涉服務對象生活的藉口。例如在 Michael H. 和 Marcia R. 的案例中，家庭成員拒絕告訴 Michael H. 有關他病情的診斷，可能一部或大部分是因為家庭成員對死亡或是過世覺得不舒服；其次，是因為家庭成員對 Michael H. 因應病情消息能力的真誠關心。在 Joyce Brown 的案例中，社會服務專業人員努力將 Brown 送醫的動力，一方面可能來自他們對 Brown 行為所造成的「公共之瘤」的控制；另一方面來自他們真誠地想保護 Brown 免於傷害自己。

　　如此，服務對象需要被欺騙、被干預，是為了他們的好處。這樣的家長主義式的語言會有爭議，爭議來自為了一己之利而對服務對象欺騙或干預，這是「虛假家長主義」（pseudopaternalism）的問題（Reamer, 1983a）。一般說來，除非社會工作者有充分或強有力的證據顯示服務對象可能有傷害自己的風險，否則服務對象不應被家長主義所干預。同樣地，病人有權利知道他們的病情診斷，無家者有權利拒絕住進庇護所，只要他們有被清楚告知而做的自願性決定，且明確知道可能的後果。如果服務對象缺乏心理能力或是有可能用某些方法嚴重地傷害自己，家長主義才是有理由被接受的。

　　一個務實的作法是預立醫囑（advanced directives），尤其是針對在醫療單位工作的社工，此種作法可以避免不合理的家長主義，以及培養服務對象的自我決定權利。預立醫囑提供服務對象一個正式的機會，表達希望的醫療照護方式，尤其是當他們失能時。在醫療單位，預立醫囑是合法的文件，預先傳達自己臨終的照護方式。提供一種方式與家屬、朋友、專業人員溝通，以表達願望。

　　生前預囑（living will）屬於預立醫囑的內容，告知醫療專業人員自己希望如何被照護以維持生命。病人可以接受或拒絕醫療照顧、表達他們是否希望使用：血液透析、呼吸器、若是呼吸或心跳停止時的心肺復甦術、鼻胃管餵食、器官或組織捐贈等。預立醫療代理人也是屬於預立醫囑的內容，病人可以指定一位信任的人作為醫療決定代理人，當自己失能無法做決定時，由此為代理人來做決定。

 分裂的忠誠

　　社會工作者如果不是自行開業或是獨立執業，有時候會發現自己被服務對象和雇主的利益拉扯著。這樣情形會發生在社會工作者認為行政者的決定或機構實務會剝削服務對象。當實務工作者必須在雇主利益或服務對象利益孰先孰後中做選擇，表示社會工作者陷入分裂的忠誠。

案例 4.7 ....

　　Towanda B. 是 Gwynn Oak 安養之家的社工。其收容的都是老年人和嚴重身心障礙者。Towanda B. 的職務很多樣，包括：個別的個案工作、諮商以及懷舊團體的運作。

　　Towanda B. 花了可觀的時間在一位很特別的住民 Richard D. 身上。他 77 歲，住進安養之家已經三年。他是在受到重大心臟疾病導致嚴重身體障礙後住進來的。

　　在最近一次的會談中，Richard D. 告訴 Towanda B. 他和安養之家另外一位 71 歲，去年住進來的 Barbara L. 發生性關係。Richard D. 說他知道安養之家規定不允許住民彼此之間有任何性接觸，但他解釋他和 Barbara 已經變成親密的朋友，而且「這是我們兩人之間的事，與他人無關」。在結束會談時 Richard D. 對 Towanda B. 下個總結：「我知道我可以信任妳。」

　　一方面看來，我們可以說，既然這兩位住民都是成年人，可以自己選擇性行為的對象；安養之家就沒有必要干涉他們的性行為。另一方面，Towanda B. 現在已經陷於知道她的服務對象違反安養之家的政策。事實上，Towanda B. 認為安養之家的政策是不合理的。同時，她感覺好像她是和決定公然違抗機構政策的服務對象站在同一陣線。

　　從義務論的觀點，它們主張社會工作者不論他們認為政策是多麼不公平,他們應盡的職責是要去維護機構公開的政策。當然,不同立場的義務論者可能主張:社會工作者的首要職責是尊重服務對象的自我決定權利(與自主、行善的道德原則相符)。

而行為的效益主義可能較不關心社會工作者應有的職責要去維護機構禁止性接觸的政策。相反地,行為的效益主義較關心這個特殊案例中有關人員的後果。其可能認為對這兩位住民而言,有性關係可能是利多於弊(不傷害的道德原則)。

規則的效益主義如何看待此案例較難明瞭。一個理由是:長期來看,因為隨之而來的人際間的複雜性,可能讓這兩位住民間的性關係結果具有傷害性(不傷害的道德原則)。然而,另一個理由是,允許成年人決定自己要和他人建立何種關係,可能會讓住民感到非常快樂(與自主、行善的道德原則相符)。

乍看之下,《NASW 倫理守則》對此案例看來沒有太大幫助。守則中包括幾項標準似乎支持案例中的社工,尊重服務對象的決定。

> **標準 1.01　對服務對象的承諾。**社會工作者的首要職責是促進服務對象的福祉。一般而言,服務對象的利益是最優先的。
> **標準 1.02　自我決定。**社會工作者尊重並促進服務對象的自我決定權,並協助服務對象進盡力認定和澄清他們的目標。
> **標準 1.07(c)　隱私與保密。**除非必要的專業理由,否則社會工作者必須對專業服務過程中獲得的所有資訊加以保密。

其他的標準則建議社工有義務維護機構禁止住民間發生性接觸的政策。例如:在守則中,「一般而言,社會工作者應堅持對雇主和受僱組織的承諾」(標準3.09[a])。這被解釋為Towanda B.應該遵守安養之家的政策。

在倫理指導原則中,一般說來社會工作者有義務要遵循那些他們自願同意遵守的規定,因此建議 Towanda B. 不要涉入公然違抗安養之家的政策。在某些案例中,違反規定是可能被允許的,特別是為了避免嚴重的傷害或身體受傷;但是嚴重程度的標準必須是一種高標準,如此違反機構政策的行為才可以被接受。若為了拯救生命或避免嚴重的傷害而違反規定,是可以被接受的。但只是爲了免於較不嚴重的傷害而違反規定，則比較難以讓人接受。

相對地，社會工作者陷於對不同對象的忠誠（分裂的忠誠），並認爲機構的政策、規則或規定不合理，則有責任去挑戰它們並尋求必要的改革。在《NASW 倫理守則》中有多項標準支持這個結論：

標準 **3.09(b)** **對雇主的承諾**。社會工作者應致力於改進受僱機構的政策、程序及服務的效率與效果。

標準 **3.09(d)** **對雇主的承諾**。社會工作者不應讓受僱組織的政策、程序、規定或行政命令抵觸他們的社會工作的倫理實務。社會工作者有責任確保受僱組織的實務工作是與美國社會工作人員協會的倫理守則一致的。

標準 **6.04(b)** **社會及政治行動**。社會工作者應採取行動以擴大所有人群的選擇與機會，並特別關注弱勢、處於不利地位、受壓迫與受剝削的人群與團體。

在本案例中，社會工作者必須決定是否執行自己質疑和有所保留的機構政策。但是，在其他案例中社會工作者所面對的情形可能相反，反而是他們同意機構的政策但質疑服務對象的狀況。

案例 4.8 ....

Juanita P. 是 Pawtucket 綜合醫院的社會工作者。她被指派到新生兒單位工作。其中有個三天大的嬰兒 Baby R. 出生時即有嚴重的身體障礙，缺失了大部分的大腦、眼盲且耳聾及嚴重的心臟缺損。

Baby R. 的雙親沒有醫療照顧給付，他們被孩子的醫療情況搞得焦頭爛額。醫院的醫師向他們解釋這孩子將來絕對無法過正常人的生活，而且即使使用積極侵入性療法，極有可能在一年內死亡。醫師同時解說這孩子必須進行的幾項複雜的心臟外科手術以拯救其性命。

醫師告訴雙親依照他們的判斷，如果用盡許多極端方法以救嬰兒性命將會是個錯誤。他們說明手術流程相當複雜且異常昂貴。醫師也無法確定他們的努力是否可以改善嬰兒的生命品質或延長其壽命。

　　社會工作者 Juanita P. 覺得在本案例中她同意醫師的看法，不要對嬰兒施以積極侵入性的治療程序。它耗資龐大而可能的效果卻微乎其微。

　　Juanita P. 與 Baby R. 的雙親見面，討論他們對醫師所解釋的選擇有何反應。Baby R. 的雙親說：他們想要堅持醫院應盡所有可能來搶救他們孩子的生命。他們說他們覺得與孩子是連結一起的，並認為其有權利和其他嬰兒一樣得到醫療照顧。他們說：「上帝會照顧我們的孩子。」

　　這類案例迫使社工去面對：對服務對象盡責的極限，特別是服務對象的期待與社工所支持的機構政策相對立時。在這個特殊案例中，雙親對孩子福祉的關切是可被了解的。我們都能夠明瞭他們想要盡一切可能去搶救嬰兒生命的期望。

　　同時，本案例也闡明了醫療技術有限的複雜爭議。龐大的公共資源將會花在一個嚴重殘缺，且即使在最佳情況下生存機會仍舊渺茫的嬰兒身上。醫師對此案例的建議似乎是合理的，雖然這顯得醫師的建議是冷血的、計較成本與效益；但也有可能是立基於關心嬰兒及需要保留有限的醫療資源，以便給其他醫療介入較有效果的病人（與正義的道德原則、社群主義的概念相符）。

　　義務論的觀點會主張：本案例中的雙親和社會都有義務要搶救 Baby R. 或任何生命。當然，不同觀點的義務論者會認為本案例中最重要的職責是預防傷害和痛苦（與不傷害原則相符），因此，不要給 Baby R. 積極侵入性治療法，讓它因「自然因素」死亡是能被理解的。行為的效益主義主張：不施以極端醫療介入是對的，以便將經費使用在其他較有可能存活與改善生命品質的病人身上。

　　規則的效益主義的觀點則不得而知。他們可能會關切將龐大經費投注在希望渺茫個案的前例。這個結果將導致將來醫療照顧的經費無效率使用，甚至是浪費。其他的規則的效益主義則會關心這個案例無法積極介入的結果，將會對尊重生命本身立下危險與有害的標準。也就是說，以此觀點認為，在劃分「有價值的」和「無價值的」生命間的界限設下先例是危險的。長久下來，支持本觀點者會主張積極侵入性的醫療照顧應該提供給每位病人，以避免這些價值判斷。

《NASW 倫理守則》中包括數項標準，可能會相互矛盾。例如：「社會工作者尊重並促進服務對象的自我決定權，並協助服務對象盡力認定和澄清他們的目標」（標準 1.02）的標準，建議 Juanita P. 應該不管自己對雙親決定的疑慮，為其父母倡導其自主權。然而，守則中也說明：「社會工作者應盡心地管理受僱組織的資源，適切且明智地保管資金、絕不濫用資金或不依指定用途使用資金」（標準 3.09[g]）以及「社會工作者應促進本土社會至全球的整體福祉」（標準 6.01）。這些標準建議：社會工作者應該考慮他們的決定對於其他需要協助的人群的影響（與正義的道德原則相符）。

在這類案例中，社會工作者與服務對象分享醫院的意見是可接受的，這不是要去說服服務對象，而是要告知他們社工的立場。社工不是盲目地接受服務對象的意見，尤其是社工並不同意服務對象意見時。社工應對服務對象接受或是拒絕其意見具有信心。服務對象也有權利知道社工的偏好可能會影響到其工作執行。

同時，社會工作者有責任為服務對象利益代言，並盡可能清楚而坦誠地讓其他人知道服務對象的期望。服務對象可以決定是否讓與自己意見不一致的社工去代言。服務對象在這樣處境中可以決定：是否要換另一位不同觀點的社工，或根本不需社工為其服務。以上這都是可接受的決定。

道德對話（moral dialogue）的概念（Spano and Koening, 2003）似乎也特別適合此案例。也就是說，在此類的情況下，非常重要的是社工要與服務對象做有意義的對話，討論其價值觀與道德的立場，並探究其意涵。真正的道德對話是：社工與服務對象對於困難的倫理抉擇進行情感上與看法上的討論；這樣的對話可以提供參與討論的人以尊重、人性及有意義的方式來處理複雜的道德問題。

本案例亦闡明社會工作者或許會想運用機構倫理委員會處理此案（參看第三章及 Hester and Schonfeld, 2012；Post and Blustein, 2015；Reamer, 1987a）。倫理委員會經由受過倫理訓練的相關專業人員組成，討論此案，特別是針對社工面對的對分裂的忠誠議題，以及雙親期望與醫療團隊意見相衝突的倫理問題。這些案例通常也包含了複雜的法律議題（本案例中，有關醫院對並病人的法定職責及相關醫療責任的風險），倫理委員會能夠針對所有議題進行周全的思考。

專業界限、雙重關係與利益衝突
（Professional Boundaries, Dual Relationships, and Conflicts of Interest）

　　社會工作者被訓練要與服務對象之間的關係維持清楚的界限。清楚的界限非常重要，以便使實務工作者和服務對象了解彼此關係的本質與目的。特別是在臨床實務工作中，社會工作者必須避免對服務對象傳遞混淆不清的角色訊息。關係的混淆將明顯影響治療的目標與過程。服務對象若視社工為專業協助以外的角色——例如：當成他的朋友、情人或事業夥伴——將不利專業關係的發展，以及有效運用專業關係來提供服務。

案例 4.9 ⋯⋯⋯⋯⋯⋯⋯⋯⋯⋯⋯⋯

　　Marilyn J. 是個私人開業的社會工作者。Ruth S. 是她已接觸五個月的服務對象，她是地區醫院婦產科的護士，她尋求諮商是有關她童年時所受的性虐待。

　　Marilyn 也在她個人的問題中奮鬥。她和她的先生多年來一直嘗試著能否受孕。Marilyn 和她的先生已接受各式各樣的不孕症檢查和治療流程，但都失敗。這對夫妻為了不孕症已心神散亂，而在他們嘗試收養一個孩子的過程中所遭遇的困難同樣令他們沮喪。

　　Ruth S. 並不知道 Marilyn 專業能力減損之問題，在一次會談中，Ruth S. 提到她將一個未婚媽媽在醫院所生的嬰兒，轉介給自己的好朋友，令她十分開心。Ruth S. 說她的朋友遭受到「非常痛苦侵入式的不孕症檢查與治療流程」。Ruth S. 花了很長的時間談到「讓朋友獲得一個孩子」讓她有多滿意。

Marilyn 對於找到一個可收養的嬰兒深感絕望，這令她開始認真思考是否要請求她的服務對象 Ruth S. 來幫助她和她先生。

社會工作者必須和服務對象的關係保持一個清晰而不模糊的界限。有效的實務工作立基於清楚的專業角色。工作者與服務對象關係若立基於混淆的界限，或是雙重或多重關係，將具有破壞性（Reamer, 2001d, 2012; Zur, 2007）。

社會工作者與服務對象間的雙重或多重關係有多種形式。較受爭議的是有關於有社會接觸、交換禮物、共進餐飲、維持友誼、與服務對象分享個人資訊、與服務對象有生意往來，以及和服務對象發生性接觸（Jayaratne, Croxton, and Mattison, 1997）。有些雙重或多重關係很難避免，例如：在鄉村地區，社工和服務對象在許多生活面向中有交錯關係。

有些雙重及多重關係涉及界限跨越（boundary crossing）。界限跨越發生於社工和服務對象處於雙重關係中，但是此關係並不是強制的、操縱的、欺瞞的，或是剝削的。本質上，界限跨越並無違反倫理，通常涉及界限變通（boundary bending），相對於界限違反（boundary breaking）。然而有些雙重或多重關係則是界限違反的，這樣的關係是強制的、操縱的、欺瞞的，或是剝削的（Gutheil and Gabbard, 1993）。

某些雙重或多重關係有可能會使服務對象受到傷害或剝削，這樣的關係必須避免。Kagle 與 Giebelhausen 觀察到有關心理治療中的關係：

雙重關係涉及界限違反。它們跨越了治療關係，這第二重關係破壞治療關係的獨特本質，模糊了實務工作者與服務對象間的角色，允許權力的濫用。在治療關係中，實務工作者依據專業倫理和其他專業實務工作協定而影響服務對象。當專業關係變成雙重關係，實務工作者的權力仍然保持著，但並不受專業行為規範的約束，甚或在一些案例中並未被察覺。實務工作者與服務對象伴稱要界定第二重關係的角色與規範。在第二重關係的架構下，與治療關係相矛盾的行為，似乎能被接受。關注的

焦點從服務對象轉移到實務工作者的身上，而權力是平等的分
配。（1994: 217）

　　社會工作的雙重關係可區分為五種：親密關係、個人利益的追求、
專業人員如何處理其自身的情感與依賴的需要、利他的行為，以及如何
處理在非預期狀況下所發生的問題（Reamer, 2001d, 2012; Syme, 2003;
Zur, 2007）。親密關係是指性關係或身體的接觸，雖然也可能包括其他
的親近行為，例如送禮、友誼與表示情感的溝通（Celenza, 2007; Zur,
2007）。個人利益的追求是與下列一些情境有關：社會工作者對服務對
象行銷其個人的服務或是其他治療性的產品；或是相互交換物品或勞務。
有關社工自身的情感與依賴的需要，有時社會工作者會過多地接觸服務對
象，只是因為其自己的社會孤立或孤獨。有時，社會工作者的利他本能會
發生問題，例如提供服務對象自己的電話號碼、送服務對象禮物、寫帶有
豐富感情的話語給服務對象。最後，社會工作者也常會遇到在非預期狀況
下所發生的界限問題，例如服務對象搬到社工所居住的社區且兩人的孩子
唸同一個學校；服務對象上班的公司也正巧是社會工作者其伴侶所工作的
地方；或是社會工作者是一位酒癮復原者，但是遇到服務對象也在戒酒團
體中。
　　在案例 4.9 中，社工 Marilyn 想從她的專業地位中獲取利益以解決她
個人生活中的重要問題。若知道 Marilyn 所經驗到的挫折，她的意圖是可
以被了解的。這個案例提供很好的例證：社工必須平衡他個人的需求與服
務對象的需求。
　　Ruth S.（服務對象）、Marilyn（社工）與 Marilyn 的先生是這個事件
結果最直接受到影響的人。如果 Ruth S. 能夠運用她在醫院中的職權來安
排收養嬰兒，Marilyn 與她的先生將受惠。Ruth S. 也將受惠，因為她能夠
幫助自己的社工而從中獲得滿足感。
　　但是，很清楚地，在此案例中的三個人也會受到雙重關係的傷害
（Brodsky, 1986; Reamer, 2012; Zur, 2007）。Marilyn 的聲譽與專業立場
可能會受到傷害，因為其服務對象協助她收養嬰兒。這個行為被多數人
認為是不合倫理的。更重要的是，Ruth S. 和社工間混淆的關係將傷害她

自己。在此情形下，Marilyn 變成依賴她的服務對象，對 Marilyn 與 Ruth S. 而言，要維持適當的治療關係將很困難。傳統的假設是：服務對象的適當角色是來求助，社會工作者是提供協助；如果這種關係遭到破壞，最後，將阻礙 Ruth S. 獲得有效服務的權利。

從嚴格的行為效益主義者的觀點，會主張 Marilyn 在 Ruth S. 協助下收養小孩是有理由的。Marilyn 與她的先生所得到的快樂將遠超過隨之而來對社會工作者與服務對象關係的傷害。但是，從規則的效益主義者的觀點，Marilyn 依賴她的服務對象以獲得嬰兒，在倫理上是錯誤的，因為，長此以往，如果這種情形發生在所有其他個案中，社會工作者可以從服務對象的資源或權力地位中獲取利益，那麼，社會工作者與服務對象關係以及專業本身將受到傷害（不傷害的道德原則）。也就是說，在此案例中，雖然 Marilyn 利用 Ruth S. 而能夠收養嬰兒是有理由的，如行為的效益主義者所主張的；但從倫理的立場來看，這種實務工作是站不住腳的。這是與倫理指導原則是一致的：個人福祉的權利（本案例中為服務對象的權利）凌駕於其他有關個人自我決定自由的權利、自決權（Marilyn 希望利用她的服務對象的職位而能收養嬰兒）。

《NASW 倫理守則》包括了數條相關的標準，所有標準都指出 Marilyn 利用服務對象以收養嬰兒是錯誤的。其中一項標準（1.01：「社會工作者的首要職責是促進服務對象的福祉。一般而言，服務對象的利益是最優先的」）很清楚地說明社會工作者應考量服務對象的利益，是最優先的，也是最重要的。這項觀點由其他數條標準所強調，包括：

標準 1.06(a) *利益衝突。社會工作者應警覺並避免利益衝突，這會影響到專業裁量權和公正的判斷。*

標準 1.06(b) *利益衝突。社會工作者不應從任何專業關係中獲取不當利益，或是剝削其他人以得到個人的、宗教的、政治的或是商業的利益。*

標準 1.06(c) *利益衝突。社會工作者不應與現有或先前的服務對象產生雙重或多重關係，以避免剝削或可能傷害服務對象的風險。*

在《NASW 倫理守則》中很難發現一個標準是支持社會工作者的決定利用服務對象以收養嬰兒。唯一稍有關聯的標準是：社會工作者對增進服務對象自我決定權的義務（1.02）。也許 Marilyn 會辯稱她的服務對象願意幫她尋找並收養嬰兒是沒問題的，只要服務對象很清楚這項行動對專業關係的影響，並考慮了可能的風險（自主的道德原則）。但是，這種結論背離了社會工作者對保護服務對象自我決定與自主的義務的本意。藉由服務對象自我決定權來合理化這種雙重關係是自私的。Brodsky 論及心理學家對雙重關係的看法：

> 雙重關係包含了多於一項關係的目的。治療關係的意義是專有的與單一向度的。治療者是位專家，病人是該位專家的消費者。一旦病人接受某個人為治療者，他不能與病人產生任何其他角色的關聯。與病人發生其他關係如：雇主、商業夥伴、情人、伴侶、親戚、教授或學生，將混淆治療目標。在心理治療關係中的混淆將比其他領域中服務對象與專業人員關係（例如：服務對象與醫師、牙醫師、律師或會計師）的混淆來得嚴重。（1986: 155）

有些令人擔憂的狀況是社會工作者涉入與服務對象發生親密或性的關係（Reamer, 2003, 2012）。一系列的實證研究闡述專業人員與服務對象性接觸的界限違反，與不恰當的雙重關係。在二十年間，根據 NASW 會員業務過失責任保險的統計，約五件就有一件（18.5%）是與社工不當性接觸有關。約有五分之二的保險支付（41.3%）是與社工在性方面的不當行為有關。Schoener 與其同事（1989）估計 15% 至 16% 的男性、2% 至 3% 的女性治療師承認與服務對象有情愛方面的接觸。其他研究指出：8% 至 12% 男性諮商師或心理治療師、1.7% 至 3% 女性諮商師或心理治療師曾與現在或過去的服務對象發生過性關係（Olarte, 1997）。根據 Simon（1999）報導約有 7% 至 10% 的治療師與服務對象有性接觸。Simon 謹慎解讀此數據，因為這是自述的資料，通常都會低估實際的發生事件。這類關係通常在心理治療過程中發生，請看以下的案例說明：

George D. 是社區心理健康中心的社會工作者。他擔任個案工作者和個案工作督導已有九年。

Arletta R. 是 George D. 的服務對象之一。她尋求諮商是因為她覺得「憂鬱」且「充滿自我憎恨」。在專業關係過程中，Arletta R. 敘述很多有關她的婚姻，特別是與她的先生間的性關係。

治療四個月後，Arletta R. 告訴 George D. 她對他有性幻想。她說她覺得應在治療中討論這個議題。她和 George D. 花了兩次會談聚焦在這個主題。

在下一次會談中，Arletta R. 告訴 George D. 她仍然被他吸引。George D. 回答說：他也感受到這股吸引力，而他們應該繼續探索這個主題。George D. 說他不確定他們的專業關係是否該繼續。基於現在的發展，他建議兩人應該再多花些時間釐清楚這個議題。George D. 告訴 Arletta R. 對於這些額外的議題討論他不收取任何費用，因為有些議題也是「他自己的議題」。

Arletta R. 懇請 George D. 繼續為她諮商，她說她如果和其他人討論這個議題將覺得不自在。

在此案例中的社會工作者想要對已經出現的混淆專業關係負起完全的責任。然而，這個案例已豎起專業倫理的危險訊號（ethical red flags），社會工作者必須特別注意這類專業關係是否應該繼續的問題。

短時間內，社會工作者的服務對象（Arletta R.）可能因為她和 George D. 間的相互吸引而影響到她最早尋求治療的動機，因此受到傷害。此案例中的界限問題會影響 George D. 的客觀與洞察能力，也會影響 Arletta R. 在生活中面對問題的能力。

很難知道義務論者在這個案例的評估上所抱持的最重要的倫理價值為何。如果只是要「沒有傷害」，也許 George D. 就應該撤回和 Arletta R. 的專業關係以免傷害她。同時，我們可以想像義務論者會重視社會工作者對服務對象的首要的職責及服務對象自我決定的權利（與自主的道德原則相符），這可能意味著：如果 George D. 違背他的服務對象的期望撤回服務，他就是不負責任的。

行為的效益主義者則對預測行動可能的結果較感興趣。如果證據顯示：維持治療關係有助於 Arletta R. 解決其個人難題，行為的效益主義者可能下結論：George D. 繼續對 Arletta R. 提供專業服務是有理由、可以接受的。但是，如果證據顯示維持專業關係最後是傷害多於有幫助的（考量專業關係對服務對象及社會工作者的影響，包括社會工作者的專業聲望與心理健康），行為的效益主義者會希望 George D. 結束專業關係。規則的效益主義者可能關心的是：當社會工作者與服務對象已發展複雜的情感關係，而社會工作者繼續提供服務對象治療，此前例所帶來的結果會是什麼？我們可以想像：如果這樣的實務工作情形普遍發生，這對專業的整體形象，以及對服務對象的傷害有多大。

　　《NASW 倫理守則》包括數條相關標準，每一條均建議 George D. 繼續對 Arletta R. 提供專業服務是錯誤的，或是不繼續專業關係而去發展私人關係也是錯誤的：

標準 1.01　對服務對象的承諾。社會工作者的首要職責是促進服務對象的福祉。一般而言，服務對象的利益是最優先的。

標準 1.06(b)　利益衝突。社會工作者不應從任何專業關係中獲取不當利益，或是剝削其他人以得到個人的、宗教的、政治的或是商業的利益。

標準 1.06(c)　利益衝突。社會工作者不應與現有或先前的服務對象產生雙重或多重關係，以避免剝削或可能傷害服務對象的風險。

標準 1.09(a)　性關係。無論何種情況下，社會工作者都不可與目前的服務對象涉入性行為、透過科技或是當面的不當性溝通，或是性接觸，不論是合意的或是強迫的。

　　所以，很明顯地，如果 George D. 要繼續他和 Arletta R. 的關係，反對繼續治療關係的主張是很強勢的，因為這只是滿足他的或是服務對象的需求，或是兩人的需求。這個結論與倫理指導原則是一致的，對個人基本福祉的權利（本案例中是服務對象 Arletta R.）是凌駕於另一個個人自我決定的權利（本案例中是 George D. 希望延續關係）。Arletta R. 可能願意投入自我破壞的關係中（與倫理指導原則一致：服務對象有權利認定風險並投入自我破壞的行動），這並不是不得已的；George D. 希望延續關係的行動卻是違反專業倫理標準。

不論是否獲得 Arletta R. 的同意或合作，George D. 必須終止關係，以符合社會工作倫理。這包括：向服務對象清楚地解釋、讓服務對象有機會處理終止關係有關的議題。社會工作者也必須協助服務對象找到新的治療者來協助她處理生活中的難題，包含了和 George D. 這邊的治療關係的結束。《NASW 倫理守則》有數條標準很清楚地說明治療關係的適當終結的倫理標準：

> **標準 1.17(a)** 服務終止。當服務與專業關係不再有需要時，或其不再符合服務對象需要或利益時，社會工作者應終止對服務對象的服務以及專業關係。
>
> **標準 1.17(b)** 服務終止。對仍有需要的服務對象，社會工作者應採行合理的步驟以避免終止其服務。社會工作者只有在非尋常情況下才可倉促地撤回服務，並要審慎思考各項因素，使得負面影響減至最低。如有必要，社會工作者應協助適當的安排以持續服務。
>
> **標準 1.17(e)** 服務終止。當社會工作者預備終止或中斷對服務對象的服務時，應立即通知服務對象，並且依照服務對象的需求和偏好，尋求服務的轉案、轉介或延續服務。

社會工作者也必須很小心地處理與先前的服務對象的關係。在《NASW 倫理守則》中有說明：「社會工作者不應為了與服務對象建立社交的、財務的或是性的關係而終止其服務。」（標準 1.17[d]）其次，即使專業工作者與服務對象關係已適當且完全地結束，社會工作者與先前的服務對象進入雙重或多重關係也可能是不倫理的，也就是說，專業工作者與服務對象關係並未終止，以便建立社交的、財務的或是性的關係。這樣的說法至少有二個理由：第一，在專業工作者與服務對象關係結束之後，先前的服務對象仍然面對生活中的難題是常見的事。例如：新的關係、家庭或情感議題都可能使先前的服務對象想要再找社會工作者協助。社會工作者已經很熟悉服務對象的歷史、困難、環境，以及他們已經建立的關係都可能促發服務對象尋求協助；找一位新的社會工作者可能較無效率以及不是最適宜的治療。無論如何，社會工作者和先前的服務對象在關係終止後的雙重或多重關係（無論是社交的、財務的或是性的關係）將使專業工作者與服務對象關係上遭遇極大的困難，而且會影響服務對象尋求協助的努力。

第二，先前的服務對象可能常常發現：思索先前的社會工作者對其所說的或所建議的事情是有幫助的。先前的服務對象可能認為不需要與社會工作者再建立正式的關係，服務對象可能發現僅僅再思索社會工作者的意見和觀點就已經很有幫助了。社會工作者與先前的服務對象的雙重或是多重的關係將阻礙先前的服務對象運用這種方式的能力（Reamer, 2006: 86, 2001d）。

這些議題在社會工作者與先前的服務對象發生性關係時會更有問題。這就是為什麼許多社會工作者篤信：「一日服務對象，終生服務對象」，以及《NASW 倫理守則》強調：「社會工作者不可與過去的服務對象有性行為或性接觸，因對服務對象會有潛在的傷害」（標準 1.09[c]）。

實務工作者的自我揭露
（Practitioner Self-Disclosure）

實務工作者的自我揭露是常見的界限議題。每位有經驗的社工都會被服務對象問及一些有關個人資訊的狀況。通常被問到：「你結婚了嗎？」「你有小孩嗎？」「你幾歲？」「你住哪裡？」「你在戒癮治療及改善過程中？」「你有臉書嗎？」

如果能有清楚的指引幫助社工的自我揭露議題，專業生活會變得容易許多。然而，不必訝異，自我揭露的議題是相當複雜的。許多社工不願意自我揭露，因為如此做，會讓其與服務對象的專業關係更為複雜。一位社工告知他的服務對象自己剛離婚，而服務對象也正在面臨婚姻的難題，如此有可能損害他們之間的專業關係。一位社工與服務對象分享他的家庭、最近的旅遊、不好的健康狀況；如此的關係比較像是朋友，而不是專業關係。極端的例子是一位社工分享自己的親密關係細節，作為與服務對象發生性關係的前奏。自我揭露會模糊關係界線，損害服務對象的信任，以服務對象為主的專業關係將會失焦，破壞專業服務／治療。

然而，**審慎的**自我揭露可以提升服務對象在專業關係中的一種相互影響的感受，強化此關係的連結，促進服務對象的信任，有助於更多的合作關係，提供服務對象角色學習的對象，顯示人性共同的脆弱面，將服務對象面對的挑戰視為常態。許多社工認為謹慎運用自我揭露，可以幫助服務對象，也是服務對象走在人生旅程中的一個關鍵元素。一位服務對象因剛喪妻而感到悲傷，若是社工也分享自己多年前失去了配偶，此位服務對象可能會感覺到特別有幫助。

社會工作者的自我揭露可能產生複雜的界限議題，導致有問題的雙重關係。一位社工告知服務對象有關自己生日的細節，可能會面臨服務對象致贈昂貴的或是親密的生日禮物。一位社工分享自己的信仰，可能會面臨服務對象邀請他去參加當地的宗教活動。

社會工作者處理自我揭露的議題時，應該要考慮下列三個關鍵的議題：自我揭露的內容、自我揭露顯示的親近程度、自我揭露的持續時間長短。

自我揭露的內容

許多社工認為：自我揭露少部分的主題是恰當的。例如告知服務對象一些較為表面的資訊，如有沒有小孩、在哪裡唸大學。但是其他主題則風險較高，例如自己的健康不佳、生涯挫折。還有些主題則更不恰當，例如社工的婚姻或是關係中的困難。

自我揭露的工作場域也要考慮，在有些場域是符合倫理的，有些則是違反倫理的。例如在一個戒癮方案中，機構工作人員分享戒癮經驗可以被視為適切的。但若是在傳統的心理衛生或是醫療單位，則可能是不恰當的行為。

自我揭露顯示的親近程度

自我揭露會呈現不同程度的親密感。愈有親密感，關係界線發生問題的風險較高。有些社工認為自我揭露的風險高於好處。但也有些社工認為：適度地、謹慎地揭露一些親近感的個人資訊對服務對象有幫助，也是倫理上可接受的。例如服務對象正面臨到處於青少年階段的女兒之情緒狀況，臨床工作者分享自己過去的經驗，說道：「對喔！我記得那些與我自己青春期女兒的時光」，但也不會繼續說太多，以確保仍然聚焦於服務對象的身上。

自我揭露的持續時間長短

若社工持續穩定的自我揭露，則違反倫理的風險較高。這種情形顯示：社工對於適當關係界線的判斷是有問題的。當然，單次的或是簡短的自我揭露也可能違反倫理，特別是揭露的內容、親近程度都不適當的時候。社會工作者思考自我揭露時，下列的幾個問題會有所幫助：

- **為何社工要分享這些資訊給服務對象？自我揭露是為了誰的利益？**社工需要謹慎檢視自己揭露的動機，是否是為了自己的需要？還是為了服務對象的需要？是單純為了服務對象嗎？或是為了社工自己的需要，藉著一種隱晦的方式自我表達出來？
- **對服務對象會有哪些可能的幫助？**社工如何預期對服務對象的助益？
- **對服務對象會有哪些可能的風險？**社工如何預期對服務對象的傷害？
- **社工同儕團體如何看待自我揭露？**假設服務對象對於社工不合倫理的自

我揭露、相關界限違反的議題進行倫理申訴或法律訴訟。各州的發照
單位、專業的倫理委員會或是工作職場中的同事如何解讀此自我揭露的
行為？

■ **若是社工分享個人資訊，需要分享多少？**社工若決定分享個人資訊給服
務對象，應思考分享相對表面的、一般的資訊，對每個人都可適用的。

■ **社工是否有規劃的自我揭露，並向服務對象說明？**若社工審慎思考決定
自我揭露，社工需要向服務對象解釋自我揭露的理由，並說明社工自我
揭露是經過周全考慮的決定。如此可提供給服務對象重要的訊息，幫助
雙方維繫清楚的關係界線。

 ## 在鄉村與小型社區中的關係界線管理

　　另一個常見但不易處理的界限議題涉及：社工與服務對象居住於鄉
村、小型社區中（例如軍事基地、宗教、族群相關的社區）。在小社區
中，社工與服務對象相遇的狀況是無害的，也不太會發生嚴重的問題。例
如：在超級市場或是藥局中相遇，可能雙方會感到有些不自在，但這些不
期而遇不太可能產生重大的、持久的負面影響。相反地，社工的成年孩子
變成其服務對象的朋友，以及社工的兒子被警察逮捕，該警察是社工的服
務對象，這些情況則是有更大的挑戰。

　　小型社區與鄉村中的雙重關係可呈現幾種型態，最常見的是社交與
商業，或是專業的關係。這樣的雙重關係很可能會發生，社工可預期專業
生活可能會與自己的個人生活、家庭生活交錯在一起。在適當的狀況下，
社工可以和服務對象討論，要如何處理好這樣的雙重關係。根據《NASW
倫理守則》：「社會工作者不應與現有或先前的服務對象產生雙重或多重
關係，以避免剝削或可能傷害服務對象的風險。在一些情況下雙重或多重
關係無法避免，社會工作者應採取步驟以保護服務對象，負責任地建立清
楚、適切，及具有文化敏感度的關係界線。」（標準 1.06[c]）

　　有時，實務工作者與服務對象可以想出相對直接的方法去處理雙重關

係。例如服務對象是唯一一家修水電的公司員工，可能可以與服務對象討論，最好請公司其他的員工到社工家裡去修水電。社工有機會去陪伴一群教會青少年的過夜出遊，但社工的青少年孩子、社工的服務對象（也是青少年）都會參加這個出遊；社工可以決定不要去陪伴這個團體的青少年，以避免可能的界限混淆。同時，社工也可與服務對象事先討論，若兩人在社區（如當地的商店、餐廳）相遇，社工將不會接近服務對象，以避免界限的複雜化。

然而，有些情境中，可能的與實際的界限議題卻更難處理。服務對象在一家公司上班，而社工的配偶也在該公司工作。服務對象與社工的配偶有可能無法避免相見，因為公司舉辦員工與其家人的假日派對。服務對象搬家，新家離社工的家很近，這不可能要求一方搬離遠一些。服務對象是修車技師，社工不太可能開到城外 35 哩遠的地方去修車，尤其是當社工的車子拋錨或是出問題時。

在這些情況下，社工理應儘早向服務對象提出有關界限的議題；並討論出合理的方式以處理可能發生的尷尬情況；讓雙方都感到自在，並盡最大可能去維護服務對象的利益。社工在有些情境下會需要向同事諮詢，或是若可行，轉介服務對象給其他的服務提供者。社工盡力避免不適當的或傷害的雙重關係。

 ## 社會工作者的科技使用

有一些倫理議題是從社工助人專業開始發展就存在了，例如服務對象與臨床工作者間的性吸引、實務工作者的自我揭露、小型社區的雙重關係等。其他有一些問題則是近年來才有的，尤其是實務工作者使用社群媒體與多樣化的科技產品，與服務對象進行溝通與處遇。臉書、推特、電子郵件、簡訊、手機、視訊會議、網路為基礎的治療等出現，引發了一些具有挑戰性的界限議題。然而，許多實務工作者在接受正式學校教育的時候並沒有學習到這樣的狀況。使用臉書時，實務工作者需要決定是否接受服務對象的要求，加入好友。同樣地，實務工作者需要決定是否與服務對象交換電子郵件、手機號碼；若要交換，是在何種情形下才可以。是否提供視訊會議的臨床服務，或是其他網路型態的服務。是否允許服務對象使用虛擬化身代表自己，而非真實生活中的樣貌。

案例 4.11 ....

Marla K. 在一個心理衛生中心擔任全職的工作。她最近通過獨立執業社工師的證照考試，希望經營一個兼職的私人開業工作。Marla 特別有興趣服務受焦慮困擾的人們。

Marla 有兩個年幼的小孩，所以猶豫是否要花很多時間去私人開業。她也擔心因此而來的辦公室租金以及相關的支出。

Marla 得知她有一些同事使用視訊科技、電子郵件、簡訊、手機 APP 以及虛擬化身等方式，在家提供諮商服務。Marla 發現這樣很方便，可以有彈性的工作時間，也可以節省辦公室的開銷。

Marla 參加一個繼續教育的研討會，其主題是關於使用科技提供臨床服務的倫理與風險管理議題。她發現研討會的報告提供了相當大量的資訊，研討會結束的那天，Marla 學習到有一些議題她未曾仔細思考過，包括：保密、加密處理、電子化的紀錄、使用搜尋引擎、知情同意、對緊急事件的反應、提供服務給某些地區的居民而社工並沒有在這些地區做執業登記、線上服務的關係界線議題。

科技的出現迫使社會工作者以一種全新的、具挑戰性的方式去思考專業倫理的本質。例如自我揭露的議題已經不是社工在辦公室與服務對象分享個人的生活，而是服務對象可以藉著網路的搜尋得知有關社工的許多事情（LaMendola, 2010; Mattison, 2012; Menon and Miller-Cribbs, 2002; Reamer, 2012, 2015b; Santhiveeran, 2009）。關於社工對於服務對象的可近性，社工思考如何設立界限的策略，已不只限於辦公室內的服務與市內電話的聯絡。廣泛使用的電子郵件、簡訊、手機都已經拓展社工的可近性，因此需要以不同的方式思考關係界線管理的議題。Zur 談到：

二十世紀末的科技爆炸，伴隨而來的是廣泛使用手機、電子郵件、即時通訊、聊天室、視訊會議、簡訊、部落格、光電技術等。改變成千上萬人的溝通、購物、蒐集資訊、學習、見面、社交、約會、形成與維繫親密關係。正如全球的、國家的、文化的界限，治療關係的界限也在快速轉變中。

遠距醫療與線上治療挑戰治療關係周邊及內部的界限，它們超越辦公室的物理界限，在網路空間中提供服務。但是遠距醫療也需要依循聯邦政府、州政府的規範、倫理守則與專業指引，而這些規定是立基於辦公室面對面的服務關係而設定的。（2007: 133, 136）

社工必須了解：對於線上處遇、社群媒體、電子溝通等都有相當大的爭議。有些社工是樂觀的支持者，認為這些科技可以視為治療的工具。其他的社工則是採取懷疑論，認為過度仰賴線上處遇、社群媒體會影響到服務的品質，也會傷害到臨床上弱勢的服務對象，而社工當面提供服務應該會更好。

新興的科技倫理標準

近年來，一些主要的社會工作組織已經採行有關社工使用科技的倫理標準。這樣的努力呈現於三個不同但相關聯的範疇：(1) 實務標準（practice standards）；(2) 規範與發照標準；(3) 倫理守則標準。當代社工需要全然熟悉這些重要的發展，以確保實務工作是依循著倫理的標準。

實務標準

在 2017 年，經由美國數個重要的社會工作組織（美國社會工作人員協會、社會工作委員會協會、社會工作教育協會、臨床社會工作協會）史無前例的合作，專業開始採行一個全新的、周全的實務標準，包括：擴大的倫理指引，聚焦於社工與社工教育者使用科技（NASW, ASWB, CSWE, and CSWA, 2017）。這個任務小組，我是召集人，發展關於：社工在臨床與鉅視實務（行政、管理、組織、倡議及研究）使用科技的實務標準。經由上述各個組織的高層認可，這些具變革性的、周延的標準闡述社工使用科技的必要倫理議題：提供資訊給社會大眾、設計與提供服務、蒐集／管理／儲存資訊，以及教育社會工作人員。

規範與發照標準

認知到科技對於社會工作的影響，在 2013 年，社會工作委員會協會（ASWB）指派一個國際性的任務小組，發展科技與社會工作的規範標準。ASWB 是一個雨傘型組織，其會員是在北美洲的專業發照與規範單位。這個任務小組有來自於世界各地重要的社工實務／規範／教育組織。

任務小組尋求發展一種標準，提供使用數位與其他電子科技的社工，這個標準包括：提供資訊給社會大眾、服務提供、與成年的服務對象溝通、管理保密的資訊與個案紀錄、儲存與取得服務對象的資訊。這個任務團體發展了模範標準（model standarads），包含周全的倫理指引，陳述七個倫理相關的概念：實務工作者的能力、知情同意、隱私與保密、界限／雙重關係／利益衝突、紀錄與檔案、同事關係，以及跨不同地區管轄權的社工實務。這些模範標準在 2015 年正式採行，目前也影響到世界許多國家的核發執照與規範法規的發展。

倫理守則標準

如我之前討論過的，在 2015 年 NASW 指派一個任務小組，我也在其中，決定是否修正倫理守則，標明使用科技的相關規定。NASW 倫理守則曾在 1996 年大修過一次，自從 1996 年後，社工實務中的各層面已出現電腦、手機、平板、電子郵件、簡訊、線上社群媒體、監視工具、視訊科技以及其他電子科技等。事實上，在 1996 年的社會環境，現今社工與服務對象普遍使用的科技工具是並不存在的。在 2017 年，NASW 採行了修正的倫理守則，包括了科技相關的部分：知情同意、具有能力的實務工作、利益衝突、隱私與保密、性關係、性騷擾、服務中斷、同事不合倫理的行為、督導與諮詢、教育與訓練、服務對象的紀錄、評估與研究。

新興發展的科技相關倫理標準是非常必要的，可見於：ASWB 的規範法律、NASW 修正的倫理守則、NASW/ASWB/CSWE 共同發展的實務標準。其說明了一些共同的核心概念與主題：對社會大眾提供資訊、設計與提供服務、蒐集／管理／儲存資訊、同事間關係，以及教育學生與實務工作者。以下的討論整合了這些重要的標準，也反映出關鍵社工組織間的共識，成為實務工作者使用科技時，社工倫理的最佳實務。

對社會大眾提供資訊

許多社工會經營自己的網站，提供社會大眾相關的資訊，例如：臨床的症狀（情緒障礙、成癮、焦慮、關係衝突等）、社區資源（機構服務、有用的網站、自助的方法等）；以及社會政策。新的倫理標準強調：當使用網站、部落格、社群媒體，或是其他形式的電子媒介向公眾傳遞資訊，實務工作者需要採取合理的步驟確認該資訊的準確與真實性（Recupero, 2006）。社工公告相關資訊，都需要引自可信任的來源，並確保資訊的正確與適切性。社工公告其自己的服務資訊，也只能在自己的專業能力範圍內的服務，也就是有執照的、有證書的或是有受過訓練的範圍。實務工作者需要定期檢視網站所張貼的資訊，無論是自己的或是其他人的，以確保自己的專業資歷以及其他資訊都是正確無誤的。社工對於不正確的資訊應要採取合理的步驟予以修正。

這些步驟尤其重要，因為人們常會上網搜尋有關社會工作者、社會服務、社會政策的相關資訊。社工有道德義務保護社會大眾，避免有錯誤的資訊誤導民眾，造成傷害。此外，實務工作者也不可以在線上或網站上張貼不當資訊，剝削他人財物；例如鼓勵他人購買某些產品或服務，這些並不可能會帶來幫助，而可能帶來情緒、身體或是財務的損害。

設計與提供服務

社會工作者使用科技提供服務，需要確保自己在此方面有充分的能力。根據《NASW 倫理守則》：「社工運用科技提供服務，應確保自己擁有必要的知識與技巧，以提供具有專業能力的服務。」（標準 1.04[d]）這包括：有能力去評估運用科技方法提供服務的好處與風險；合理地確保線上服務的保密性；合理地確認彼此維繫清楚的專業界限；確認提供線上服務對象的個人身分；以及評估服務對象對於科技的熟悉度、自在程度、網路的可近性、語言翻譯軟體，和是否可以符合不同多元人口群的需要，例如不同身體障礙者的需要。

大部分各州的管轄權範圍採取的立場是電子線上服務發生在：服務對象接受服務的地點（不論實務工作者的所在地），以及社工的執業登記地點與提供服務的地點（不論服務對象的所在地）。若是社工與服務對象在不同的管轄區，社工必須留意並依循社工所在地的法律與服務對象所在地的法律（ASWB, 2015）。

負責任的社工通常都能理解：向服務對象解釋線上服務的優缺點是知情同意過程的一部分（Barsky, 2009; Reamer, 2015a）。運用科技提供服務，社工應該要讓服務對象知道各種利弊得失。社工也要思考運用科技，服務對象是否會感到自在；服務對象也可能不情願使用科技方法、無力購買科技工具、電腦知識有限、對科技不熟悉；擔心網路霸凌、網路帳號被竊；以及科技使用的強迫行為等（NASW, ASWB, CSWE, and CSWA, 2017）。

實務工作者也需要評估自身運用科技提供服務的能力。社工需要持續學習相關的科技革新發展，藉以提供服務（NASW, 2017）。

專業界限的主題並不是新的，科技革新也帶來界限相關的挑戰，新的倫理標準提醒社工，與服務對象使用電子溝通時，需要維持清楚的關係界線（NASW, 2017; NASW, ASWB, CSWE, and CSWA, 2017）。為了避免界限混淆與不當的雙重關係，社工應該採取合理的步驟，以免服務對象接觸社工私人的網站；同時也不要在專業網站、部落格或是其他形式的社群媒體張貼私人資訊（Gabbard, Kassaw, and Perez-Garcia, 2011; MacDonald, Sohn, and Ellis, 2010）。

社工提供線上的臨床服務，可能是其服務對象遇到緊急事故或危機情境。有些危機服務可以遠距提供，但有些則需要親自當面溝通或服務。社工需要採取合理的步驟去找到服務對象的所在地，以及在管轄區範圍中可用的緊急服務。若社工認為服務對象處於風險中（例如有自殺念頭），社工需要動員資源以降低風險，維護安全。實務工作者需要發展出在緊急狀況下的作法，包括有一位事先被授權委託的聯絡人，社工得到許可可以聯絡此人（ASWB, 2015; NASW, 2017; NASW, ASWB, CSWE, and CSWA, 2017）。

蒐集／管理／儲存資訊

一些新的倫理標準要求社工在知情同意的程序中，需要解釋是否以及如何想要運用科技方式，或是溝通科技去蒐集、管理、儲存有關醫療與其他敏感資訊（ASWB, 2015; NASW, 2017; NASW, ASWB, CSWE, and CSWA, 2017）。實務工作者也需要解釋使用某一特定電子方式蒐集、管理、儲存資訊的優缺點。實務工作者也需要定期檢視一些預防措施（基於科技使用的各類風險：病毒、網路攻擊或其他潛在的問題），以確保作法上的適切性。

同事間／專業夥伴間的關係

除了使用科技提供服務外，社工也會使用科技與同事溝通或是談論到同事。實務工作者基於不同的理由，需要蒐集專業同事夥伴的資訊。例如找到聯絡資訊以便轉介個案、確定服務對象是否符合資格、某社工的資歷與經驗、了解某社工的實務方針與作法，或是蒐集某社工可能會有倫理申訴或法律訴訟的資訊等。新的倫理守則提出：線上搜尋同事夥伴的資訊，

社會工作價值與倫理

社工需要採取合理的步驟確認資訊的正確性。爲了確認資訊正確與否，接觸到最初的資料來源或許是適當的作法，或者是直接與該位同事確認。也可以尋找多方資訊來源作比對確認（ASWB, 2015; NASW, 2017; NASW, ASWB, CSWE, and CSWA, 2017）。

社工也需要注意是何人在網絡上張貼／查核資訊。實務工作者須知道在其專業管轄區中的法律與規定，有關於發現同事違反倫理的行爲時的法定通報。在此情況下，社工可能會需要依法通報該位專業夥伴。

社工應該謹慎思考是否運用科技蒐集同事的個人資訊。修訂的倫理守則期望社工要避免使用科技去探聽其他專業夥伴的個人隱私（NASW, ASWB, CSWE, and CSWA, 2017）。實務工作者應尊重其他專業夥伴個人生活的隱私以及無關專業服務的網路資訊。

此外，實務工作者應該依循嚴格的倫理標準，當他們使用科技與同事溝通、談論同事、使用同事網路上的專業資料、檢視同事張貼的網路資訊等。例如：社工應避免網路霸凌、騷擾，或是貶抑詆毀的評論。避免未經許可去揭露：任何專業夥伴的隱私、保密或敏感的工作或個人生活資訊，包括：訊息、相片、影音，或是其他侵犯或影響其個人隱私的資料。採取合理的步驟去修正或是移除任何不正確或是攻擊性的資訊。認知到他人作品的貢獻，避免將他人網路上的資訊當作是自己的作品。若是發現同事在網絡上的服務不符合倫理、不使用適當的網路安全措施、未授權侵入電子資料庫等，則社工需要採取合理的行動（ASWB, 2015; NASW, 2017; ASWB, CSWE, and CSWA, 2017）。這樣的行動包括：如果可行，與那位同事討論相關的問題，透過討論，有可能找到解決問題的方法。若是找不到解決方法，那就可能需要透過適當的正式管道來處理，正式管道可以是機構的、專業組織的以及政府規範的單位。社工也應採取行動去阻止、預防、揭露與更正某些專業夥伴的作爲，其蓄意製造、擁有、下載或發送非法的電子形式的內容或影像。

想要使用科技提供服務的社會工作者，需要自己發展出一套完整的與倫理有關的作法與指引。例如：在工作關係開始時，就與服務對象討論這些議題，可以預防界限混淆與誤會。Kolmes（2010）提供一個範本陳述實務工作者多元社群媒體與服務的相關方針。社工很快會發現這些方針不只是保護服務對象，也會保護社工自己。理想上，一個完整的社群媒體倫理方針應該闡明：服務對象與社工最常使用的電子溝通形式、社群媒體網站、搜尋引擎、電子郵件、簡訊、行動定位服務，以及消費者評論網站等。

社群媒體使用的策略

社群媒體網站

透過社群媒體（例如臉書等），社工有時會收到服務對象的要求，希望加入好友或是能夠聯絡。我曾被諮詢過數個案例，社工們與服務對象使用社群媒體互動，而社工們對於界限、雙重關係、保密、隱私、知情同意、檔案問題等學習到刻骨銘心的經驗。

雖然有些社工——看起來是少數——對於使用這些社群媒體提供服務覺得自在，但是大多數社工同意：應該告知服務對象，社工不會在社群媒體上加入好友，或是相互聯繫。服務對象應該了解：臉書粉絲專頁（Facebook page）與臉書個人檔案（Facebook profile）的差異；前者是提供資訊給社會大眾及服務對象，後者是設計給個人自己使用的。

搜尋引擎

《NASW 倫理守則》標準 1.07(a) 提及社工應尊重服務對象的隱私。早期起草倫理守則的委員會從未想像過此標準將會運用於社工使用搜尋引擎的狀況。

然而，今日的社工需要決定在網路上搜尋服務對象的資訊是否符合倫理。為了尊重服務對象的隱私，倫理基礎的社群媒體方針應該向服務對象解釋，社工不會在網路上搜尋，除非一些例外，例如真正緊急的時刻，透過網路搜尋，社工取得相關的資訊可以讓服務對象免於受到傷害。

電子郵件與簡訊

社工使用電子郵件與簡訊聯繫服務對象，其中會有敏感的、臨床相關的資訊，這可能會違反保密與隱私。電子郵件與簡訊不是百分之百的安全。尤其是在非上班時間，與服務對象非正式的電子郵件與簡訊的往來，可能會使服務對象混淆專業關係的界限。社群媒體使用方針應向服務對象解釋：社工回覆這些訊息的限制，如是在某些約好的時段與其他例行的聯繫時段。服務對象也需要了解到電子郵件與簡訊可能並不安全，而電子訊息可能會成為個案紀錄的一部分。

行動定位服務

許多服務對象使用手機的行動定位服務，使朋友及認識的人可以追蹤到他們。社群媒體使用方針應該讓服務對象了解：如果他們使用手機的行動定位服務，同時是衛星定位的功能，可能會讓朋友或認識的人得知他在治療師那邊接受服務，破壞了自己的隱私。

消費者評價網站

有一些服務對象會選擇一些商業評價網站，公開評論社工的服務。社群媒體使用方針應提醒服務對象，張貼評論於這些網站可能會影響到他們個人的隱私與保密。

有關於社工使用電子科技工具（如電子郵件、手機、電腦與傳真等），Zur 鼓勵實務工作者向服務對象說明如下類似資訊：

> 了解電腦、電子郵件與手機的溝通是相對容易被未授權的他人存取，因此，隱私與保密會受到影響。尤其是電子郵件，容易被未授權的他人存取，因為透過伺服器的電子郵件都可以被無限制地、直接地存取。此外，XX 博士（服務提供者）的電子郵件並未加密。其電腦定期更新防火牆、病毒監測軟體、設有密碼。他也定期將所有機密資訊備分。備分的資料也存放於不同的地方。請通知 Dr. XX 如果你決定不要使用這些溝通工具，如電子郵件、手機與傳真等。除非 Dr. XX 從你這邊得知，否則當需要或適當的時候，他仍會持續與你使用電子郵件溝通。若有

緊急事件，請不要使用電子郵件或是傳真。雖然 Dr. XX 每日會查看手機的訊息，但是他不會每天查看電子郵件。（2007: 141）

當使用科技工具提供服務，Zur 提出一些實務的指引以避免倫理的問題：

1. 確認服務對象與其基本資訊：全名、地址、年齡、性別、電話、傳真、緊急聯絡方式等。
2. 提供服務對象清楚的知情同意書，詳細說明遠距醫療的限制，也就是使用電子溝通的工具，輸送醫療相關的服務，以及保密與隱私議題。
3. 告知服務對象：當危機介入與處理緊急情況時，遠距醫療的潛在限制。
4. 在自己的臨床能力與科技能力的範圍內提供服務。
5. 預備好一個危機介入的計畫，包括：在服務對象所在的地區，可以聯絡到當地的緊急服務，當地可轉介的心理治療師、精神科醫師、醫院精神科。
6. 提供周全的篩選，思考哪些服務對象不適合運用此種服務的媒介。
7. 對於付費有一個清楚的協議，包括哪些項目、如何收費、費用與付款方式。
8. 除非你與服務對象已建立專業的心理治療關係，否則不要提供醫療或精神醫學的建議，如診斷或是治療方式。
9. 依循州立法、發照單位的規定、州級與全國級專業協會的指引、社工專業內合理的實務標準（standard of care）。
10. 篩選在技術上、臨床上適合遠距醫療的服務對象。
11. 遠距醫療是目前醫學界發展最快速的一個領域。需要常常更新最新的相關研究報告。（2007: 144-45）

　　社工使用電子工具提供服務，如線上諮商、網路治療、電子郵件與電話等，需要根據倫理標準，發展一套明確的指引。例如 International Society for Mental Health Online、American Distance Counseling Association、Association for Counseling and Therapy Online 都發展出有用的倫理標準。此外，實務標準與文獻都開始討論線上諮商的界限以及其他的倫理議題（Gutheil and Simon, 2005; Jones and Stokes, 2009; Kraus, Sricker, and Speyer, 2011; NASW, ASWB, CSWE, and CSWA, 2017）。社工必須謹慎地說明自己的專長，要避免錯誤呈現自己的資格或能力，以協助人們找到適當的幫助。根據《NASW 倫理守則》：「社工應確保對於服務對象、機構與社會大眾有關自己的說明是正確的：專業資格、資歷、教育程度、能力、所屬團體、提供的服務，或是可達成的成果。社工只能表明其實際擁有的專業資歷，也需要更正他人對自己專業資歷不正確的認知。」（標準 4.06[c]）

 ## 專業與個人的價值觀

　　有一些最困難的倫理兩難困境，就是社會工作者面臨了他個人的價值觀與專業的價值相衝突。這種情形可能發生在正式執行的政策中，例如：美國社會工作人員協會的政策；或是專業中一項非正式但卻存在很久的政策，而它正與社會工作者深信不疑的信念相衝突。有兩個與社工學生有關的公開案例，可以顯示出此類倫理兩難的狀況。第一個是密蘇里州立大學畢業生控告就讀的學校，她因為拒絕支持同性戀者收養的連署活動而受到懲罰，此活動是課堂方案的一部分，教授認為她的拒絕行動是違反專業的倫理。該位學生向聯邦法院的訴訟是：對她的懲罰違反了美國憲法第一修正案中的言論自由權。她說有一位教授指派一個課堂方案，要求全班參與，並要連署，寫信給密蘇里州議會支持同性戀者收養子女。學生表示因為她的基督信仰，無法參與連署（*USA Today*, 2006）。

　　第二個案例是加州州立大學長堤分校的社工學生，其實習機構為洛杉磯郡的兒童暨家庭服務部。她的督導指責她，因為她在中午休息時間分享基督信仰，數小時之後，在她簽退之後，又在短衫上寫上「找到」的字眼。

　　該部門的督導與大學一起預備了文件，該文件為表現契約書，其中表明機構與校方關切學生在職場的界限管理議題。督導要求學生簽署，但學生拒絕。學生因此中斷了實習工作。該位學生控告機構與學校，因為她的宗教信仰才會讓她無法繼續實習（*Christian Post*, 2007）。

這樣的案例引發社工自我價值觀與專業價值中的重要與複雜的問題。一方面，社工需要對多元文化、社會、宗教予以承諾，正如《NASW 倫理守則》建議的，社工應該肯認並欣賞對於敏感議題的不同意見，如墮胎、醫師輔助自殺、死刑等。服務對象與社工都可以有自己對這些議題的看法，即使這些看法在社工界是屬於少數。例如即使大部分社工同意 *Roe v. Wade*（1973）對於墮胎的判決，根據社工倫理，社工們也需要尊重一些服務對象與社工反對墮胎的立場。這也可以類推到其他敏感的議題，如醫師輔助死亡、死刑等。

社工也需要堅持專業長期的承諾：反歧視與個人自我決定權。即使社工個人的選擇會與專業社工的選擇是衝突的。如此，社工個人反對墮胎，當其服務對象正在思考是否要墮胎時，若是社工覺得自己無法公正、沒有偏見的提供服務，則可以轉介給另一位社工繼續提供服務。除非是一些例外（服務對象計畫自殺、讓性伴侶染上 HIV 病毒），社工需要尊重服務對象的自我決定權，即使服務對象的選擇與社工個人價值是衝突的。根據《NASW 倫理守則》，「社會工作者尊重並促進服務對象的自我決定權，並協助服務對象盡力認定和澄清他們的目標。在社會工作者的專業判斷下，當服務對象的行動或潛在行動具有嚴重的、可預見的和立即的危險會傷害自己或他人時，社會工作者可以限制服務對象的自我決定權。」（標準 1.02）社工沒有權力介入服務對象（或是同事）的選擇，以滿足自己個人的需要，如案例 4.12 顯示。《NASW 倫理守則》說明：「社工不能讓自己的私人行為干擾到達成專業職責的能力」（標準 4.03）。

案例 4.12 ....

　　Brent C. 是 Burrilville 家庭服務中心的社會工作者。他的個案來源主要是當地學校的青少年。學校校區與他服務的機構簽有合約，如果學校社會工作者或是諮商員轉介服務對象來，該機構將提供諮商服務。

　　16 歲的 Courtney R. 最近轉介給 Brent C. 諮商。根據學校諮商員轉介時的描述：Courtney R. 常常悶悶不樂而憂鬱。

　　Brent C. 與 Courtney R. 花了幾次的會談來探索 Courtney R. 生活中各項議題。他們討論到 Courtney R. 與父母、三位手足及與男朋友的關係，以及 Courtney R. 在學校生活的困難。

　　在第四次會談中，Courtney R. 告訴 Brent C.：她有一件重要的事要告知他。在 Brent C. 提醒 Courtney R. 有關保密的限制後，她告訴 Brent C. 她懷孕了。Courtney R. 說懷孕對她而言十分意外，她和她的男友始終都很「謹慎小心」。

　　Courtney R. 告訴 Brent C.：她大約懷孕六週，而她很認真地在思考要進行墮胎手術。Courtney R. 要求 Brent C. 協助她思考這項決定。

　　衝突就發生在 Brent C. 的宗教立場是堅決反對墮胎的。他自幼的教養使他相信：墮胎在道德上是不對的事，他絕對不可以做任何鼓勵或促使墮胎的行為。

　　這個案例引發許多複雜的倫理議題。其中最重要的議題是 Brent C. 對服務對象的義務，而 Courtney R. 要求 Brent C. 協助她思考是否要墮胎。基於宗教的立場，Brent C. 相信自己在墮胎的議題上無法保持中立的立場，只能協助他的服務對象決定墮胎是否對她較恰當。他個人的價值既是如此，在墮胎議題上的中立其實等同於鼓勵墮胎。

　　Brent C. 同時也要考量他和雇主間的關係，該機構主張在墮胎的道德考量上，由服務對象自我決定。所以，Brent C. 也必須在個人信念與機構政策間求取平衡。

　　一種選擇是：Brent C. 向 Courtney R. 坦白說明他個人的信仰，請她決定是否繼續和 Brent C. 晤談。第二種選擇就是：Brent C. 積極鼓勵 Courtney R. 不要墮胎。Brent C. 還有其他的選擇是：保留他個人對墮胎的意見，雖然是間接地但盡可能鼓勵 Courtney R. 不要墮胎，並鼓勵她去探索其他的選擇（例如：自己照顧嬰兒或尋求出養）。當然，Brent C. 也可以退出這個個案而將 Courtney R. 轉介給其他工作人員。

　　反對墮胎的行為的效益主義者可能會質疑 Brent C. 應該積極鼓勵不要墮胎才是適當的（與不傷害的道德原則相符）。一位義務論者可能會採取相似的觀點，主張我們有應盡的義務去解救胎兒免於被墮胎。一位贊同選擇權（prochoice）的行為的效益主義者可能會主張：如果 Courtney R. 被鼓勵考慮去墮胎，其結果也許利多於弊，因為一個不在規劃中或是不被期盼而出生的嬰兒可能要付出很嚴苛的」代價」（例如：政府支付的醫藥帳單和社會福利支出，或是由未成年的單親家長扶養孩子的可能影響）。一位規則的效益主義者也許會贊同 Brent C. 不應該將他個人的信仰加諸服務對象的身上，因為如果這樣的實務工作被類推應用到其他專業實務，長此以往，實務工作將受到莫大的傷害（也就是說，這個案例將使未來的服務對象避開社工，因為他們可能將個人的價值與信仰加諸服務對象的身上，不尊重服務對象的自主權）。

　　《NASW 倫理守則》並未直接說明墮胎的議題。一項似乎較為相關的倫理標準闡明了社會工作者對服務對象自我決定權利應加以保護的義務（倫理標準 1.02）。另一項倫理標準建議 Brent C. 應尊重僱用機構的政策，同時假定他在接受僱用的時候，Brent C. 即同意支持機構的政策：「社會工作者一般應堅持對雇主和受僱組織的承諾」（倫理標準 3.09[a]）。

　　作為一個組織，美國社會工作人員協會廣為人知：它傳統以來一直尊重服務對象在合法墮胎上的決定權。美國社會工作人員協會不是一個「贊同墮胎」（proabortion）的組織，而比較是「贊同選擇」（prochoice）的組織。也就是說，美國社會工作人員協會的政策是：尊重服務對象有權利從社工得到相關的資訊與服務，以便使他們能夠做好決定，符合自主權的道德原則（Figueira-McDonough, 1995; Jackson, 2013）。

　　在此政策及其他相似的機構政策之下，Brent C. 有責任要提供 Courtney R. 在做墮胎有關決定所需的資訊與服務。如果 Brent C. 覺得無論如何自己不能參與到 Courtney R. 的決定——除了不鼓勵墮胎以外——，他有義務要退出這個案子，並且將 Courtney R. 轉介給能夠提供相關協助的同仁。依據《NASW 倫理守則》陳述：「社會工作者應將服務對象轉介給其他專業人員，當其他專業人員的知識或專長可以服務得更好；或是當社工覺得他們的服務沒有效果，或是沒有出現合理的進步時。」（倫理標準 1.16[a]）再者，根據 Chilman：

很清楚地，贊同和反對「自由選擇」（free choice）的討論是不計其數且錯綜複雜。每一位在墮胎議題上扮演專業人員角色的社會工作者，都必須審慎考量自己在這個議題上的信仰與價值，以及與墮胎有關的主題，如：非婚姻關係中的性行為、避孕、青少年的性行為、不在期盼中的懷孕、被迫結婚、收養等。社會工作者發現他們對此議題若不能夠採取一種客觀的、充分了解的態度來面對，則自己就不要涉入與懷孕問題有關的直接與間接的專業實務工作，除非他們受僱於一個機構已經清楚表明是「支持生命」或是「贊同選擇」的政策，而他們個人也同意這些政策。（1987: 5）

在這個案例中，社會工作者因為個人的宗教信仰，覺得與服務對象討論墮胎決定時讓自己很不自在。當然，在其他案例中，社會工作者所面臨的困境可能相反，也就是說，當一位實務工作者覺得有責任與服務對象討論一些主題或議題時，卻是機構政策禁止的。下面的案例說明了這類的兩難：

案例 4.13 ....

　　Martha S. 受僱於天主教人群服務中心（Catholic Human Services）。她在獲得大學社工系文憑後不久受到僱用。她很渴望能被該機構錄取以便參與機構為受暴婦女提供服務的新方案。Martha S. 一直以來對女性議題有很大的興趣，並期盼有朝一日能設立自己的中心為受剝削和受壓迫的婦女服務。

　　Dawn E. 28 歲，是一位有四個孩子的母親，最近才成為該機構為受暴婦女服務新方案的服務對象。在第一次會談中，她告訴 Martha S.：她的先生近六個月來一直都是施暴者。Martha S. 和 Dawn E. 每週會談討論 Dawn E. 對婚姻的感受及其未來。

　　在她們的第五次會談中，Dawn E. 告訴 Martha S.：她大約已懷孕一個月了。Dawn E. 表示：她很確定在五週前，她的先生對她性強暴而受孕。她告訴 Martha S.：她無法想像還要再養一個孩子的情形，特別是在此情況下而受孕的孩子。

她問 Martha S. 該如何做墮胎手術。Martha S. 冷不防被這個問題問倒了。當她加入這個機構，Martha S. 知道天主教人群服務中心的政策是禁止專職人員討論墮胎的議題。雖然 Martha S. 事先是經過抉擇的，她贊同這項政策，是因為當時她並未預期墮胎的議題會與她的工作有關。除此之外，Martha S. 強烈感受到：Dawn E. 有權利獲得墮胎選擇以及本地可用服務的相關資訊。Martha S. 在是否提供 Dawn E. 這些訊息間擺盪不定。

　　與上一例相反的，本案例中社會工作者要決定：在慎重考慮後，是否仍要違背早已知曉的機構政策，該政策禁止討論某些特定的主題。從義務論的觀點，其主張 Martha S. 違背機構對墮胎相關議題嚴禁討論的政策，這就是錯誤的。義務論者基本上主張法律、規則都應被遵守。然而，一個行為的效益主義者則不會同意，在了解了 Dawn E. 的特殊情境下（例如：她有四個孩子和一個脆弱的婚姻，而且是在性強暴之下才受孕的），Martha S. 對 Dawn E. 提供她所需要資訊的作法是可接受的。Martha S. 並沒有違反任何法律，最多僅是她不遵守機構政策。從本觀點，如果 Martha S. 提供 Dawn E. 有關墮胎資訊，其結果應是利多於弊（與行善的道德原則相符）。但是，規則的效益主義者將質疑 Martha S. 的公然反抗機構政策。從這個角度看，如果 Martha S. 開了先例，如果社會工作者認定公然反抗機構政策是為了服務對象或其他人的最佳利益而不得不做，其結果將是弊多於利。規則的效益主義者關心的是：具破壞性的後果以及可能發生的道德混亂（與不傷害的道德原則相符）。

　　依據在第三章所陳述的倫理指導原則：我們在自由意志之下同意遵守的法律、機構的規定等的義務應凌駕於我們自己的信仰、價值與原則。對此原則的嚴謹解釋，將會建議 Martha S. 不要違背天主教人群服務中心對墮胎相關議題禁止討論的機構政策。這同樣也符合美國社會工作人員協會的倫理守則中所陳述的標準：「社會工作者一般應堅持對雇主及受僱組織的承諾。」（倫理標準 3.09[a]）畢竟，Martha S. 在接受僱用時即已很清楚地明白機構所聲明的政策，所以，在這個特別的案例中她公然反抗機構政策會被認為錯誤的。

然而，在第三章所陳述的另外一項指導原則：當個人基本福祉的權利與法律、規定以及民間組織中的規則相衝突時，個人基本福祉的權利可優先考量。換言之，爲了保障個人基本福祉的權益，必要時將可違反之法律、規則或法令。例如：爲了救助某個人的生命，必要時，違反交通規則或申請資格的標準似乎是可接受的。Dawn E. 的基本福祉是否面臨到足夠的威脅，使 Martha S. 違反機構政策的行爲是合理的？答案很顯然是否定的，雖然 Martha S. 贊同選擇的立場，是和美國社會工作人員協會的政策以及大多數社會工作者對墮胎議題的意見一致。Martha S. 有自由可以表示她不同意機構在墮胎議題的政策，但是，對她來說她錯在當她接受僱用時同意遵從機構政策，而現在卻不依機構政策行動。原則上，社會工作者不同意機構政策且相信它是不倫理的，社會工作者就有職責去挑戰它、尋求改變它。根據《NASW 倫理守則》：

標準 3.09(b)　對雇主的承諾。社會工作者應致力於改進受僱機構的政策、程序及服務的效率與效果。

標準 3.09(c)　對雇主的承諾。社會工作者有責任確保雇主能了解社會工作者應遵循美國社會工作人員協會的倫理守則的義務，以及這些義務所賦予社會工作實務的意涵。

標準 3.09(d)　對雇主的承諾。社會工作者不應讓受僱組織的政策、程序、規定或行政命令抵觸他們的社會工作的倫理實務。社會工作者有責任確保受僱組織的實務工作是與美國社會工作人員協會的倫理守則一致的。

如果 Martha S. 在改變機構的政策中沒有成功，這是極有可能的，因爲機構必須受天主教教會的指導，以及如果她相信遵守機構政策將危及她自己合理的價值觀，她可能需要考慮是否繼續受僱於該機構。

　　Dawn E. 擁有法定權益應獲得墮胎有關資訊，對 Martha S. 來說較適當的作法是：首先向 Dawn E. 解釋基於機構政策她不能和她討論墮胎相關議題，但她可以從其他機構獲得相關資訊，並提供 Dawn E. 這些機構的名稱與電話號碼。當無法繼續服務服務對象時，Martha S. 有義務提供服務對象適當的轉介。這是符合《NASW 倫理守則》：「社會工作者尊重並促進服務對象的自我決定權，並協助服務對象盡力認定和澄清他們的目標。」（倫理標準 1.02）

在本章中，我的討論著重於直接實務工作中有關的倫理兩難。接著，我將繼續討論社會工作鉅視面實務中有關的倫理兩難。

問題討論

1. 假設你對一位 15 歲的服務對象提供服務，其有憂鬱的症狀並以非法的藥物來自我治療。你的機構得到政府的一筆補助，是為了提供青少年有關心理衛生、物質濫用的服務；也就是說你不需要少年的家長負擔服務的費用。你的服務對象拒絕讓你去告知其父母有關他使用毒品的事。他說他擔心父母知道後他會十分痛苦。你要如何面對此情況？你會運用哪些倫理的概念與標準以支持自己的論點？

2. 假設你是案例 4.6 無家者 Joyce Brown 的社工，但是 Brown 並不希望有專業人員的協助，她希望自己一個人過日子。你要如何面對此情況？你會運用哪些倫理的概念與標準以支持自己的論點？

3. 假設你是在一個家庭服務中心工作。你的一位服務對象是 32 歲，有邊緣型人格異常的症狀。約好的十五次會談中，她有八次未到且也未事先通知你。你的督導告知你可以結束此案，因為其爽約太多次。你了解你的督導的挫折，但是，你覺得若這樣結束一個有嚴重精神問題服務對象的服務是會不安心的。你要如何處理這種分裂的忠誠或是對多個對象的忠誠（divided loyalties）的問題？你要如何面對此情況？你會運用哪些倫理的概念與標準以支持自己的論點？

4. 假設你是社區心理衛生中心的社工員。你的一位服務對象經過多個月的諮商，終於接受自己有酒精濫用的問題。因為你的鼓勵，他在許多的戒酒無名會名單中選擇某個戒酒團體成員的聚會，但是他發現你也在其中。你是一個從酒癮復原成功已有九年的人，這個團體的聚會像是你回家一樣。你會離開此戒酒無名會的聚會或是留下來？你要如何面對此情況？你會運用哪些倫理的概念與標準以支持自己的論點？

5. 你是否預期你會使用科技工具在你與服務對象的關係中（線上服務、社群媒體、電子郵件、簡訊等）？有哪些相關的倫理議題？你會採取哪些步驟以保護服務對象並堅持專業的倫理標準？

第五章
社會工作的倫理兩難：鉅視實務工作

正如我在第四章所討論的，許多社會工作的倫理兩難多半是與提供個人、家庭與小團體的服務有關。除此之外，在鉅視實務工作中，社會工作者也會遇到各種倫理的兩難。鉅視實務工作包括了社區組織、倡導與社會行動、社會政策與計畫，以及社會工作行政。在本章中，我將著重於這些鉅視實務工作中主要的倫理兩難，其包含有限資源的分配、政府與民間對社會福利的責任、對於法規的遵守、行政倫理、研究與評估、社會工作中欺騙的運用、吹哨者行為。本章我也將運用第三章的倫理抉擇架構來分析這些倫理的兩難。

 ## 有限資源的分配

　　社會工作者常會在執行政策與方案時遇到資源不足的問題：經費缺乏、預算被刪、福利服務的需求增加，都會讓社會工作者在分配稀少或有限資源時很難做決定。

案例 5.1 ．．．．．．．．．．．．．．．．．．．．．．．．．．．．．．．．

　　Ariana K. 是 Camden Yards 毒癮治療中心的執行長，該中心對於有物質濫用問題的個人提供諮商與支持性服務。多年來該中心的經費是靠著與州政府所簽訂的契約、保險公司，與服務對象的自付額。

　　最近州政府物質濫用部門通知 Ariana K.，下年度州政府的經費將被刪25%。這是由於經濟不景氣之故，而大部分州政府的方案也會受到影響。

　　Ariana K. 知道她的工作人員不可能再服務如此多的服務對象。去年該中心服務對象數約有五百位。平常機構並沒有因服務飽合而讓服務對象等待服務的情形，或有的話，等待的人數也不會太多。Ariana K. 預估由於經費遭到刪減，服務對象數目會減少為 375 人。

　　Ariana K. 召集了工作人員並告訴大家這個不好的消息。她表示因為機構無法再維持原來的服務規模，大家要一起決定如何繼續為那些服務對象提供服務。

許多社會服務機構在決定如何分配稀少資源時都沒有審慎思考相關的倫理議題。因此分配資源的標準可能是行政人員的個人偏見、政治上的壓力，或是機構過去的傳統。然而，事實上這些決定都是意味深長的倫理決定，因為其引發了有關公平與正義的複雜議題。正如我所舉出的物質濫用服務的例子，分配有限服務的方法有許多種，每一種都有其倫理上的意涵。

　　對於分配稀有資源標準的爭議，哲學家稱之為分配正義（distributive justice）。分配正義是有關於運用倫理概念與標準以決定如何分配稀有資源給人們、社區、團體、組織等（Fleischacker, 2005）。在社會工作界，一般有四種標準來分配稀有資源：平等（equality）、需要（need）、補償（compensation），以及貢獻的多寡（contribution）。有時，我們會單獨考慮四種標準，有時我們也會合併思考。

　　平等的觀念是最常運用的標準。從表面來看，平等觀念似乎是很直截了當的：個人若合乎資格就有平等的權利去取得服務或資源（如經費、住宅、醫療照顧，或是社會工作員的時間）。然而，正如我下面將討論的，其實平等的概念是非常複雜的。

　　平等的一種解釋方式是平分（equal shares），也就是對於不足的資源，所有符合資格的人們（或團體、社區、組織等）都分配到相同的資源。這種方式是強調分配的結果（outcome）。

　　這種方式在某些情形下是可行的，例如排對領取為窮人所提供的食物，每人領到一樣分量的食物。這樣的結果可能不是非常令人滿意，但是卻是公平的（fair）。雖然每人得到的不一定足夠，但至少都領到一些食物。相同的情形是將社區發展基金平分給各個低收入社區，使各社區都得到一些經費。再以本章的例子來說，Ariana K. 會將工作人員的時間分給每一位符合資格的服務對象，使每位服務對象至少得到一些服務。

　　然而，這種方式有時並不適用。例如遊民緊急收容中心的主任發現只有四個床位卻有七位服務對象。顯然我們無法平分四張床給七個人。同樣地，當社會住宅的需求大過供給時，我們也無法將社會住宅再細分為更小的單位給所有的人。

　　另一種平等的思考方式是強調分配資源的程序（procedures），而非實際的結果。服務與資源未必一定平分，但潛在的服務對象群都有相同的機會去爭取。因此，在「先到先服務」（first come, first served）的原則之下，先來收容中心的或先來領取食物的都可得到服務。而 Ariana K. 的服務方案將提供給 375 位中先來申請服務者。是故，這是強調分配稀少資源的過程（process）而非結果。當然，許多有需要幫助的人，因個人資源不足，限制他們與人競爭申請的能力。例如：需要先到機構門口排隊，才可能搶到申請的機會；然而自己沒有車，需要搭公車才可以到，速度比較慢。類似的情形是：無法負擔電信費用者，也就沒有辦法使用手機去事先登記預約服務的時段。

另一種平等原則的解釋是隨機選取（random selection），尤其應用於當資源無法均分給每一位合乎資格的受助者。例如：用隨機選取的方式來決定哪些人分配到有限的社宅或社區發展基金。正如「先到先服務」原則一樣，運用抽籤或隨機選取的方法一般稱之為機會的平等（equality of opportunity）。

至於其他的情形，也有以未來服務接受者的需要為根據來分配有限的資源。也就是說，由分配資源者來決定誰的需要最大，誰就得到資源。這原則不是將資源均分，或用抽籤、先到先服務的方式讓個人去競爭，而是依據個人需要的程度而定。如此，針對需要食物或住所的個人，或需要社區發展基金的社區，資源分配者將依據其需要的程度多寡來分配之。而依據此原則，諮商與支持性的服務將會提供給 Camden Yards 毒癮治療中心最有需要的個案。這是在緊急時，醫院檢傷分類概念的一種延伸，也就是依照傷病的緊急救治程度，決定病人接受治療的優先順序。

有人主張社會工作者不能只考量平等與需要，也應該對弱勢族群的平權行動（affirmative action）的原則有所考量。也就是對於曾經遭遇不公平對待的個人、團體、組織與社區，應該給予補償和優先的考量。在分配社區發展基金時，對於弱勢族群較多或受壓迫的社區應優先給予。弱勢族群或受壓迫的人所需要的食物、衣服、住所或其他社會服務都應該優先提供。

最後，社會工作者資源分配的原則尚有基於貢獻的多寡。根據此原則，有限的資源將依據服務接受者已有的或可能有的貢獻來分配。例如：

社會工作價值與倫理

資源將提供給有能力付費的人或是可分擔相關成本的人。住所、醫療、物質濫用服務等都會優先提供給有能力付費者。當然，此原則不爲社會工作者所接受，因爲專業的服務對象多半是缺乏付費能力的。

貢獻多寡也可基於非金錢的貢獻；也就是有些社區對於社會生活品質的提升貢獻多，因此其值得得到有限的資源。就此觀點，這對大多數的社會工作者而言，他們不會將有限資源分配給所謂「有價值的人」，例如：有才幹的專業人員、市民領袖。

社會工作者應仔細考量各種分配資源的標準（Reamer, 1993b, 2000a）。有些情況是平等原則會比需要或補償原則更適當；另有些情況是需要原則最適當。重要的是社會工作者必須知道各種分配資源的標準、分配的機制以及倫理抉擇的本質，也必須願意在任何情況下對其抉擇做合理的說明。

義務論與目的論或效益主義的理論也可應用於分配正義的例子中。例如：在毒癮治療中心的 Ariana K. 分配有限資源的例子，義務論學者會主張機構執行長有義務對中心資格符合的服務對象提供平等的機會（與正義的道德原則相符）。當然平等的機會可能是先到先服務、抽籤或隨機選取。但是也有些義務論學者會主張應重視服務對象需要的程度，應依照需要程度來分配之。

行爲的效益主義學者並不關切執行長所應負起的義務，其關切的是所選擇的分配機制是否能夠產生相關人員的最大利益（與某些社群主義的論點相符）。就此關點，Ariana K. 應設法使最大多數的人得到利益。平等與保障弱勢族群的原則並不是主要考量，重要的是最後的結果，所以要去找出哪些人最有需要、哪些人若得到服務後最有可能產生療效。雖然這種作法並不容易做到，但是它呈現了另一種資源分配的觀念。

規則的效益主義學者也會關切不同分配機制的影響，但是其主要著重於長期的效果。例如 Ariana K. 決定用保障弱勢族群的原則來分配資源，規則的效益主義會推測長遠的影響，如從社區的反應、處理社區物質濫用的問題等角度來思考；若運用於其他需要分配稀少資源的方案會有何影響。規則的效益主義學者可能會主張保障弱勢族群的原則，因他或她認爲應用此原則最終會帶來最大的利益。

社會工作者對於分配正義也有許多不同的觀點，而《NASW 倫理守則》也未規定如何分配有限的資源。但是守則強調分配的過程：「社會工作者應倡導資源分配流程是公開且公平的。當不是所有服務對象的需求皆能被滿足時，應建立一個沒有歧視、適當且固定原則的分配流程。」（標準 3.07[b]）Ariana K. 應就各種選擇的優缺點仔細考量，依其所謂的公正分配方法來執行。最終她必須致力達成服務對象自決與福祉等基本權利的提升。

此外，《NASW 倫理守則》也建議，Ariana K. 應尋求機構可用的資源，藉由社會行動與倡議以爭取到服務的資金。

> **標準 3.07(a)　行政**。社會工作行政者應在機構內外倡導為服務對象需求提供充分之資源。
>
> **標準 6.04(a)　社會與政治行動**。社會工作者應參與社會和政治行動，確保所有人民都能公平的得到其所需要的資源、就業機會、服務和機會，以使個人基本需求獲得充分的滿足與發展。社會工作者必須覺知政治角力對實務工作的影響，應倡導政策與立法的改變，以改善滿足人類基本需求的社會條件，並提升社會正義。

這或許包含了立法遊說、社區組織，與其他的社會行動。

有關分配正義的案例都包含了運用何種標準與機制的困難抉擇，上述案例傾向重視分配資源的過程。然而，有些情況較為複雜，會涉及方案本身道德上的爭議。

案例 5.2 ···

Shelly G. 是 Metropolitan United Federation 的執行長，該機構的職責是募集與分配款項給社會服務機構。Shelly G. 的部分工作是監督對會員機構的補助分配。

通常，Metropolitan United Federation 分配補助款給不同的社會服務機構，包括兒童、物質濫用、老人、遊民、身心障礙者等服務機構。補助款的分配是由數個分配委員會審核申請機構的計畫書，再將審核後的建議向理事會提出。

今年 Shelly G. 與理事會遇到了一個難以解決的爭議。一個分配委員會同意補助當地的一個 Planned Parenting 機構，該機構提供各種服務，包括整個社區的性教育、避孕、墮胎的諮商與墮胎等服務。

兩位理事會的成員對此事感到震驚，他們認為 United Federation 不應該補助提供墮胎相關服務的機構。這兩位理事拜訪了反墮胎團體，這些團體威脅要破壞 United Federation 的公共形象，並阻止可能捐款者的捐獻。Shelly G. 召開一個特別的會議來解決此困境。她擔心 United Federation 會因此事件而受到傷害。

不像前面的例子，這個例子除了有關分配有限資源的過程外，還涉及了有關資源分配的複雜倫理議題。墮胎是個具有爭議性的議題，因而所激起情緒以及強烈的意見都是可以理解的。

當然，不可能期望社會工作者能平息有關墮胎道德性的爭論。較實際的作法是認知到墮胎的爭論會持續，而社會工作者必須為自己決定其倫理責任的本質。

正如社會大眾一樣，社會工作者對於墮胎議題也有分歧的立場。雖然大部分的社會工作者是支持選擇的立場（prochoice），尊重女性有權利對墮胎與否做充分考量後的選擇；但是也有少部分的社會工作者反對在所有情形下或大多數情形下的墮胎。當然，有些社會工作者會採取義務論的觀點，認為實務工作者在任何情況下不能寬容、鼓勵或參與有關墮胎的行為。這意謂 United Federation 不應補助 Planned Parenting 機構，因為這機構提供墮胎服務與墮胎諮商。然而，傳統義務論的觀點會與另一派義務論的觀點相衝突，其主張社會工作者應尊重服務對象的自我決定權（本例子是指服務對象決定墮胎與否的權利）。從這角度而論，United Federation 就應該補助 Planned Parenting 機構了。

行為的效益主義者則有不同的看法。若是否補助 Planned Parenting

的爭議已造成 United Federation 收入的減少——因爲公共形象受損與反對墮胎的捐獻者會退出——行爲的效益主義者會主張若 United Federation 提供補助則弊多於利。也就是說行爲的效益主義者並不關切墮胎的道德問題，而是各種行動選擇的淨利益與成本。若是補助 Planned Parenting 會帶來更多的捐款，可以補助其他重要的方案與服務，則行爲的效益主義者會贊成補助 Planned Parenting。但是若是補助 Planned Parenting 會帶來相反的效果，則行爲的效益主義者會反對補助。

規則的效益主義者則重視補助 Planned Parenting 所帶來的長遠影響。規則的效益主義者會執疑：若是 United Federation 容許政治壓力及地方的爭論來決定補助與否，則其會產生不利的影響。就此觀點，有人會主張，若分配委員會與理事會認爲值得補助，則 United Federation 就必須補助，否則 United Federation 將立下危險的前例。當然另一位反對墮胎者會認爲補助 Planned Parenting 會建立危險的前例，因爲威脅到社會整體的道德規範。

正如第四章的討論，NASW 的倫理守則並未直接陳述墮胎的議題，然而，守則中有間接的兩個標準可用。支持女性有充分被告知與選擇合法墮胎的權利：「社會工作者尊重並促進服務對象的自我決定權，並協助服務對象盡力認定和澄清他們的目標。在社會工作者的專業判斷下，當服務對象的行動或潛在行動具有嚴重的、可預見的和立即的危機會傷害自己或他人時，社會工作者可以限制服務對象的自我決定權。」（標準 1.02）「社會工作者不應讓受僱組織的政策、程序、規定或行政命令抵觸他們的社會工作的倫理實務。社會工作者有責任確保受僱組織的實務工作是與美國社會工作人員協會的倫理守則一致的。」（標準 3.09[d]）

雖然在專業中仍有爭議，但是支持女性有充分被告知與選擇合法墮胎的權利仍爲優勢的倫理規範與價值（與自主的道德原則相符）（Figueira-McDonough, 1995; Jackson, 2013）。若是 United Federation 因補助 Planned Parenting 而使收到的捐款減少則是不幸的事——這是行爲的效益主義者所關切的。然而，United Federation 在募款活動中也可以有不同的創意思考方法。一種選擇是尊重捐款者的自主性，鼓勵捐款者指定他們所期望補助的機構，因此若是捐款者不想補助像 Planned Parenting 的機構，他們可以指定自己所期望補助的機構。如此，United Federation 就能在得到支持下補助機構，並允許不喜歡某些類型補助的捐款者將其捐款用到其他的補助類型。這個例子顯示出如何具有創意地處理一些倫理的兩難。這樣的處理也依循著個人基本福祉權利的倫理指引（本例是指婦女有權利決定自己的醫療照顧及未來懷孕的生活），其優先於個人自由與自我決定的權利（即反對墮胎服務的自由，去干涉婦女被充分告知與選擇合法的墮胎）。

 ## 政府與民間部門對社會福利的責任

　　社會工作這項專業長久以來就與政府有密切的關係。許多服務方案與專業所需的經費都是來自於政府，包括地方或中央政府。

　　社會工作與政府的關係隨著時間而有所不同，有些時期是屬於夥伴關係（例如在進步時期、新政時期、對貧窮作戰時期），然而其他時期則兩者關係處於緊張狀態（例如總統刪減補助，並對服務採取懷疑與敵對的態度）。無論何種情況，兩者關係的本質都具有倫理的議題，主要是關於政府對民眾的責任。

案例 5.3 ....

　　Arlindo K. 是州政府心理衛生部針對方案服務的助理主任，他主要的工作之一是為精神病患建立、補助、監督以社區為基礎的設施。在強調去機構化的潮流下，Arlindo K. 的責任加重了許多。

　　Arlindo K. 嘗試在該州的一處建立一個新的團體家屋，那裡之前並未有任何以社區為基礎的設施。該團體家屋將有七位住戶，這些人若不住進這裡則會住進州政府的醫院中。Arlindo K. 依照他過去成功的經驗來建立此團體家屋，他與社區領袖、政府官員、建築師、社區居民代表討論。他和他的同仁找到一適當地點，並開始在一個大型私人住宅區做整地的工作，而該地已被銀行視為喪失抵押品贖取的權利。

正當建築工人開始工作之際，Arlindo K. 接到一位律師打來的電話，這位律師表示她是由「一群關心社區的居民」所聘請，這些居民對於政府在附近蓋團體家庭感到不滿。律師告訴 Aaron K. 社區民眾將告到法院以阻止這工程。律師邀請 Arlindo K. 參加一個會議來討論團體家屋移到他處的可能性。

　　上述呈現了政府幫助弱勢團體但與民間發生緊張關係的例子。數十年來，尤其自從 1960 年代的去機構化潮流，當政府嘗試建立以社區為基礎的設施時，就會遭遇到抗拒。再者政府欲在社區中建築低價的住宅也會遭到反彈。這些引發了有關在社區生活中政府角色的倫理問題。這種情形有時也稱之為鄰避（NIMBY）（not in my backyard）現象。

　　這些議題是有關於市民生活中政府角色的問題。類似的問題早在希臘羅馬時代已曾討論。雖然在更早的時期已出現此類的爭論（例如：巴比倫帝國的漢摩拉比法典，c. 1750 B.C. 以及西元前第六世紀的孔子學說），但是大多熱烈的討論是開始於古希臘時代（*Encyclopedia Britannica*, 1988）。

　　在《共和國》一書中，柏拉圖探討了政治生活的本質與私人生活中的政府角色。亞里斯多德的《政治學》一書也提供了另一個分析政府介入社會的古典範例。其他哲學家與學者，如 Machiavelli、Thomas Hobbes、John Locke、John Stuart Mill、Jean-Jacques Rousseau、Alexis de Tocqueville 與 Karl Marx 等對此主題都有許多的討論。他們的討論包括了從主張政府不應介入私人的生活到政府應積極組織、規範社會生活（Cahn, 2010; Reamer, 1993b; Wolff, 2016）。

　　對於政府介入私人生活一般可區分為三種立場：保守的（conservative）、自由的（liberal）與激進的（radical）。保守派主張政府介入私人生活會阻礙個人的自主、隱私權與市場運作。政治保守主義者認為經濟市場是最有效率的，任何政府規定的介入將會引起缺乏效率、成本過高、沒有必要的介入人民的生活。保守派也認為政府介入會培養市民依賴並缺乏獨立。因此保守派會主張州政府心理衛生部不應介入社區居民反對興建團體家庭的事。從保守派的觀點，對於社區而言，若興建團體家庭的經濟誘因不足（例如為社區帶來利潤、增加地方上的支出與收入），則政府不應硬性規定社區該有何種方案與何種人可居住。政府支持的方案若缺乏地方上的同意，則可視為是一種不當的高壓政治以及對隱私權的侵犯（Nozick, 1974）。

相反的是，自由派堅持為了滿足弱勢人口的需要，政府某種程度的介入是必要的。就此觀點來看，市場運作或許並不足以為弱勢人口創造出方案，尤其是當社會大眾並不關心某類的服務對象群時（如貧窮者、身心障礙者或曾犯罪的人）。自由派主張政府應積極地創造方案以彌補市場運作的不足。若私人企業與市場無法為精神病患創造出以社區為基礎的方案，則政府有責任去做。

激進派的觀點較不明確，一些激進派人士傾向同意保守派的看法，認為政府介入會過多且應該有所限制。但是也有許多的激進派主張政府並未盡力去修正自由市場的不完美，提升社會正義。許多激進派也批判資本主義的政府，鼓勵營利的自由企業卻無法顧及弱勢族群的需要（Alinsky, 1971）。

從道德哲學的觀點來看——不同於保守派、自由派與激進派意識形態的政治哲學——義務論學者可能有不同的見解。一個觀點是政府不應強迫居民去接受違反其意願的方案。市民有基本的隱私權、不被干涉的權利與自主性（與保守派相同）。然而，另一派義務論學者會主張精神病患應有住在最少限制環境中的權利，所以社區應為此類人口群設計以社區為基礎的方案（與自由派、激進派有一致看法）。

行為的效益主義並不關切社區居民的權利或精神病患的權利。其所關切的是社區設施的所在地是否利多於弊、對方案治療效果的影響、社區居民的反對、對附近房地產價格和社區生活的影響等。然而，規則的效益主義關切的是違背居民意願而設立社區團體家屋所帶來的影響。規則的效益主義主張就長遠的角度來看，政府的強制作法會帶來不好的影響，因為造成市民與政府關係的隔閡、市民與特殊需要的人口群（此處是指精神病友）關係的隔閡。當然規則的效益主義也可能主張政府的介入可樹立一個新的標準，社區有責任考量特殊需要的人口群，就長遠來看對社會是有利的（與正義、社群主義的道德原則相符）。

NASW 的倫理守則並未直接討論政府介入社區的議題。守則只廣泛地敘述社會工作者提升社會全體福祉的責任（標準 6.01）；預防與消除對某些個人或團體的歧視，包括精神病友（標準 4.02）；確保所有人可以取得資源及所需要的服務（標準 6.04[a]）；擴大弱勢者的選擇與機會（標準 6.04[b]）。

　　社會工作價值與倫理的原則建議爲了某類特殊需要的人口，包括精神病友，政府可以介入社區，要求社區考量特殊需要的人口（此與行善、不傷害、正義的道德原則相符）。這與個人基本福祉權利的倫理原則相符（此處是指精神病友享有安全與治療的生活環境）；這原則優先於個人自由權與自我決定權（社區居民的自由去反對爲特殊人口群的服務方案）。

　　這個例子的重要性是因爲其呈現了不能只重視倫理抉擇的結果。例如：依循倫理理論、原則和守則，人們會因此主張政府有責任興建社區團體家屋，縱然社區居民反對。但是若只以此而做結論說此政策要執行，則是一個錯誤。而是社會工作者應重視政策規劃與執行的過程，尤其是在過程中的倫理層面。也就是說，社會工作者必須認知到：受政策影響的當地居民有參與政策發展過程的權利，有表達心聲的權利，有討論政策草案優缺點的權利（與自主的道德原則相符）。再者，研究也顯示受政策影響的人民若能參與政策制訂過程，則能增加對政策的支持，減少反對所帶來的負面影響（Rosenberg and Rosenberg, 2018; Segal, 1995; Vandiver, 1997）。這樣的作法也盡可能與提升自決權、自主的倫理原則一致，當然這自決權也有其限制；這也與應尋求爭議性政策的公開討論之倫理原則一致。《NASW 倫理守則》陳述，「在社會政策與制度的發展過程中，社會工作者應促進社會大眾了解如何參與公共事務。」（標準 6.02）

　　另一個有關政府介入社會福利的爭議，是政府對低收入者提供財務補助與支持性服務的責任。數世紀以來的爭論是有關政府經由稅收來協助貧窮者的責任，以及貧窮者接受政府補助的權利。

> Susan R. 社工碩士,是州政府社會服務部的主任,她是在兩年前現任州長當選後即被派任的。
>
> 州長通知 Susan R. 和其他部門的主任,因為財務危機,所以每一部門明年的預算需要刪減 10%。州長規定各部門主任在三十天之內提出修正的預算計畫。
>
> Susan R. 與部門中資深的人員討論該如何刪減 10% 的預算。她告訴工作人員大部分的方案都需要刪減經費,包括公共救助、醫療補助、職能復健與兒童托育。Susan R. 解釋為了達成州長的要求,急難救助的補助人數將要從 153,000 人減至 110,000 人。也就是約 43,000 人將無法領到州政府的補助。Susan R. 知道這個刪減計畫不利於服務對象,但是這是唯一達到州長要求的作法。

　　正如案例 5.3,此案例引發了政府責任本質的倫理問題,且特別是有關於協助弱勢人口群。這個案例也引發了前述所討論的有關有限資源分配問題。然而,這案例還引發了另一個對社會工作而言非常重要的倫理議題:為了滿足最弱勢人口群的基本需要,政府有多大的責任需要經由稅收去增加歲收(正義的問題)?

　　有關政府責任協助貧窮者的爭議已非新事。正如前述,主張政府介入與反對政府介入的兩派始終存在著緊張的關係。許多評論者主張政府不應介入市場,自由企業有效率地運作——經濟誘因與反誘因——將可決定誰得到協助與誰沒有得到。

　　或許在社會福利中有關此爭論的最好例子是 1834 年英國濟貧法修正案。皇家濟貧法委員會調查 1601 年的濟貧法對人民的影響,其認為過去的濟貧法有缺失,因為貧窮是薪資賺取者所會遭遇到的自然現象。依此觀點,最初的濟貧法是一項錯誤,創造了政府向中高階級抽稅來幫助需要者的假象(Trattner, 1979)。

　　此委員會主張除了住在政府機構內的人以外,停止對有工作能力者的協助。其認為貧窮是個人道德的問題,因此過去對貧窮者的補助,只是增加其不安全感，並不能針對原因來減緩問題。是故預防飢餓或酷寒至死的問題，要盡可能同時有經濟援助也要讓接受者感到接受援助並非是一件愉快的事（Trattner, 1979: 47）。

雖然有這段歷史，過去政府提供社會福利也有很長的歷史。這是因為1870年代的經濟蕭條，民眾對市場運作能確保生活水準的看法失去信心。英國偉大思想家凱恩斯（John Maynard Keynes）與貝佛里奇（Sir William Beveridge）為政府提出了具野心與全面性的計畫，以對抗貧窮，雖然推動此工作也盡力減少人民的依賴（Beveridge, 1942: 6-7）。

我們或許預期義務論學者會主張 Susan R. 與她的同仁所面對的預算刪減不合乎倫理，因為政府有責任幫助弱勢族群（與行善、不傷害、正義的道德原則相符）。身心障礙者或無法自我照顧者都應有得到政府協助的權利。當然，不同政治立場的義務論學者也會主張政府不應介入私領域（一種自主的形式），因而支持更多的預算刪減。

相對地，行為的效益主義會關切刪減預算的後果。依此觀點，當刪減預算可以使政府的預算平衡，因而帶來經濟健全（例如由於平衡的預算，因而提高了投資的價值），最終未來政府能提供重要的服務（行善、不傷害原則）；如此的預算刪減是合理的。當然，行為的效益主義學者也可能認為給付減少是不合乎倫理的，因為其最終帶來的壞處大於好處；由於許多人給付減少，而造成最後需要更多的服務與補助，例如需要住院、監禁、個案管理等。換句話說，給付減少後有人會因生活費不足而偷竊、闖入辦公建築尋找睡覺之處、因無力負擔精神疾病的藥費而造成精神疾病的惡化等。這些由於預算刪減所帶來個人的問題將會花更多的成本來解決。

規則的效益主義主張則不易了解，因為個別個案的影響不同。其影響可能是對整個社會的，特別是取消了對弱勢者最需要的服務所帶來對未來的影響。同時規則的效益主義也可能關切預算不平衡的結果。預算不平衡可能影響經濟發展、投資的價值、州政府借款的能力、企業投資、稅收等。

《NASW倫理守則》包含了一些聲明、原則與標準。例如：前言中敘述——社會工作專業的首要使命在促進人類福祉，協助全人類滿足其基本人性需求，**尤其關注弱勢族群、受壓迫者及貧窮者的需求和增強其權**

能。兩個倫理標準也特別說明了社會工作者對於弱勢人口的義務：

標準 6.01 社會福利。社會工作者應促進本土社會至全球的整體福祉，並增進人們及其社區與環境的發展。社會工作者應倡導與人類基本需求滿足有關的生活條件，並促使社會、經濟、政治和文化價值與制度能符合社會正義的實現。

標準 6.04(b) 社會與政治行動。社會工作者應採取行動以擴大所有族群的選擇和機會，並對於弱勢族群、處於劣勢者、受壓迫者、受剝削的個人和團體予以特別的關注。

上述的討論建議刪減需要服務者的預算是不合乎倫理的，這樣的結論也與倫理衝突時的指導方針一致：對於預防基本權利的損害應優先考量。

然而，對於社會工作者而言，此案例並不足夠說明預算刪減是不合乎倫理的。社會工作者也有責任為弱勢服務對象爭取政府或民間的資金，其不應只接受現有的預算，還需要去擴大財源。《NASW 倫理守則》：

標準 3.07(a) 行政。社會工作行政者應在機構內外倡導為服務對象需求提供充分之資源。

標準 6.04(a) 社會與政治行動。社會工作者應參與社會和政治行動，確保所有人民都能公平的得到其所需要的資源、就業機會、服務和機會，以使個人基本需求獲得充分的滿足與發展。社會工作者必須覺知政治角力對實務工作的影響，應倡導政策與立法的改變，以改善滿足人類基本需求的社會條件，並提升社會正義。

對於法規的遵守
（Compliance with Regulations an Laws）

　　社會工作管理者與社區組織者有時會面臨法規不公正的情形，這時社會工作者會面對是否堅持自己的職責或是守法的困難抉擇。

案例 5.5 ....

　　Curtis B. 是難民安置中心的執行長，該中心對於移入美國的難民提供多項服務，包括：住宅轉介、財務與工作的諮商，語言的教導，與聯邦政府移民官員合作以提供實質協助等。

　　基於此機構的工作性質，工作人員會接受沒有合法身分的移民的服務申請。多年來機構工作人員所採取的立場是他們對於沒有合法身分的移民並不會通報移民官員，因為他們主張機構的使命在於協助移民，而不論其在美國境內的身分合法與否。

　　但是在最近的工作會議上 Curtis B. 提議機構應再檢視此議題。他告訴工作人員他尤其關切當工作人員掌握一些資訊，而該資訊是政府官員應該知道的（例如嚴重的犯罪）。

　　社會工作者通常會同意他們有責任要遵從法規。畢竟，若沒有法規，社會生活將會非常混亂。然而如我前面所述，有時社會工作者對於此種認定也有些例外的情形。例如：在與個別服務對象的關係中，社會工作者會主張若為了避免某人受到嚴重的傷害，則觸犯法規是可以理解的。而這樣的推理是否也可應用到社會工作管理與社區組織呢？機構管理者若為了避免造成傷害而有意違反法規時，這是否合乎倫理呢（有人稱為離經叛道的社會工作〔renegade social work〕）？

　　類似的議題是有關市民不守法（civil disobedience）的問題。在社會工作歷史中，可發現社會工作者與其他人為了抗議社會不正義或是為了追求更高的善，因而認為有必要觸犯法規。例如：為了抗議給付不足或規定不公而阻礙福利給付的發放、在公聽會進行非法抗議以突顯對於貧窮者的注意、違反種族隔離法以對抗種族歧視，以及破壞軍事資料以抗議不公平的戰爭（Alinsky, 1971; Reisch and Andrews, 2001）。在非常不正義的情況下，許多社會工作者會贊同哲學家 John Rawls 的論點：「我們並不一定要服從因大眾民主所產生對基本自由的破壞，其顯示出忽略了憲法中的正義原則。」（1975: 352）

　　有些社會工作者則有不同的觀點，認為法規必須遵守。雖然社會工作者有權利去挑戰法規，甚或被鼓勵去挑戰，但是仍有遵守法規的責任。哲學家 Richard Wasserstrom 摘述此觀點：「在我們對人類犯錯以及脆弱的本質有所認知後；以及在民主社會的趨勢之下，即使沒有法律，大多數的人也會認為有些行為是不對的。因此我們有信心地說，若是沒有一人對於法律有遲疑，則對於整個社會與社會長期的發展都是最好的。」（1975: 383）

　　若是工作人員懷疑沒有合法身分的移民有忽略或虐待兒童的情形，則該難民安置中心的工作員該如何做？機構應有一政策規定應遵守通報法規，讓兒童福利官員知道移民沒有合法身分而導致驅逐出境；或是工作人員保護服務對象的身分，機構內部來處理兒童可能的虐待與忽略？

　　根據義務論學者的看法，反映 Wasserstrom 的觀點，機構必須依法通報可疑的兒童虐待與忽略。行為的效益主義可能也會有類似的結論。也就是若所有人，包括沒有合法身分的移民，涉及虐待或忽略（或其他嚴重的犯罪）而被通報給政府則會帶來較大的利益。行為的效益主義也會認為美國公民沒有對無合法身分的移民提供補助或服務的義務，因此機構工作人員揭發沒有合法身分的移民而使其驅逐出境的情形是合乎倫理的。

　　規則的效益主義者會關切：機構政策隱瞞似疑施虐者的資訊，及隱瞞無合法身分的移民所產生的長期影響。規則的效益主義者會主張如此會對於受虐兒或受忽略兒的重大傷害，且會帶來更多沒有合法身分的移民。然而，不難想像不同看法的規則效益主義者會認為若機構，如前述的難民安置中心，沒有保密服務對象身分，侵犯其隱私，通知政府官員，則機構的長期服務效果會受到不好的影響。

《NASW 倫理守則》包括了數個與此案例有關的標準，社會工作者對於服務對象的承諾（標準 1.01）；服務對象的隱私權（標準 1.07[a]）；社會工作者避免歧視的責任（標準 4.02）；服務對象自我決定權（標準 1.02）；社會工作者確保所有人可以取得資源、就業機會、服務與提出服務要求的機會（標準 6.04[a]）。社會工作者應採取行動以擴大所有族群的選擇和機會，並對於弱勢族群、處於劣勢者、受壓迫者、受剝削的個人和團體予以特別的關注（標準 6.04[b]）。倫理的前言、原則與標準建議社會工作者有責任協助所有被壓迫與弱勢的個人，不論移民身分如何。以此觀點，對於難民安置中心而言，禁止通報沒有合法身分的移民給政府官員或許是適當的。

然而，這個結論並沒有考慮到遵守法規的必要為了保護另一個人，如受虐兒。在這類的情況下，社會工作者有必要採取步驟來保障第三方，其可能包括遵守法律以揭發疑似施虐者的身分。這樣做的結果可能是使得服務對象被驅逐出境或受到其他的傷害，但可以保護第三方。這與下列的情況類似：社會工作者有義務為了保護第三方，例如受虐兒或受暴伴侶，而侵犯保密性（與行善、不傷害道德原則相符）。這也與 NASW 的倫理守則一致：「社會工作者嚴守資料保密的一般例外情形為：預防服務對象或第三方遭遇嚴重的、可預期的、即將發生的傷害時。」（標準 1.07[c]）

 ## 組織倫理（Organizational Ethics）

許多社會工作者在其職業生涯中都會成為管理階級，常見的是主任或是機構管理者。社會工作管理者有時會發現自己陷於倫理的兩難，當衝突發生於工作人員之間，包括與其他社會工作者、行政督導、董（理）事會等（Reamer, 2000a）。

Downcity 綜合醫院是一所有五百個床位，為低收入社區服務的醫院。由於經費的問題，董事會宣布明年工會的成員，社會工作者也屬於其中，只有1%的加薪。除此之外，部分社會工作者的職位也會被裁撤，其他的工作者也要增加對自己健康保險的負擔。

在深思熟慮後，工會成員投票決定罷工。他們建立起罷工糾察員的警戒線以及要求大家排班，每兩小時輪換一班。

投票後，社會工作者便集合討論罷工對於病人的影響。社會工作者發現他們有兩派立場，有些社會工作者主張他們支持工會，採取激烈手段以爭取到充足的薪資與福利。另一些社會工作者卻認為他們有責任為病人及其家庭提供服務，抽離服務是不合乎倫理的。

社會工作者陷於勞資爭議的狀況並非不尋常。這種情形產生的一種倫理的兩難。正如 Bertha Reynolds 超過六十年前的觀察「在社會工作工會歷史中，不可能去區分兩種觀念，一是保障身為工作者的勞動條件，一是符合倫理地對待服務對象」（1956: 237）。因此若社會工作者參與罷工或其他抗議行動，則服務對象接受服務的權利會受剝奪。有些社會工作者會認為若為了自身工作的福利而犧牲服務對象是欠缺思考的。因此，社會工作者可以有受僱相關的訴求，但是因而無法提供弱勢者的服務則是不被接受的。

但也有人主張若社會工作者離開罷工現場，回機構工作，為服務對象提供服務，則會不利工會對於薪資、福利等重要與合法的勞動訴求。有些社會工作者相信由於專業的利他使命，使其在勞資爭議中常居弱勢。因此許多實務工作者主張社會工作者應該願意去罷工及採取其他抗議行動，以避免被剝削（Reamer, 1988）。一位前任著名的 AFL-CIO 官員所提的一句流行的主張，認為罷工的威脅實際可以改善勞資關係：「我們需要有罷工的可能。以我在紅色中國的經驗來看，當中國還沒有原子彈時，她是最具軍事性的與最不負責任的主權國家。他們希望俄國進攻美國；他們裝腔作勢。然而，一旦他們有原子彈之後，中國就變得有責任感多了，因為他

們可能帶來大浩劫。同樣的情形也會發生在勞動者身上。」（Gotbaum, 1978: 158）

就專業團體而言，社會工作者對於罷工與抗議行為有著矛盾的情結。一項研究發現社會工作者對於是否參與賓州州立醫院的罷工行動都有不同的立場（Bohr, Brenner, and Kaplan, 1971）。Rehr（1960）也報導類似的情形，有關於社會工作者對紐約市醫院罷工的看法也是意見分歧；有一半的人仍留在工作崗位，其他人則決定留在罷工現場。雖然，醫師與護理師的專業團體指示其仍繼續提供服務，但 NASW 紐約分支卻主張受僱者有權利決定是否工作，有趣的是二十五年後的第二次罷工也是有兩派不同的立場（D. Fisher, 1987）。

Lightman（1983）對加拿大實務工作者的調查也發現大家意見的分歧。Lightman 發現許多社會工作者（53%）不同意下列的說法：「社會工作者提供重要服務，不應該被罷工而中斷。」只有 29% 同意（18% 不確定）。Lightman 歸納說：「許多社會工作者秉持信實與理性溝通可以解決勞動相關的問題，對於衝突與權力基礎的做事方法會感到不安。同時，衝突／權力並不容易與許多傳統的社會工作價值相互符合。」（143）

義務論的學者主張社會工作有責任幫助有需要者。也就是社會工作的主要使命是助人，而勞動相關的自利行為不應妨礙對於弱勢者的服務提供（與行善、不傷害道德原則相符）。雖然社會工作者會說他們對於滿足自己的需要也有責任，但義務論學者更強調社會工作助人的使命。

行為效益主義則有不同的論點。其會衡量罷工的相對優缺點，從利益的觀點，若罷工能帶來更多好處多於壞處，如工作者會更滿意，因而有高品質的服務；如此罷工是合理的。雖然短期內對病人不利，但是長期來看是有利的。例如：Lightman（1983）發現，雖然只有 50% 的受訪者認為可為提升職業福利而罷工，但是 86% 認為可為提升服務品質而罷工。NASW 透過其倡導特別委員會表示，罷工或抗議行動或許能改善服務品質，雖然短期內對服務對象可能不利：「為了長期的制度改革，短期對服務對象造成傷害的風險要到何種程度呢？不能隨意放棄行動，而該行動就長期而言最終是會帶來好處多過壞處。」（1969: 19）除此之外，NASW（1975）也明確反對禁止受僱者罷工的法規。這些觀點與行為的效益主義相符。

　　規則的效益主義會強調罷工所產生的意涵。若是會帶來更廣泛的罷工，則罷工或許是不合理的。可能服務對象會受惠，但是其會有破壞性的影響，造成更多的紛亂。規則的效益主義也可能採取不同的立場，而與行為的效益主義相同，也就是罷工的威脅改善的勞資關係，確保對服務對象的服務輸送。

　　《NASW 倫理守則》對於罷工與抗議行動有兩個標準。兩標準沒有表明贊成或反對罷工本質的立場，理解社會工作者不同意罷工對服務對象服務的影響。而標準指出社會工作者有權利參與有組織的抗議行動，包括：工會的組成和參與（標準 3.10[a]）。同時，倫理守則提出：社工參與勞資爭議、抗議行動或罷工時，需要依據專業價值、倫理原則與倫理標準：「在實際或可能具威脅性的罷工或抗議行動發生時，社會工作者若考慮到他們身為一個專業人員的首要義務，則各種不同的意見是可接受的。社會工作者應該在決定投入行動前，審慎地檢視相關的議題及其對服務對象可能的影響。」（標準 3.10[b]）

　　守則指出應負責任的終止對服務對象服務，並敏銳覺察服務對象後續的需求：

標準 1.17(b)　服務終止。對仍有需要的服務對象，社會工作者應採行合理的步驟以避免終止其服務。社會工作者只有在非尋常情況下才可倉促地撤回服務，並要審慎思考各項因素，使得負面影響減至最低。如有必要，社會工作者應協助適當的安排以持續服務。

標準 1.17(e)　服務終止。當社會工作者預備終止或中斷對服務對象的服務時，應立即通知服務對象，並且依照服務對象的需求和偏好，尋求服務的轉案、轉介或延續服務。

如此，社會工作的規範建議盡可能避免罷工的發生，尤其是不利服務對象基本的需求時。但是，當罷工是絕對必要時——太差的勞動條件、無法容忍的照顧品質，相較於較不嚴重的勞動問題——社會工作者有責任確保對有需求服務對象的持續服務。這也與前述的倫理指導方針相符：我們在自由意志之下同意遵守的法律、機構的規定等（如聘僱的政策）的義務應凌駕於我們自己的信仰、價值與原則（例如罷工）。再者，當個人基本福祉的權利與法律、規定以及民間組織中的規則相衝突時，個人基本福祉的權利可優先考量（當個人基本福祉受到威脅時，在此極端的情況下罷工是可接受的）。

 ## 研究與評估（Research and Evaluation）

　　尤其自 1970 年代以來，社會工作者更積極投入研究與評估的工作。隨著專業的成熟，社會工作者也更重視研究與評估的重要性。如今社會工作者做臨床評估、需求評估、社會政策評估，並運用實證及其他的研究文獻。社會工作者將評估與研究的技巧運用於問題的分析、介入方法的發展、服務效果的評估，這些都是重要的。

　　社會工作者也重視研究與評估的倫理，此方面有數個相關的倫理議題。

案例 5.7 ....

　　Ellis Y. 是 Pimlico 家庭服務中心的個案工作者，該機構提供許多種類的服務，包括個人與家庭的諮商、危機調適與家庭生活教育等。

　　Ellis Y. 對於同時有嚴重心理疾病與物質使用障礙的服務對象格外有興趣，Ellis Y. 與幾位同仁共同發展了一套對此類服務對象的特別處遇方法。

　　Ellis Y. 很想蒐集資料以便了解治療的效果。他想觀察服務對象的進展以及目前的治療效果，以便可以在不久將舉辦的專業研討會上發表。有時 Ellis Y. 蒐集的資料並非為了例行臨床上的需要，而主要是為了研究的目的。

　　Ellis Y. 蒐集的資料中有一部分是他深度訪問一些服務對象，有關他們生命中一些敏感的議題，包括童年期的創傷（例如童年時期身體或性虐待）。在一次的訪問中，一位服務對象感到不舒服，並對 Ellis Y. 說他不確定可以繼續談下去。服務對象解釋說：「這樣的對話比想像中的要更痛苦。我無法相信這麼多年前的事我還是如此難過。我不知道我是否還可以談下去。」這種情形顯示出服務對象很明顯的煩躁憂愁。

Ellis Y. 對於服務對象的反應覺得難過，部分原因是他將要在專業研討會上發表研究結果，而此服務對象資料是非常重要的一部分。

　　當社會工作者漸多開始從事研究與評估，他們會發現遵守嚴格的倫理指導原則的重要性。社會工作者有義務保護研究與評估的參與者，如同社會工作者有義務運用研究與評估的技巧去設計、執行、監督與評估他們的介入／處遇（Bloom, Fischer, and Orme, 2009; Reamer, 1998c）。

　　回顧研究與評估的歷史可見到一些不合乎倫理的例子。但也由於這些為眾人所知的不合乎倫理例子，因而產生了保障參與者的倫理標準。在1940 年代已開始發展有關保護研究與評估的參與者之倫理標準，緊接著1945 年德國納粹醫生戰犯的審判；這些醫生未經俘虜的同意而進行不人道的實驗，因此在戰後被起訴。該司法的審判即是有名的 Nuremberg 審判，使世人了解不合乎倫理的研究所帶來的傷害，因而發展了許多保護研究與評估參與者的倫理標準。

　　或許在此方面美國最出名的醜聞是 Tuskegee 與 Willowbrook 研究。Tuskegee 的研究是一個長達四十年的計畫，開始於 1932 年，由美國公共衛生服務部研究未治療的梅毒會有何變化。受試者是阿拉巴馬州貧窮的非裔美國男性，他們被告知身上有「壞的血」，同時研究的步驟例如抽脊髓，也被說是免費的治療。這些人沒有得到當時該有的治療，也沒有接受 1940 年代已發明出來的盤尼希林藥物。他們並不知道在進行一項研究，也不知自身所面臨的危險。許多人的死亡可歸因於未能給予治療。這個不合乎倫理的研究一直到 1972 年才被揭發出來（Levine, 1991; Murphy 2004）。

　　在 1950 與 1960 年代執行的 Willowbrook 研究，其探究未治療的傳染性肝炎如何自然演變。有一群心智障礙的兒童，住在紐約州 Staten Island 的 Willowbrook 州立學校，他們被蓄意地感染到肝炎。這個研究的目的是為了先了解傳染性肝炎的自然演變過程，之後再測試丙球蛋白對於治療此疾病的效果（Levine, 1991; Murphy, 2004）。

規範此類非倫理行為的最重要努力之一是發生於 1966 年，當時美國公共衛生署總署長 William Stewart 公布第一個針對人類實驗的公共衛生署服務指引。總署長宣布公共衛生服務署將不會提供研究經費，除非資助機關詳細說明如何確保受試者知情同意的步驟、使用適當且符合倫理的研究程序、充分檢視研究的風險與利益、研究受試者權利的保障。自此以後，聯邦政府發展許多其他的規範以保護人類研究的受試者。全國生物醫學暨行為研究之人類受試者保護委員會起草了許多其中的相關規範（1978）。

這些發展的最重要結果是機構審查委員會（Institutional Review Board, IRB）的擴展。這是一個在醫療單位、社福單位、教育單位的正式團體，審查研究計畫並監督研究進行以保護研究參與者。在美國，相關規範制定是由食品藥物局（Food and Drug Administration）以及衛生暨人群服務部（Department of Health and Human Services）（尤其是人體研究保護辦公室〔Office for Human Research Protections〕）負責。相關規範授權 IRB 對於規劃中的研究予以通過、要求修正或是否決聯邦資助的研究案。IRB 的目的是：在研究開始之前、研究執行時予以監督，以確保研究案有採取適當的步驟，保護研究參與者的權利與福祉。IRB 檢視研究相關的資料，評估研究的倫理與研究方法，對可能的研究參與者，充分告知研究相關資訊與自願性的參與（若是不可行，也要有適合的代理人，代理人需要被充分告知並同意才可進行研究）。這些都是為了盡最大力量去保護研究參與者的安全。

Ellis Y. 在其蒐集資料時，需要考慮幾個倫理的議題。義務論的觀點是他要使參與者免於受到傷害（與不傷害的道德原則相符）。Ellis Y. 要避免效益主義的觀點，因效益主義會主張傷害參與者是為了達到更大的善（也就是所蒐集到的資訊有助於評估治療效果，以及教育其他的專業人員）。

《NASW 倫理守則》包含了一些重要的倫理標準。最相關的有知情同意、保護研究與評估的參與者、滿足服務對象的需求等。例如：Ellis Y. 在蒐集資料時應該堅持下列的標準：

標準 5.02(d) 評估與研究。社會工作者在從事評估或研究時應審慎考量可能產生的結果,而且應該要遵循已發展出的對評估和研究參與者保護的指引。向適當的機構審查委員會諮詢。

標準 5.02(e) 評估與研究。社會工作者在從事評估或研究時,應取得參與者的自願參與,及書面的知情同意,若可行。對於拒絕參與的情況,應該沒有任何潛藏的或實質的剝削或處罰。也不能不當地誘導參加。應對參與者的福祉、隱私權和尊嚴予以適當的尊重。知情同意的資訊應該包括:參與的本質、範圍和期間、闡明參與研究的風險與益處。

標準 5.02(i) 評估與研究。社會工作者應知會參與者,他們有權利在任何時間點退出評估和研究,而不會得到任何處罰。

標準 5.02(k) 評估與研究。社會工作者在從事評估和研究時,應保護參與者免於不當的身體的或精神的痛苦、傷害、危險或剝削。

在研究情境中明顯出現:有些研究問題會使得服務對象感到不舒服時,Ellis Y. 需要處理服務對象否有臨床上的需要。服務對象臨床上的需要應優先於研究與評估的需要,即使這會妨礙資料的蒐集。因此 Ellis Y. 需要堅持倫理守則,並遵守「社會工作者應採取適當行動,以確保評估和研究的參與者有權獲得適當的支持性服務」(標準 5.02[j])。

另一個重要的倫理議題是:研究與評估關切社工的道德責任是:社工的處遇與服務需要奠基於關於服務效果的最佳研究發現。對於處遇與服務的效果,社工有責任檢視、評估、運用最新的研究發現。否則,社工的服務或處遇會有缺乏研究基礎的風險,或是會有顯著潛在傷害的風險。尤其當社工使用非傳統的、具爭議性的與非正規的處遇方法時,以下的倫理守則就顯得尤其重要。

標準 4.01(b) 能力。社工應盡力成為並維持專業實務與專業功能表現的精通熟練。對於有關社工的新知,社工應批判性地檢視並跟上與社工有關的新知。社工需定期檢視相關文獻,參加與社工實務、社工倫理相關的繼續教育。

標準 **4.01(c)**　能力。社工的實務工作應立基於被認可的知識，
包括社會工作與社會工作倫理相關的研究知識。

標準 **5.02(c)**　評估與研究。社工應批判性地檢視並跟上與社工
有關的新知，並將評估與研究的結果充分運用到實務工作中。

其他《NASW 倫理守則》中的重要標準，有關研究與評估的重要標準有：
對於缺乏能力提供知情同意的參與者的處理、某些特殊情況下無須知情同
意的處理、研究參與者的保密與隱私權、研究與評估結果的正確報導、與
研究與評估有關的利益衝突、與研究與評估有關的教育議題等。

 ## 欺騙的運用（The Use of Deception）

如同所有其他專業一樣，社會工作者了解工作中的誠實重要性。坦誠
的溝通是與服務對象、與其他專業人員間關係建立的重要因素。但是，有
時候社會工作管理者、計畫者、研究者、社區組織者則會認為某種程度的
欺騙與不誠實是必要的以及合理的。事實上，欺騙與不誠實是否合理常受
到爭議。

案例 5.8 ....

　　Willard E. 是 East Bay 兒童精神醫院的社會工作部門主任，該醫院提供嚴
重情緒或行為問題的兒童住院或門診的服務。

　　一群負責醫院資格考核的委員將拜訪該醫院。過去多年來該醫院一直都被
一個全國組織認可；該組織對醫院將進行深入的實地參觀，當作是例行審查的
一部分。實地參觀將訪問工作人員、檢查設施、審查醫院的政策與程序，與評
估一部分的病例。病例品質的評估包含幾項標準，即病人心理及社會診斷、住
院、治療、服務取得、出院等是否敘述詳盡。

　　Willard E. 對工作人員病例的紀錄品質有些擔心。他尤其擔心前任主任時

期紀錄保存的問題。在一次工作會議中，Willard E. 要求工作人員檢查去年自己所負責的個案，看看紀錄是否完整以及找出遺漏之處（例如住院摘要或出院摘要）。他也指示工作人員填入這些遺漏的資料而不註明這是事後才補上的資料。Willard E. 告訴工作人員：「盡可能補上所有遺漏的資料。若是記不清楚了，也盡力正確完成。我不希望我們部門丟面子，所以盡力整理資料，不要讓資格考核的委員找到問題。」

　　如前所述，在一些少數的情況下——免於受到傷害或救人一命——社會工作者會認為某種程度的欺騙與不誠實是必要的以及合理的。欺騙施暴者有關其失和伴侶的去處，以免伴侶受到傷害的作法或許是合理的。

　　然而，在有許多情形之下，欺騙確實是不適當的作法（例如當欺騙的動機是為了工作人員的私利而非為了服務對象）。給保險公司或補助單位造假的報告以便獲利的行為是不對的，如同雇主欺騙員工有關工作環境的安全也是不對的。當然，有些案例並不明確是否欺騙是適當或不適當的，而社會工作者也有不同的看法。這些例子就是一般所謂「善意的謊言」或是欺騙是為了協助有需要的人。

　　對於欺騙的倫理議題，過去有許多的討論。十八世紀德國哲學家Immanuel Kant 與第四世紀教會領袖、哲學家 Saint Augustine 其著名的論點是無論結果如何，欺騙是絕對不被許可的。這是古典義務論的觀點，對 Augustine 而言，欺騙的人是有汙點的，無論能否帶來好處。對 Kant 而言，欺騙是人類能力的誤用，欺騙不僅是不好，也是不對的（Fried, 1978: 60）。因此，Willard E. 或工作人員對病例的任何不實處理都是不對的（此與信賴、德行整全的原則相符）。任何事後修正的資料都應敘述，嘗試掩飾的行為都是不對的。

　　明顯地，這種義務論的觀點與傳統的行為效益主義論不同。行為效益主義只關切欺騙的結果為何。十八世紀英國哲學家與效益主義學派的始祖Jeremy Bentham 認為欺騙未必是不合乎倫理的或是不好的：「欺騙就本質而言，若並未伴隨其他一些不利於他人的條件，因此也就不會產生不利於他人的影響。根據效益原則，因此也就不會有任何的罪惡。」（[1789]

1973: 205）依此觀點，更改病例中的缺失可能是合理的，因為若未如此做，會影響到醫院資格的核可。而更重要的是醫院獲得核可，則可為病童服務，使醫院能達成其使命。這樣的邏輯是相當直截了當的。

規則的效益主義則有不同的看法。其關切此欺騙案例所帶來深遠而普遍的影響。就此觀點，則會與義務論的看法相同，兩者都認為欺騙是不對的；雖然其推理的基礎不同（規則的效益主義認為此案例帶來不良的示範；而義務論則認為欺騙的本身就是不合乎倫理的，無論其結果如何）。

《NASW 倫理守則》有一條標準：「社會工作者不應參與、寬容或涉及有關於不誠實、詐欺或誘騙等行為。」（標準 4.04）這觀點較接近與義務論的看法。換句話說，此標準並不接受如：為了方案的資格認可等理由而做的欺騙行為是合理的。

因此，Willard E. 鼓勵工作人員欺騙資格考核委員的作法是不對的。雖然該醫院會因紀錄不完整而被批評，但不會因此而失去核可資格。較適當的作法是醫院管理者表明此問題是在前任主任的任期內發生的，並提出一個完整的計畫來面對處理這個問題。

 揭發組織內部不當的行為／吹哨
（Whistle-Blowing）

在社會工作中的不幸事件是：實務工作者有時會遇到專業中的不當行為，遇到同仁做出不合乎倫理的行為。其中最困難的抉擇是是否要對同仁指正其不當的行為、是否要向督導或其他單位揭發通報。

案例 5.9 ....

Mark G. 是 Wickenden 家庭服務機構的個案督導。他已做了六年的個案工作者，一年前才被機構主任提拔做督導；兩人有相當密切的專業關係。

某一天，Mark G. 所督導的個案工作員要求與 Mark G. 談話。他告訴 Mark G. 說他有令人不安的消息要告知。個案工作者說他的服務對象在一次會談中提到，服務對象認識機構的主任，且主任還付錢與該服務對象在旅館內發生性關係，並分給該服務對象一些古柯鹼。他們總共約有「五或六次的約會」。此外，根據個案工作者的說法，主任使用機構的經費作個人的旅行，並在最新的季報表中造假服務數據，此數據資料是提供給一個州政府的單位，而該單位是機構經費的主要來源者。

Mark G. 對此事非常煩惱，尤其他把主任當成是他的朋友看待。

可理解地，社會工作者通常都會猶豫是否揭發同仁的不當行為。揭發的結果可能會害了同仁的專業生涯，而揭發者可能也會被機構或專業團體排擠。

同時，大部分的社會工作者也了解為何有時揭發同仁的不當行為是必須的。服務對象的福祉與方案的運作可能會因同仁的不當行為而受到影響。這些情況下，社會工作者必須衡量揭發與否的利弊。Barry 了解揭發機構內部不當行為的道德挑戰並指出：

> 真實、不傷害與公平是受僱者對第三方的責任，但是我們仍要
> 問：工作者如何平衡對於雇主、機構或其他人的責任？受僱者為
> 了機構的福祉，是否就應該通報同事有使用毒品？或他為了對
> 同事忠誠而保密？祕書是否應遵照老板的指示或是告訴老板的
> 妻子實情？會計人員是否隱藏違法或是通報政府？要解決這樣
> 的衝突，一方面需要衡量對雇主或機構的責任，另一方面需要
> 衡量對第三方的責任。這樣的過程絕非易事。（1986: 239）

有關同仁發生不當行為的情境通常是曖昧不明的。不當行為的證據可能有問題、不當行為所帶來的影響可能不明確，而改變這問題的可能性也不大。故揭發不當的行為的舉動應該要深思熟慮（Miceli, Near, and Dworkin, 2008）。社會工作者在揭發前應要考量：

■ 傷害及不當行為的嚴重程度；

- 不當行為的證據是否充分足夠（不要在缺乏清楚正確的證據下揭發）；
- 揭發後對於同事與機構的影響；
- 揭發的動機（揭發的最初動機是否為了報復）；
- 其他作法的可能性、其他較緩和的作法是否可以處理，例如直接面質做出不當行為的人。

正如 Fleishman 與 Payne 主張：「除了揭發朋友之錯處外，或許還有其他的方式可以用。若是不當的行為可以終止而傷害得以充分彌補復原，則直接的面質或許可以兼顧公共利益與個人對朋友的忠誠。」（1980: 43）

　　但是，有些不當行為是相當嚴重，唯一的作法就是吹哨，揭發不當的行為。從義務論的觀點，一些不當行為本質就是錯的，必須揭發；不論對於相關的個人或機構的影響。當然，效益主義則會檢視吹哨後的結果，若是罪證確鑿，同時吹哨帶來的結果是利大於弊，則效益主義者會鼓勵吹哨的行動。若是 Mark G. 揭發主任的不當行為，對於主任的職涯與該機構會帶來非常大的傷害，則行為的效益主義者可能會主張吹哨並不合理。

　　行為的效益主義者可能也會主張：組織中的吹哨者也需要仔細思量吹哨對於自己職涯的影響。正如 Peters 與 Branch 提到：「若一位員工在組織中被視為告密者，他可能會發現許多門都被關起來了，沒有固定的辦公桌，也需要轉換一個專業。」（1972: 280）

　　規則的效益主義學者會關切揭發所產生的長遠影響。從此觀點，揭發不當行為可能並不合理，因為此行為會帶來更多人的揭發行動，破壞了同事間的信任感、增加工作情境中的彼此猜忌、不利組織的士氣。當然不同的規則效益主義學者也可能認為揭發是必要的，因為若鼓勵揭發同仁的不當行為能讓專業更注意倫理的標準。

　　《NASW 倫理守則》包括了數個相關倫理的標準：

標準 2.10(a)　同事不合倫理的行為。社會工作者應採取適當的規範來勸阻、預防、揭穿和糾正同事的不合乎倫理的行為，包括使用科技的不合倫理行為。

標準 2.10(c)　同事不合倫理的行為。當社會工作者相信同仁的行為不合乎倫理時，如果可行或是如果討論是有用的，應與其討論以尋求解決方法。

標準 2.10(d) 同事不合倫理的行為。如果必要，當社會工作者相信同仁的行為不合乎倫理，社會工作者應透過一些適當的正式管道來採取行動（例如：州政府負責證照委員會或紀律單位、美國社會工作人員協會的倫理委員會，或其他的專業倫理委員會）。

如此，對於同仁不當行為的處理，較緩和的作法是直接與該同仁溝通。然而，上述的例子中，Mark G. 或許還需要採取其他的步驟。若有清楚的證據顯示該主任的行為非常嚴重，Mark G. 有責任告知機構中負責處理此問題的人，如理事會主席等。當然，Mark G. 也應先已與該主任討論，並讓該主任有機會對此事做回應。Mark G. 也應盡力減低揭發舉動所帶來對機構與工作人員的傷害。

對大多數面對專業中不當行為的社會工作者而言，揭發該行為的結果常是令人倉皇失措的。正如我在第六章將會討論到，不合倫理的行為與揭發不當行為可能對於服務對象、實務工作者、第三方帶來嚴重的問題。社會工作者有責任去面質不當的行為。正如 Fleishman 與 Payne 對於在政治界吹哨的結論：「他人錯誤行為所引發的道德問題不是一個新的故事。當某人發現朋友或政治盟友的腐敗舉止，則個人或政治的忠誠會與大眾利益的法律忠誠相衝突。政治性權力考量之下的忠誠會被扭曲，而如此犧牲對法律或大眾利益的忠誠是很難被接受的。」（1980: 43）

問題討論

1. 假設你是一家精神醫療醫院的社工，在你任職的兩個月後，護理人員宣布說他們要罷工，以便獲得更好的薪資與工作條件。你是否會跨過罷工的行列，仍堅持去工作？你會運用哪些倫理的概念與標準去支持自己的論點？

2. 假設你是一間家庭服務中心的主任。你剛得知政府明年不再補助你的機構，而這補助占機構 30% 的收入。你需要在人事與方案方面做相當的裁減，以便維持收支平衡。你會如何處理？你會運用哪些倫理的概念與標準去支持自己所採取的策略？

3. 假設你是某間少年矯正單位的方案負責人。你的機構主任要求你把沒有合法身分的移民名單交給她。你十分困擾要如何處理。你的老闆說政府法規要求要揭露此訊息。然而，你認為若揭露其名字，會讓你的服務對象與其家人面對很大的風險，包括驅逐出境。你會如何處理？你會運用哪些倫理的概念與標準去支持自己所採取的看法？

4. 假設你是一間少年安置機構的臨床督導。你屬下的一位工作人員告知你有關機構資深的方案負責人挪用機構經費之事。你擔心若這事傳出去會對機構不利，機構會失去大部分的政府補助。你會如何處理？你會運用哪些倫理的概念與標準去支持自己所採取的看法？

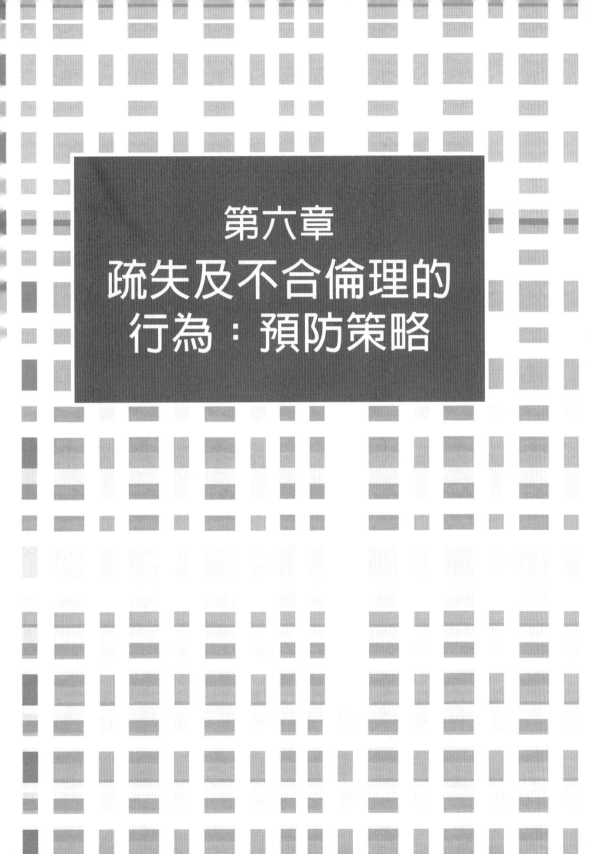

第六章
疏失及不合倫理的
行為：預防策略

在前面的章節中已討論有關社會工作價值的本質、倫理抉擇的過程，以及社會工作實務的倫理兩難。如同我之前所說的，實務工作者所面臨的很多倫理議題，引發了哲學性的思考。例如：社會工作者是否總是要誠實、總是要尊重服務對象的自我決定權、有限資源該如何分配、是否總是要遵守法律、何時應該揭發組織內部不合倫理的行為。

許多倫理議題並未涉及法律問題，而需要紀律團體來規範，例如州政府證照委員會、專業團體如美國社會工作人員協會。是否社會工作者必須誠實回答服務對象對自己預後的了解；緊急庇護中心該如分配稀少的資源；個案工作者是否要去倡議為機構爭取政府的補助等，都不涉及法律或不當行為的問題，而是需要將倫理原則做仔細審慎地思考與應用。對這些議題實務工作者之間也可能有不同的見解。

然而，許多社會工作的倫理議題的確是有不當行為，可能涉及違犯法律、倫理守則與標準，與公告執行的規範等。有些案例可能造成法律訴訟、倫理申訴或對社工的刑事指控。

在這一章中，我會討論多種不合倫理的行為或專業不當行為的案例。一些案例涉及實務工作者所造成的錯誤，而導致他人控告這些不合倫理的行為或專業不當行為。例如：社工忘記須經過服務對象的同意，將保密的資料提供給第三方；社工沒有更新執照或完成繼續教育學分卻提供服務；不小心將未服務的案件向保險公司申請經費。這些案件，社工都不是企圖去傷害或欺騙任何人，然而這些案例卻因為社工的不經意造成錯誤，傷害了一些人或機構。這些傷害足夠嚴重地讓被傷害者去控告社工的行為不合乎倫理或專業不當行為。

其他的案例我已在第四、五章討論倫理兩難有關的案例中提到。在這些案例中，社會工作者面臨困難的倫理抉擇，都盡力處理並對其抉擇負責。這些社會工作者在做倫理抉擇時，非常謹慎盡責。他們可能先查閱有關文獻、請教對某主題專精的同事、記錄他們的抉擇過程等等。然而，不管這些努力或嚴謹過程，某些人或機構仍對外聲稱這些社工處理錯誤或行為不合乎倫理。有些人甚至會對社工提出法律訴訟、向執照委員會提出申訴或倫理申訴等，聲稱社工違犯專業倫理標準，導致傷害。有一例子是：社工必須決定是否揭露服務對象的保密資訊，關於服務對象的 HIV 呈陽性反應，以保護其女朋友，而女朋友並不知道服務對象是 HIV 陽性。社工必須抉擇是要保障服務對象的保密權利，還是盡社工的義務，保護第三方免於受到傷害。不難想像，社工不論做什麼樣的決定，都可能受到另一方的控訴。如果社工尊重服務對象的權利而保密，則服務對象的女朋友可能因此而受到感染，此位女朋友可能會控告社工或倫理申訴，聲稱社工未能保護她免於嚴重的傷害。相反地，如果社工為保護其女朋友受到傷害，而未取得服務對象的同意，就揭露服務對象的隱私，社工可能會被服務對象控訴或倫理申訴，聲稱社工侵犯其保密的權利。因此，在一些案件中，即使最小心、謹慎、思慮周詳的社工也可能仍會被指控有倫理不當行為或不符專業要求的行為。

我在本章所討論的其他案例，是有關社工犯了嚴重的專業不當行為並故意傷害服務對象或第三方。這些案例並非社工不小心犯錯，也不是社工負起倫理抉擇責任時而引發的倫理申訴或法律訴訟。而是社工故意地破壞服務對象個人的權利，例如社工與服務對象有不當性關係、造假文件資料與專業資歷，及社工向保險公司詐領保險金等，這些案例都可能導致刑事指控。

 ## 對社會工作者的裁決：倫理申訴與法律訴訟

社會工作者被認定專業行為的失當有三種主要的方式。這些包括對 NASW 會員的倫理申訴、對州執照或紀律委員會的倫理申訴，以及對社會工作者業務疏失的法律訴訟。在某些案例中，社會工作者也會被其所屬的其他專業團體進行審議。除此之外，也有對社會工作者的刑事指控，雖然這樣的例子很少。

對 NASW 會員的倫理申訴可能是指控社會工作者違反倫理守則的標準。例如：

標準 1.07(h)　隱私與保密。社會工作者除非取得服務對象的同意授權，否則不可揭露保密的資訊給第三方支付者。

標準 1.09(c)　性關係。社會工作者不可與過去的服務對象有性行為或性接觸，因對服務對象會有潛在的傷害。若是社會工作者違反這項禁令，或是提出對此禁令的例外狀況，其理由是因一些特殊情況，社會工作者——不是服務對象——負起全部責任證明過去的服務對象沒有受到社會工作者的剝削、強迫、操控，無論有意或無意的。

標準 4.06(c)　錯誤陳述（misrepresentation）。社會工作者應確認他們對服務對象、機構和社會大眾所表述的專業資格、資歷、教育程度、能力、會員身分、提供的服務和可以達成的結果都是正確的。社會工作者應只能表述他們實際擁有的相關專業資歷；他人對於自己資歷的任何不正確或是錯誤的陳述，應採取行動更正。

一般來說，NASW 會員的倫理申訴，或州政府證照或紀律委員會的倫理申訴會引用不同的專業倫理標準，有關保密、不當性行為、與同事的關係，及作為一位社會工作者應有的行為（Berliner, 1989; Bullis, 1995; Reamer, 2015a；Strom-Gottfried, 2000, 2003）。

　　對於 NASW 會員的倫理申訴，是採取同儕審查（peer review）模式進行，其中也包括 NASW 的會員。若是一個申訴案件被接受，NASW 會召開一個聽證會（hearing），申訴者（提出申訴案者）、被申訴者（申訴案中的申訴對象）及證人都有機會陳述說明。在聽完所有人的說明及討論他們的證詞後，委員會會向 NASW 全國倫理委員會（National Ethics Committee）提出一份報告，其中包括摘要調查的結果並提出建議。建議可能包括制裁或糾正的行動，像是暫停 NASW 會員的身分、要求接受督導或諮詢、一封譴責的信函，或指示寄一封關於申訴事項的道歉函。在一些案例中，這些制裁可能透過地方或全國 NASW 會員通訊或一般報紙刊載出來。在一些情況，尤其是不涉及極為不當的行為時，NASW 會對申訴者與被申訴者提供調解的機會，而不會進入正式的裁決。

　　州議會也會授權社會工作證照或紀律委員會來處理對社會工作者的倫理申訴。通常這些委員會會指派一組同儕審議申訴案。如有需要，也會舉辦聽證會（Barker and Branson, 2000）。

　　此外，社會工作者也因為倫理不當行為或是疏失，而涉入法律訴訟案件；雖然這些社工人數占社工總人數是相對小的比率，但也有相當的數量。這股趨勢很明顯地反映在經由 NASW Assurance Services 的專業責任保險（美國最大的社會工作人員的保險人），社工（被保險人）對於第三方負賠償責任時，社工向此保險提出該賠償的請求（Reamer, 2003, 2009a, 2015a）。

　　這類對社工專業責任險的賠償請求，是經由 NASW Assurance Services 或是其他保險公司，可區分為兩部分，第一部分是指稱社會工作者不適當地執行職務或不符合專業的標準，一般稱為做不對的事，用不合法的手段達到目的或不法行為（acts of commission or of misfeasance or malfeasance）。例如不適當的處遇（社會工作者沒有接受過適當訓練而使用該處遇技術）、不當性行為、違反保密原則、錯誤的安置兒童、攻擊與毆打、錯誤的同儕審查、不當的結案等（Reamer, 1995b, 2015a）。

　　第二部分是依據專業標準，社會工作者沒有盡到應盡的義務（應為而不為，acts of omission or nonfeasance）。例如社會工作者未獲得服務對象的同意而揭露其隱私、未能預防服務對象自殺、服務對象需要服務時未能在場、未能防止第三方受到傷害、未能適當地指導服務對象、未能轉介服務對象給專家以得到諮詢或治療。

　　當然不是所有對社工的申訴／訴訟都會成立，有些是沒有基於法律或證據上合理的理由而提出的主張，有些是缺乏證據去證明疏失（malpractice）與過失（negligence）。然而很多指控是成立的，而最終社會工作者也花費了大筆經費和精神（雖然責任保險給付可幫忙減少這類的經濟負擔）。

　　社會工作者必須知道哪種專業的不當行為或不合倫理的行為構成疏失。疏失是過失的一種形式，發生於社會工作者或其他專業人員的行為不符合該專業的注意標準（standard of care），也就是一位平常的、理性的與謹慎的專業人員在相同或相似的狀況下的表現（Reamer, 2003, 2015a）。

　　有關訴訟與專業責任的賠償請求，其指控的疏失是屬於民事訴訟，而不是刑事訴訟。一般來說，民事訴訟是基於侵權行為（tort）或者是基於違反簽定契約有關的法律（contract law），以致原告要求損害賠償（Hogan, 1979）[1]。這些損害可能是經濟的（例如薪資損失或醫療費用負擔）、身體的（例如社工應要看顧監督某人，但發生某人攻擊他人），或是情緒的（例如憂鬱可能起因於社工與服務對象的性接觸）。

如同在刑事審判中一樣，被告在民事審判中被推定為無罪的直到被證明有罪。在一般民事訴訟，被告被認為負有責任是基於有充分的證據（preponderance of the evidence）。相對於在刑事審判中，刑事審判有更嚴格的標準（beyond a reasonable doubt）。在另一些民事訴訟中，例如有關契約的一些爭議，法院會希望可以找到明確且令人信服的證據（clear and convincing evidence），而判斷此證據的標準會比基於有充分證據的標準要來得嚴格，但是比刑事審判中的標準較不嚴格（Gifis, 2016）。

一般來說，疏失發生需要有的證據：(1) 實務工作者與服務對象之間是有法律責任的（例如社會工作者有義務為服務對象保密）；(2) 實務工作者疏忽其義務，無論是透過有所作為或未有所為（對於服務對象的酒精使用，未經服務對象的同意便告知服務對象的雇主）；(3) 服務對象遭受一些傷害（服務對象聲稱他被開除是因社會工作者將應保守的祕密告訴其雇主）；(4) 造成這些傷害的直接原因是因社會工作者未盡其義務（服務對象遭受解僱的直接原因是因社會工作者未經服務對象同意便透露其隱私）。

關於疏失、不合倫理的行為或不專業的行為，可歸類為六大類：保密與隱私權；服務的輸送與專業界限的違反；對服務對象的看顧監督與對工作人員的督導；諮詢、轉介及紀錄；詐欺與誘騙；服務終止。

---

[1] 所謂侵權行為是指由於他人的疏忽或未盡到責任，而導致錯誤的行為或傷害，這些是屬於民事的範圍。

保密與隱私

在第四章，我曾討論過有關保密的倫理兩難。在那些案例中，社會工作者必須決定如何揭露保密的資料，以免第三方或服務對象受到傷害；對法院的命令要如何回應以保護服務對象；如何滿足父母或監護人對未成年子女關切的要求。之前我的討論著重於倫理抉擇的過程，並非不當揭露保密資訊的不當行為。

如果社會工作者違反服務對象的保密權利，則可能會遭到告訴。《NASW 倫理守則》列出多項有關保密的明確標準（標準 1.07[a-w]）：

- 服務對象的隱私權。
- 知情同意以揭露保密的資訊。
- 保護第三方免於受到傷害。
- 當社會工作者將揭露保密的資訊前，通知服務對象。
- 服務對象保密權利的限制。
- 提供服務給家族、伴侶或小團體的保密議題。
- 揭露保密的資訊給付費第三方、媒體及在法律程序中。
- 書面與電子紀錄、透過電子媒介傳輸資訊給他人等的保密維護。
- 電子網路方式蒐集與搜尋服務對象的資訊。
- 保密紀錄的適當傳遞與處理。
- 在教學、訓練與諮詢時的保密資訊之維護。
- 過世服務對象的保密維護。

社會工作者應該熟悉有關聯邦與州級的法律、規定、政策，及上述情況的各種實務原則。社會工作者應特別注意聯邦政府有關對於藥物與酒精治療的保密、學校紀錄的保密、電子儲存與傳遞溝通的保密。對於酒精與物質濫用治療資訊的保密，重要的倫理指引（"Confidentiality of Substance Use Disorder Patient Records", 42 C.F.R. 2.1 [2017]）。這些嚴格的規定廣泛地維護服務對象在紀錄中的身分、診斷、預後、治療；適用於物質濫用相關的教育、預防、訓練、治療、復健或研究的方案或活動，而這些相關的方案或活動是聯邦政府部門或機構所執行、規範、直接或間接協助的。資訊揭露被許可的狀況：(1) 服務對象書面的知情同意；(2) 緊急時，醫事人員的揭露；(3) 提供研究、評估或稽核；(4) 法院命令基於適當的理由。

在教育機構工作的社會工作者需要非常熟悉家庭教育權利與隱私法案（FERPA）規定。FERPA（也稱為 Buckley-Pell Amendment, 20 U.S.C. §1232g [2011]）說明學生與家長取得教育相關紀錄的條件、質疑與修正不正確紀錄的程序、教育紀錄釋出給其他個人、機構或組織的要求。這規定適用於接受聯邦政府補助的公私立機關或機構。其也指出一些例子是當沒有家長獲監護人的同意，仍可釋出相關的紀錄，例如學校工作人員與老師有正當的教育上的理由、為了經濟上的協助、監督與研究的目的，或是緊急情況。這些例外是基於資訊的釋出可以保護學生或其他人的健康或安全。

社會工作者也必須非常熟悉醫療保險可攜式與責任法的條款。在1996 年國會執行此法是為了因應醫療服務的提供者、機構、地方政府之間的醫療資訊傳遞缺乏標準化格式，因而產生日漸增加的成本。HIPAA有三部分：(1) 揭露可識別個人身分的醫療資訊之隱私標準；(2) 電子醫療資訊交換的標準；(3) 保護私人醫療資訊產生及維護的安全標準。HIPAA規定：

- 標準化電子傳輸紀錄的格式；
- 保護個人可識別醫療資料的電子交換及儲存；
- 限制個人可識別資料的運用與釋出；
- 增加服務對象對於私人醫療資訊運用與揭露的管控；
- 增加服務對象接觸自己醫療紀錄的管道；
- 建立法律的責信並對未授權使用、揭露受保護資訊等行徑的處罰；
- 基於公共衛生與福利的需要，允許使用或揭露未經服務對象同意之可識別身分的醫療資訊（C. Fisher, 2003; Hartley and Jones, 2014）。

社會工作者必須了解他們還是有可能被控或有倫理上的申訴，即使他們事先已透過持續的研究與諮詢，做出深思熟慮的決定。例如社會工作者決定告知第三方有關服務對象的資訊，以保護第三方免於傷害，而服務對象可能會提出倫理的申訴。服務對象可能會主張社會工作者侵害其隱私權，而使其受到傷害。服務對象可能也會要求民事的損害賠償。當然社會工作者可能也會遭受第三方控告，因為社會工作者決定尊重服務對象的隱私權，因而未警告或採取保護第三方的措施。這就是第四章所討論到 Tarasoff 案例中，發生在心理學家和其他學術單位工作人員的事情。正如 M. B. Lewis 所觀察到的：「Tarasoff 及其結果說明了第三方在個別治療的過程遭受傷害，可能會控告病人的心理治療師，因為治療師沒有使其免於遭受到病人的危險攻擊。判例法也很清楚說明專業的心理治療有義務去維護他們治療關係中的隱密性，違反義務揭露隱私可能會造成民事的責任。」（1986: 606）

Tarasoff 的案例與其他「保護義務」（duty to protect）被起訴的案例幫助我們釐清介於下列兩者的微妙平衡：社會工作者需尊重服務對象隱私權，同時又需保護第三方免於受到傷害。社工需要注意的是：有些州的法律允許社工揭露保密資訊以保護第三方免於傷害，然而有些州的法律是規定要揭露保密資訊。社工需要知道不同州的法律，以釐清自己特定的法律義務。

雖然有些法院在這些案例中的判決是對立、不一致的，但一般來說，為保護第三方免於受到傷害而將服務對象的祕密公開，應該要符合下列四個條件：

- 社會工作者有證據顯示服務對象對第三方有暴力威脅的傾向，雖然法院對「暴力」並無明確清楚的定義，但一般暗指武力的使用——像用槍、刀或其他足以致命的武器——足以造成傷害。
- 社會工作者應該有證據可以預見服務對象的暴力行為。社會工作者應該能夠提出證據顯示嚴重的風險，暴力行為將要發生。雖然法院知道社會工作者或其他助人專業無法總是正確預測暴力的發生，但社會工作者應該期待可以有好的理由去證明服務對象有暴力行為的可能。

- 社會工作者應該有證據顯示暴力行為是即將發生的。社工應能夠提出證據顯示行為是即將發生，或是在相對不久之後可能發生。「即將發生」的定義可能因狀況而異：有些社會工作者認為即將發生是指暴力行為幾分鐘內會發生；然而有些人認為是數小時或數天期間。在這些不同的專業判斷，社會工作者要能對即將發生的定義作解釋，如此他們才能捍衛自己揭露保密資訊的決定。
- 一些法院判決指出實務工作者必須可以認定可能的受害者。一些法院裁決實務工作者應該有各關係人的特定資訊，包括對可能受害人的身分，以便合理解釋為何沒有得到服務對象的同意卻將資訊揭露。《NASW 倫理守則》並沒有要求社工一定要能夠認定可能的受害者（此與許多州的法律相符合）。

Schutz 摘述當前對「保護義務」概念的觀點：

> 一般說來，我們建議：政府當局與／或（and/or）可能的受害者應該被提醒。當受害者是精神病患的孩子時，提醒政府當局是非常合理的，因為提醒受害者是沒有用的。兒童保護機構通常比警察有更大的權力——警察可能說不能留置患者（特別是缺乏明確的證據拘留該精神病患），因為他尚未做任何事。如果一個人決定去警告受害者——受害者得知有人企圖殺他時，必然是震驚與受到驚嚇的。如果沒有任何事情發生，則此人需要為這錯誤的判斷所帶來的情緒痛苦負起責任。減輕這種風險的一種方式為：警告中包括一個專業判斷的陳述，說明威脅的本質及發生的可能性；建議受害者與警察、律師或專業的心理治療師聯絡，幫助留置患者（或是設法去留置）；告知受害者其法律權利，並對面對這樣情境的壓力提供協助。（1982: 64）

社會工作者可採取一些額外的步驟去保護他們自己，減少被控訴及倫理申訴的機會。這些步驟包括：請教熟悉「保護義務」案例的律師；當社會工作者去告知潛在的受害者服務對象的祕密，先尋求服務對象的許可；考慮要求服務對象自己去警告受害者（但若社會工作者認為此舉會增加危險性則除外）；只揭露最少的資訊以保護潛在的受害者；鼓勵服務對象捨棄擁有的武器；基於臨床上的必要性，轉介服務對象給心理醫師進行評估（Austin, Moline, and Williams, 1990; Bernstein and Hartsell, 2004; Reamer, 2003, 2015a）。

在最後階段，社會工作者必須用他們的專業判斷以決定是保護服務對象的隱私或保護第三者免於受到傷害。可以提供所有狀況發生時依循的明確標準並不存在，如同 M. B. Lewis 結論所言，「必須承認心理治療是不完全的科學，其並沒有提供一個明確的方式來決定何時警告第三方的義務是優先於保密的義務。」（1986: 614-15）

非常重要的是社工需要在專業關係開始時，告知服務對象關於保密的限制。根據《NASW 的倫理守則》：「社會工作者必須和服務對象及其他利益相關者討論保密的本質，和服務對象資訊應受到保密的限制。社會工作者應與服務對象討論在某些情況下需要揭露保密的資訊，以及依法可能揭露保密資訊的情形。這項討論應在社會工作者與服務對象建立專業關係後盡快安排，而如有必要，在專業關係的全程中均可討論。」（標準1.07[e]）換句話說，服務對象有權利知道有些他告知社工的資訊，可能會違反他的意願，揭露給其他人（例如：兒童虐待與疏忽、服務對象威脅要傷害第三方）。

社會工作者在團體治療或對服務對象的伴侶、家族提供諮商服務時，一定要特別注意到有關保密的議題。例如：對於伴侶與家庭成員期待他們所分享的祕密不會揭露給他人的權利，社工界對於其擁有權利的程度有不同的看法。雖然社會工作者鼓勵其他成員加入團體治療，但也學習去尊重每個人都有個別的隱私權。在這樣的背景下，仍會有很多關於保密的爭論。一些社會工作者相信，在婚姻或家族諮商時，接受諮商的一方不能期待社會工作者不將祕密告知其他的家庭成員。然而，另有一些社會工作者相信保密在一些案例的治療是有必要的（例如：婚外情的揭露是會破壞他或他妻子實質的婚姻）。但至少社會工作者應告知服務對象有責任去尊重維護在家族、婚姻或團體諮商中所論及的祕密，也要告知服務對象有關社會工作者或機構政策對於保密處理的作法。《NASW 倫理守則》提出二個相關的標準：

標準 1.07(f)　隱私與保密。當社會工作者提供諮商服務給家族、伴侶或團體，社會工作者應使每位成員均同意關於每個成員的保密權利，同時也對其他人所分享的機密資料有保密的義務。社會工作者也必須提醒參加家族、伴侶或團體諮商的成員，社會工作者沒有辦法保證所有的參與者均能遵守他們的保密協議。

標準 1.07(g)　隱私與保密。社會工作者應告知參與家族、伴侶或團體諮商的服務對象，有關社會工作者的雇主和機構對於社會工作者在諮商如何公開成員間保密資料的政策。

在保護義務（duty to protect）的案例中，社會工作者經過謹慎地考慮，決定違背保密原則時，則社會工作者可能因其處理保密資訊的方式而被控訴。最常見的案例是服務對象的祕密在無意間被揭露出來，因而導致的控訴或申訴。這些案例通常是因為社會工作者心不在焉或草率、不小心的。例如社工透過電子郵件向第三方支付揭露服務對象的身分資訊；與服務對象在社群網站如臉書互動；在機構等候室、電梯、走廊或餐廳裡，當他人的面前論及服務對象；把機密文件放在桌子上、留在影印機上；清除機密資料的方式不當等。社會工作者並非有意要造成傷害，雖然社會工作者只是犯個錯，但卻可能要付很大的代價。

　　社會工作者可以採取某些方法步驟以防止錯誤的發生或至少將發生機率減到最小（Reamer, 1993a, 2001c, 2009b, 2015a）。社會工作者應確信機構內的所有工作人員應被訓練，包括所有專業與非專業人員（例如：祕書、辦事員、管理人員、安置機構的廚師等），須教導他們重視保密的觀念、保密的需要性，及通常會違反保密的方式。訓練應該包括：防止機構外的人（例如其他人群服務的專業人員、保險公司、服務對象的家人、監護人）不當取得保密的資訊；防止機構內不需要知道機密的人取得該資訊。所有的機構應有對於第三方或服務對象本人取得保密資訊的相關政策。

機構工作人員也應被訓練：在口頭溝通時要小心洩漏祕密。社會工作者或其他工作人員須特別注意自己所說的話，無論是在樓梯間、等候室、電梯間、餐廳及其他公共場合、語音信箱、電子郵件訊息，或透過電話對其他社會服務專業人員、服務對象的家人及朋友，以及新聞媒體的談話。根據《NASW 倫理守則》：「除非社會工作者可以確定隱私權能被保障，否則不可以在任何場合討論諮商機密資料。社會工作者也不可以在公開或半公開的場所，如：川堂、接待室、電梯和餐廳等，討論保密的資料」（標準 1.07[i]）。

除此，社會工作者應該準備一份清楚的書面指引，說明關於機構保密處理的方式，這些指引應該讓每位服務對象都清楚知道（許多機構要求服務對象簽署一份文件，以確定服務對象已被告知且了解這些規則）。

為了解隱私權及保密的限制，社會工作者必須了解溝通特權（privileged communication）的概念。溝通特權是指專業人員在法律過程中，未經服務對象的同意，不可將服務對象的祕密公開揭露。在專業人員之間，律師—服務對象的關係是第一個被允許享有溝通特權的關係。之後，其他專業團體，像是社會工作者、醫師、精神科醫師、心理學家及神職人員，也尋求立法賦予他們這些權利（Wilson, 1978）。

然而，**保密**是有關於專業的規範，是指服務對象的祕密不應該與第三者分享，但溝通**特權**的觀念特別是指在法院開庭中服務對象祕密公開的情形（Dickson, 1998; Meyer, Landis, and Hays, 1988）。許多州和聯邦法庭，現在同意社會工作者和服務對象有溝通特權的權利，即指社會工作者在法庭上沒有服務對象的同意，不可揭露服務對象的祕密（R. Alexander, 1997; Reamer, 2015a）。然而社會工作者必須了解這溝通特權的法令並不能擔保若沒有服務對象的同意，社會工作者不會被要求公開服務對象的祕密。事實上，當法官認為這祕密可能對案情有重要影響時，縱使有溝通特權的法令，法庭上法官仍可能正式下令社會工作者必須透露服務對象的祕密（Reamer, 2003）。在第四章我曾簡要討論過，在紐約一位社會工作者，他的服務對象被溝通特權權利所保護，但法院判定「為了正確判斷父子的關係，保密證據的公開要比因破壞社會工作者與服務對象關係所帶來的傷害來得重要」，因此社會工作者仍被要求在一場父子關係的官司中作證（*Humphrey v. Norden* [1974]）。揭露與父子關係正確決定的證據，會比專業關係中不情願揭露隱私造成的傷害來得較為重要 **²**。

在數位時代，社工需要特別留意有關所謂的電子儲存資訊（electronically stored information, ESI）。ESI 一般界定為所有資訊儲存在電腦、其他電子或數位設備中。這包括：電子郵件、語音信箱、簡訊、資料庫、詮釋資料（metadata），以及其他數位影像與檔案。在司法程序中，律師通常會尋找這類的資訊；通常是透過法院的傳票或命令。事實上，在法律界目前出現一種子專業（subspecialty），即是**電子蒐證**（e-discovery），其是一種程序，在民事或刑事案件中，電子資料被尋找、被找到定位、被妥善保管、被網路搜尋等。例如美國聯邦民事案件程序的規則（U.S. Federal Rules of Civil Procedure, FRCP），RECP 自1938 年開始規範聯邦法院民事案件的司法程序，目前已有修訂，提出有關電子儲存資訊（ESI）的蒐證。該規則陳述：「在民事案件中，一方可要求另一方錄製、並允許要求一方或是其代表人檢閱、複製、檢測或抽樣下列項目，也就是回應方所擁有、保管或控制的……任何被指定的文件或電子儲存資訊──包括：書面、繪圖、圖形、圖表、相片、錄音、影像以及其他資料或資料的組合──以任何媒介儲存，資訊可以直接取得，或是，如有必要，由回應方翻譯，提供一個合理可用的形式。」（Rule 34）**³**

為了保護服務對象與社工自己，當社工管理電子儲存資訊時，應該運用歷史悠久的倫理標準，尤其是處理這些資訊是有關於服務對象隱私、保密、知情同意、文件檔案、界限與紀錄管理等。社工需要特別注意新的倫理標準，有關於服務對象敏感資訊的保護與加密、因應法院傳票或命令而揭露電子儲存資訊、電子紀錄的保存或銷毀、服務對象線上取得自己電子紀錄的權利等。

---

² *Humphrey v. Norden*, 359 N.Y.S.2d 733 (1974), 734.

³ *Federal Rules of Civil Procedure*, printed for the use of the Committee on the Judiciary House of Representatives (Washington D.C.: U.S. Government Publishing Office, 2023). https://www.uscourts.gov/sites/default/files/federal_rules_of_civil_procedure_december_1_2022_0.pdf

在整合醫療的場域中，社工面對特別的挑戰。這些組織提供服務對象一種集中化的服務入口，包括醫療與行為醫療（心理衛生）服務。社工界大多支持整合的醫療服務，以及推動妥善協調且完善的服務（Horevitz and Manoleas, 2013; Lemieux, 2015; Lynch and Franke, 2013; Nover, 2013）。然而，社工與其他醫療照顧專業人員發現：整合醫療與行為醫療服務已經產生一些複雜的倫理挑戰，尤其是有關於服務對象的保密資訊。一般指引是立基於「需要知道」（need to know）的概念，也就是只有需要知道服務對象資訊的工作人員才可以取得。

 ## 知情同意與服務輸送

在對社會工作者的控訴中，主要的部分是有關於知情同意與服務輸送的失當。這些失當以許多不同的形式出現，例如：個人的心理治療、家族治療與伴侶諮商、個案工作、團體諮商、方案管理以及研究工作。這些失當也發生在不同的場域，包括政府及民間人群服務機構。

服務輸送的指控引發了各式各樣的議題，包括知情同意的程序問題、線上與數位服務、對服務對象的診斷與處遇、不當影響力使服務對象不能自由獨立地做決定、自殺、因為精神疾病而有的非志願性拘留、保護性服務、人格毀謗，以及界限違反（包含與服務對象的性接觸）。

知情同意的概念在社會工作中一直是相當重要的。就好像長久以來被社會工作者所接受的服務對象自我決定原則一樣（Bernstein, 1960; Freedberg, 1989; Keith-Lucas, 1963; McDermott, 1975; Perlman, 1965; Reamer, 1987b, 2015a），知情同意的程序要求社工先取得服務對象的同意，再提供第三方保密的資訊，再對服務對象進行拍照、錄音或攝影，以及再讓服務對象加入研究計畫等等。《NASW 倫理守則》提出相關的標準：對服務對象自我決定權相關的標準（標準 1.02）；以及數項規定是特別關於服務對象的知情同意（標準 1.03[a-j]）。這些標準指出對服務對象解釋知情同意的內容（例如：使用清楚且易懂的語言讓服務對象了解服務的目的、可能會有的風險、因為第三方支付的要求而可能會有的服務限制、相關的費用、其他合理的替代選擇、服務對象可以拒絕與撤回之同意權，以及知情同意的期間）。這些標準也規定當服務對象無法讀、寫或了解與使用實務場域之主要語言、沒有提出同意的能力、服務對象非自願接受服務等狀況時，服務對象同意的程序應該如何進行。此外，社工在利用科技提供服務及在網路上搜尋服務對象的資料、錄音／錄影及觀察服務之進行等，守則也都有規定應注意的原則。

　　州與地方的司法管轄權對於知情同意的標準有不同的解釋與應用。雖然如此，根據現行的立法與判例，仍有一些共識存在。一般而言，有效的同意必須達到下列六個標準：(1) 在服務對象做選擇時，不該出現強迫與不當的影響；(2) 服務對象必須是心智能力可以表達同意；(3) 服務對象必須同意明確的程序或行動；(4) 同意的表格與程序必須是正式認可的；(5) 服務對象必須有權拒絕或撤回其同意；(6) 服務對象的決定必須建立在獲得充分的資訊上（Cowles, 1976; Dickson, 1995; Madden, 2003; President's Commission, 1982; Reamer, 2003, 2015a; Rozovsky, 1984; Stein, 2004）。社會工作者必須熟悉：

■ 避免運用權勢取得服務對象的同意，並評估服務對象的能力。
■ 所有會在同意表格上出現的訊息（例如目的的聲明、危險及潛在的利益、服務對象拒絕和撤回同意的權利、有效日期）。
■ 與服務對象討論知情同意書的內容。
■ 需要對服務對象加以解釋：當服務對象無法閱讀或理解實務場域的主要語言；以及知情同意的例外（例如緊急狀況時）。
■ 一般同意表格的問題（像是社工讓服務對象先在空白表格上簽名，而社工日後才會填寫該表格。以及在知情同意書上用一些專業術語）。

　　對於不適當的服務對象診斷與介入的指控，涵蓋了相當範圍的行為。這些所謂疏失或不當行為的主張，通常認為社工在診斷服務對象的需求或提供服務時，已經違背了專業的標準。也就是說，社工並沒有妥善的診斷或提供適當的服務，或是，所提供的服務不符合專業標準且造成某種傷害。社工有可能會在診斷的過程中沒有問到一些重要的問題，或者運用尚未訓練好的處遇技巧。

相當重要的一點是，法院對於社會工作者的診斷與服務並沒有要求絕對的完美。法官們清楚這些工作「非絕對」的本質。然而，他們所要求的是這些診斷與服務的提供能與社會工作的服務標準一致。雖然，有時社會工作者已經依照在專業中廣泛接受的方式來進行，服務對象還是有可能被傷害。判斷中的一個錯誤其本身並不是過失（Schutz, 1982），就好像在服務對象的家庭成員控告醫院沒有診斷出服務對象有自殺危險的著名案例中，法官的判決指出，「診斷並非絕對的科學，絕對精密與確實的診斷是不可能的」（Austin, Moline, and Williams, 1990: 167）。

有些控告涉及了自殺相關的診斷與服務輸送。舉例來說，一個自殺未遂但在過程中受了傷的服務對象，或是自殺成功的服務對象，其家人或許會控告社會工作者沒有診斷出服務對象有自殺的危險，或是沒有對服務對象的自殺念頭與傾向做出妥當的回應。Meyer 與其同儕論及：「雖然法律不能要求任何人對他人的行爲負責，但仍然有例外。其中的例外之一就是治療者有責任去預防服務對象的自殺及其他的自殘行爲。同時，治療者的職責是在診斷自殺傾向中，要運用充分的關懷照顧，這已經是建立起的原則。」（1988: 38）

一些控訴更指出某些實務工作者運用一些非傳統的介入技巧，這些技巧已被證實會造成傷害。如同 Austin 與他的同儕得到的結論：「如果你正在使用一些尚未被普遍採用的技巧，你需要有清楚的理念，讓此領域中其他的專業人員同意與支持。當你使用所謂非傳統方法來進行處遇時，向同事諮詢就是非常重要，這主要是因爲向同事諮詢，則較容易找出自己可能會有的偏差。一些可能會被界定爲所謂非傳統的治療技術，包括有：要求服務對象脫去衣服；擊打服務對象；或給予一些難以達成的任務（1990: 155-56）。這些建議對於運用科技提供服務的社工尤其重要，特別是服務對象被視爲處於高風險的狀況。

在《NASW 倫理守則》中，對這些意見亦做出了回應：「在實務工作新興領域中，尚缺乏一般認可的標準，社會工作者應謹慎地判斷，並採取必要之步驟（包括：適當的教育、研究、訓練、諮詢和督導）以確認其服務能力，並保護服務對象免受傷害。」（標準 1.04[c]）此標準特別適合有些社工提供的新興但具爭議性的線上及電子服務。

給予建議（giving advice）則是另外一個問題區塊。社會工作者必須非常小心避免給予服務對象超出本身所受訓練與專業以外的建議。舉例來說，當社會工作者建議服務對象如何使用精神科醫師所開立的藥物時，很可能會因無執照卻執行醫療行為而被告。根據《NASW 倫理守則》的規定，「社會工作者必須僅在其所受的教育、訓練、執照、證書、所受的諮詢或受督導的經驗，及其他相關專業經驗的範疇內提供服務和展現自己。」（標準 1.04[a]）

一些指控社會工作者使用所謂的**不當影響**（undue influence）。不當影響發生在社會工作者運用其權威去壓迫、說服或支配服務對象去參與某些活動，這些活動可能不是服務對象的最佳利益，或是會引起利益的衝突。例如：社會工作者說服臨終的服務對象將其納入服務對象的遺囑中，或是涉入服務對象的生意之中。《NASW 倫理守則》中聲明，「社會工作者不應從任何專業關係中獲取不當利益，或是剝削其他人以得到個人的、宗教的、政治的或是商業的利益。」（標準 1.06[b]）

社會工作者必須意識到：在保護受虐／疏忽兒童、老人以及其他弱勢群體所做的服務中，亦可能發生未能履行責任、過失與不當行為的指控。每一州都定有法令規定義務通報者，包含社工在內；當有疑似兒童虐待或疏忽時，必須通報當地保護性服務的官員。許多州更有類似的法令來保護老人與身心障礙者。

社會工作者必須預防下列的指控：沒有通報疑似虐待或疏忽案；對虐待與疏忽案做了錯誤的通報（惡意通報）；對於明顯的虐待案卻沒有提供足夠的保護（例如：對於投訴沒有快速且完整的調查；沒有將受虐兒童安置在寄養家庭；或是將處於風險中的兒童交還給具危險性的監護人）；剝奪父母親的權利（例如進行沒有必要過度侵入性調查）；或是將孩子安置在危險或不適當的寄養家庭（Besharov, 1985）。

界限違反

對於不當行為最普遍的指控之一就是：社會工作者涉入對服務對象的性虐待（Reamer, 2003, 2015a）。這個嚴重的問題也同樣發生在其他的助人專業中，如精神醫學界與心理學界。許多的研究顯示，在絕大多數涉入專業人員與服務對象的性接觸問題是男性的實務工作者與女性的服務對象（Brodsky, 1986; Pope, 1988; Reamer, 2003, 2015a）。Gartrell 等人（1986；引自 Meyer, Landis, and Hays, 1988: 23）指出，在全國精神科醫師的調查中，有 6.4% 的受訪者承認與其病患有過性接觸，其中 90% 的侵犯者為男性。在一個特別針對治療者與其服務對象性接觸的系列實證研究中，Pope（1988）指出：在被通報的性接觸案例中，依據各研究的平均值而言，有 8.3% 是男性治療者，而 1.7% 則為女性治療者。Pope 又報導在 Gechtman 與 Bouhoutsos（1985）的研究，發現有 3.8% 的男性社會工作者承認與其服務對象有性接觸。Brodsky（1986: 157-58）針對那些性虐待服務對象的治療師所做的研究發現：被告的治療師典型為：男性、中年、不滿意自身的人際關係、可能同時處於離婚的過程中；這些治療師的服務對象以女性居多，並且在這段期間，不只一位服務對象涉入其中。這類的治療師會與他的服務對象分享他自己生命中的細節；暗示他的服務對象，他需要她，並且治療師會在專業的處遇過程中要求他的服務對象幫助他解決他的問題；這類的治療師雖然在專業的領域中享有良好的聲望，但是在專業以外，他們通常是孤獨且寂寞；此外，治療師會讓服務對象相信：治療師是最適合與她（服務對象）有性關係的人。

在 NASW 的倫理守則中，有些規定是直接或間接地與所謂的在性方面的不當行為有關聯的。這些規定禁止社會工作者與目前的服務對象發生性行為（標準 1.09[a]）；禁止與服務對象的親屬或其他與服務對象關係密切的人發生性行為，若此會對服務對象造成剝削或潛在的傷害（標準 1.09[b]）；以及先前的服務對象（標準 1.09[c]）。其他亦規定社會工作者不可以提供臨床服務給過去性伴侶（標準 1.09[d]）。此外，還禁止社工督導或教師與被督導者、學生或被訓練者之間，以及關係中存在有專業主從，或是利益上有潛在衝突的同事間有性行為或性接觸（標準 2.06[a, b]）。倫理守則中也有關於禁止與服務對象發生不適當的雙重或多重關係（標準 1.06[c]、3.01[c]、3.02[d]）。這包括不適當的線上網路關係。

對於社工與過去的服務對象有性關係的問題，《NASW 倫理守則》採取的立場是：「一日服務對象，終生服務對象。」（once a client, always a client）守則也認知到對此禁令有一些極端的例外狀況（例如當雙方的關係並非屬於臨床的本質）。但一般而言，即使終止服務，服務對象仍被視為服務對象。根據《NASW 倫理守則》：「若是社會工作者違反這項禁令，或是提出對此禁令的例外狀況，其理由是因一些特殊情況，社會工作者──不是服務對象──負起全部責任證明過去的服務對象沒有受到社會工作者的剝削、強迫、操控，無論有意或無意的。」（標準 1.09[c]）

一些其他專業的倫理守則對此禁令較為寬鬆，也就是規定結案後的某段時期，社工與過去的服務對象不可有親密關係。例如：美國心理學會（American Psychological Association, APA）與美國婚姻與家族治療協會（AAMFT）只規定結案後的兩年內不可以與前服務對象有性關係。美國諮商協會（ACA）則規定結案後的五年內不可與前服務對象有性關係。雖然這些專業組織不鼓勵與前服務對象有性關係，但是規定的期限由二年（APA、AAMFT）以及五年（ACA）。社工應該要了解許多州的法律有規範：社工與服務對象／前服務對象之親密關係。這些州法律對於許可或禁止的規定，有些與《NASW 倫理守則》標準不同。這顯示此議題的複雜性，也對於下列議題有不同見解：保護前服務對象免於受到傷害、前服務對象的權益、社工於結案後與前服務對象有雙方合意的個人關係（Zur, 2007）。

許多法律訴訟與證照委員會的申訴案件，其界限議題則較為不明確。我曾諮詢過許多案例，社工被告違反界限因為：不當揭露個人的資訊；不當運用社群媒體、電子郵件、簡訊等與服務對象溝通；與前服務對象維持友誼關係；給服務對象一些偏愛；接受服務對象的禮物與社交的邀約（Reamer, 2012）。對於這些界限議題的指引不是非常清楚絕對，社工面臨這些界限議題時，最好是找督導、同事諮詢，檢視相關的專業界限文獻／法律／機構政策，實務界認可的標準，以及《NASW倫理守則》中的相關標準。

 ## 指導／督導（Supervision）：服務對象與工作人員

　　對服務對象的指導是社會工作者例行的職責，尤其是在日間治療與住宿型的方案。有時，社會工作者會因為表現不符合倫理的行為或疏失而被申訴。例如：社工可能會因為在精神科醫院急性病房中，服務對象企圖跳窗自殺或是攻擊他人而被申訴，因為沒有對服務對象提供適當的指導／監督。

　　此外，有許多的社會工作者會負責督導工作人員。舉例來說，社區精神中心的主任會督導個案工作者；受暴婦女庇護中心的所長可能需要督導諮商人員；而地方兒童福利單位的主管或許要督導負責保護服務工作的人員。一般而言，督導們會提供個案的督導與諮詢、評估社會工作者的表現，也提供在職訓練。因為其負有督導的責任，所以當受督導的社工遭遇倫理申訴或法律訴訟時，督導們也同時會被點名。這些主張通常會引用**「在上位者回應」**（*respondeat superior*）的法律概念，即所謂的 "let the master respond" 或**代理義務**（vicarious liability）的學說。換句話說，督導者會發現他們同時也要為所督導的工作，不論是作為或不作為，負起間接或是聯名簽署的責任。根據在上位者回應的法律觀念及代理義務的學說，督導們有對其所督導的工作負責的義務，同時也對這些工作有某種程度的控制權；當然，那些因為犯錯而導致其督導被控告的工作人員，自然也要負起相當的責任。

　　身為督導（包括對工作人員與社工學生），要關心督導未能做到以下議題：

- 提供資訊以協助受督導者取得服務對象的同意；
- 指出並回應受督導者在提供服務各階段所發生的錯誤，諸如，在未經過服務對象的同意，公開保密的資料；使用科技與服務對象溝通及提供服務；

- 保護第三方；
- 覺察、停止不當或是時間過長的處遇計畫；
- 決定某位特定服務對象所需要的特殊專業背景的人員；
- 定期進行督導；
- 審核受督導者的工作紀錄、決定與所採取的行動；
- 當受督導者請假的時候，能夠安排職務代理人（Besharov, 1985; Cohen and Mariano, 1982; Hogan, 1979; Kadushin and Harkness, 2002; Reamer, 1989a; Taibbi, 2012）。

　　社工督導還必須特別注意在《NASW 倫理守則》中關於：提供完善的督導工作所需要的知識與技巧；（標準 3.01[a]）；督導有責任與受督者設定一個清楚的、適當的關係界線（標準 3.01[b,c]）；以及對受督者表現的評量（標準 3.01[d]）等的各項標準。避免任何不當的雙重關係，造成利益上的衝突（如親密關係），這是非常重要的；除督導與受督者的關係外，這也包括教育者與學生間的關係。

　　獨立開業的社工會遇到特別的倫理議題。對於獨立開業的社工，他們總是無法容易有規律的督導。他們需要找到一位同儕，簽訂督導合約，尤其是在專業職涯早期的階段；或是參加同儕諮商團體；這些都是很重要的。否則，獨立的私人開業者就容易因為缺乏適當的督導或諮詢，而被質疑其所提供的服務的品質。

　　督導應該詳盡地記錄其所提供的督導內容。督導應該要定期與其所督者會面，詳細詢問所督導的個案細節，並且找機會親自觀察受督者工作的情形。督導必須小心地避免對不是自己督導的個案，簽署任何諸如保險單或其他的文件。

　　對於督導者來說，要將疏失或過失降到最低的方法之一就是：對受督者提供完整的訓練。這些訓練包括了相關的實務技巧、專業倫理與責任、主要的實務標準、機構政策、中央與地方相關法令等。其他訓練主題還包含：診斷工具、處遇技巧、評估方法、緊急援助與自殺預防、對居住於康復中心的服務對象提供指導／監管、保密與溝通特權、知情同意、不當處遇及服務輸送、人格毀謗、與服務對象關係的界限、向專家諮詢與轉介服務對象、詐欺與誘騙，以及終止服務。

 ## 諮詢、轉介與紀錄

社會工作者通常需要或應該向同儕或擁有其他特殊專業的專家諮詢，以便協助本身的工作。臨床社會工作者在遇到服務對象的特殊問題，如飲食障礙或其他少見的精神症狀時，就需要向精神科醫生查詢相關的資訊。也就是說，如果服務對象的問題超出了社會工作者的專業範圍，那麼，社會工作者就必須尋求外界的協助，或是做適當的轉介。如同《NASW倫理守則》陳述：

標準 **2.05(a)**　諮詢。為了服務對象的最佳利益，社會工作者應尋求同儕的建議與諮詢。

標準 **1.16(a)**　服務轉介。社會工作者應將服務對象轉介給其他專業人員，當其他專業人員的知識或專長可以服務得更好；或是當社工覺得他們的服務沒有效果，或是沒有出現合理的進步時。

社會工作者如果沒有尋求這些諮詢，在面對倫理申訴及疏失的指控時，會比較弱勢。這種弱勢的情況也同樣發生在社會工作者沒有將服務對象適當地轉介給其他的專家來進行診斷與處遇。舉例來說，如果一個長期因為憂鬱症而接受治療的服務對象不斷地向社會工作者抱怨他的頭痛，社會工作者應該要將其轉介給內科醫師來檢查其是否有身體器官的問題，如腦瘤。如同 Meyer、Landis 和 Hays 所做的結論：「如果實務工作者認定沒有器官受損，但是後來被證實這個處遇有疏失的話，他可能會因此而吃上官司。」（1988: 50）故此，某些社工選擇鼓勵服務對象做身體檢查，並視為處遇計畫的一部分（Barker and Branson, 2000）。

相同地，在某些情況下如果社會工作者沒有向機構諮詢，尋求建議，也可能會遭受倫理申訴或法律訴訟。例如：當社會工作者懷疑有兒童遭受虐待，卻沒有去查詢或向地方兒童福利當局通報時，上述的問題就有可能會發生。這些不採取行動的原因很可能是社工相信由他們自己來處理會比較好；社工不相信兒童保護機構的工作人員，以及社工本身不想破壞他們與服務對象之間的關係。但是這卻會導致社工被傳訊或被告，因為沒有向專家諮詢（本案例是兒童福利當局）。

臨床的社會工作者若無法對服務對象提供有效的服務或是服務沒有進展，也應該要向同儕尋求協助。就像 Schutz 所觀察到的：

> 當治療進行到延滯的僵局時，社會工作者應該考慮向其他社會
> 工作者諮詢，或是將服務對象轉介。撇開臨床與倫理的考量，
> 該名社會工作者如果沒有尋求其他的意見，這可能會成為其敗
> 訴的證據。雖然治療者並不能確保治癒或是情況改善，但是進
> 一步卻沒有結果的治療，在法律上可能會被認定是傷害服務對
> 象的。這些傷害主要是金錢與時間的損失，及可能因為這個不
> 成功的治療而喪失另一個或許會成功的機會。（1982: 47）

除了個案的諮詢，社會工作者也會提供給機構有關方案的設計、評估與管理的諮詢。對於社會工作者來說，如果提供這類的諮詢，就應該具備這方面的專業知識。否則，社會工作者因為提供服務對象（包含個人、家庭、社區或機構）不適當的服務，使服務對象受到傷害，就有被指控的風險。

社會工作者對轉介服務對象給其他實務工作者，或向其他實務工作者諮詢的程序，必須相當地謹慎與小心。一般而言，社會工作者有責任將服務對象轉介給具有良好聲望與專業證照的同儕，否則，社會工作者會有過失。根據《NASW 倫理守則》，「社會工作者應了解同儕的專長領域與能力。社會工作者應選擇的諮詢對象是該同儕擁有與諮詢主題相關的知識、專長和能力」（標準 2.05[b]）。同時，像 R. J. Cohen 所說的：「如果服務對象被指定轉介，專業人員有義務為服務對象選擇一個適當的專業人員或機構。除了特別的情況外，專業人員的轉介並不會遭遇太多的義務

責任問題。但提供服務的私人或機構必須確實有執照及設備以符合服務對象的需求。（1979: 239）

對於同儕諮詢以及轉介服務對象給同儕的相關文件，社會工作者應仔細地記錄在個案紀錄中。當社會工作者被服務對象或是其他的人質疑其處遇的適當性時，這些紀錄就顯得相當重要了。

一般的紀錄也是相同重要的。仔細且完整的紀錄可以增強所提供給服務對象的服務。因為透過紀錄，我們可以界定、描述與評估服務對象的狀況；明確地指出服務的目的、計畫、所採取的行動與服務的進度表；同時，也可以評估服務的有效性（Kagle, 1987; Kagle and Kopels, 2008; Madden, 1998; Sidell, 2011; Wilson, 1980）。紀錄同時也提供了服務的持續性。因為完整的紀錄可以幫助社會工作者回想起每一個階段的細節，並且促進機構內的協調與工作人員的督導。完整的紀錄也可以確保服務對象所得到的服務不會因為社會工作者的生病、渡假或離職而中斷。如同Kagle 所主張的，「藉著確實、有意義與具有時效性的紀錄，社會工作者可不只是在描述、解釋、證實其所提供的服務。他們如此也盡到倫理與法律上的責任。」（1987: 463）《NASW 倫理守則》更進一步規定，「社會工作者應保持紀錄的內容是充分的且合乎時效的，以利於未來服務的提供和確保服務的延續性。」（標準 3.04[b]）

 ## 詐欺與誘騙

絕大多數的社會工作者在與工作人員、社會服務機構與保險公司往來時，都是很誠實的。但是，不幸地，有少部分的社會工作者會欺騙工作人員、社會服務機構與保險公司。

Schutz 就曾說：

詐欺是一種刻意的或因為疏忽的、間接的或直接的顛倒事實，去說服另一個依靠這些虛偽陳述的人，以成就其本身有利的事，或是設法說服這個人去挑戰法律上的權利。如果一個人為了自身的利益而非服務對象的，去製造治療所帶來的風險或益處的假象，來說服服務對象接受治療並付費，這就是詐欺。此外，告訴服務對象性交是治療的一部分，可能會被視為顛倒事實，也就是讓服務對象變成滿足其自身利益的事件。這些就可以被視為詐欺。（1982: 12）

　　社會工作者因為各式各樣的理由與動機來進行欺騙的行為（Strom, 1994）。所幸，只有少數的社會工作者會不誠實，或僅僅因為自身的貪念、惡意，或是為了保護與滿足自己而企圖利用他人。像是與服務對象發生性關係、向服務對象敲詐，或是向保險公司支領不實的服務費用都是典型的例子。Kirk 與 Kutchins 對全國有故意犯下誤診的臨床社會工作者進行抽樣調查，認為：「這些行為是牽涉了詐欺、濫用專業的倫理及法律的犯罪行為。這些行為可以用『索取沒有提供的服務的費用』、『為實際上並不存在的服務對象募捐』或是『鼓勵服務對象接受比實際需要更多、更久的處遇計畫』這幾個例子來說明。」（1988: 226）

　　Kirk 與 Kutchins（1988）發現在許多的例子中，臨床治療者使用比服務對象本身症狀更嚴重的字眼來做診斷。將近四分之三（72%）的例子，運用較嚴重的診斷來取得較多的賠償，其中的四分之一更是經常性的發生。更嚴重的是，多數的保險公司並不支付家族治療的費用，所以大部分的例子（86%）會將實際進行家族治療的案子改以個人治療來申報。Kirk 與 Kutchins 根據研究的資料更進一步指出，「這類故意的誤診通常發生在心理衛生領域中」（1988: 231）。雖然研究者們知道這類的誤診可能是為了要提供服務給那些本身無法支付費用的服務對象，但他們還是強調個人的利益經常是社會工作者做出誤診的原因：「在某些特殊的案例中，社會工作者運用誤診來讓其服務可以對第三方進行支付。其作法並非臨床上的需要，而治療者主張是為了服務對象利益的想法也是被曲解的。治療者是藉著提供服務來掩飾其自身的利益。不論是公立或民間的機構，當他們得到因這類錯誤診斷所獲的賠償時，他們亦從中獲利。」（1988: 232）

　　執業者必須遵循《NASW 倫理守則》的要求，「社會工作者有責任確保紀錄的正確性而且能反映出所提供的服務」（標準 3.04[a]），以及「社會工作者不應參與、寬容或涉及有關於不誠實、詐欺或誘騙等行為」（標準 4.04）。

社會工作者在推廣或宣傳其服務時，要非常小心地避免造成欺騙的情況。實務工作者必須非常謹慎且正確地描述其所提供的服務、所具備的專業以及證照，同時要避免誇大其服務的效果（見標準 4.06[c]）。

社會工作者在下列狀況，要避免詐欺與誘騙：當張貼資訊在網站上、填寫履歷、請領專業責任險給付、就業、執照或其他形式的證書等。社工管理者必須留意，不要提供錯誤的資金帳號或不正確的預算支出，或是不當的人事考核等。此外，實務工作者也不能塗改或造假個案紀錄，以創造一個假象，讓人覺得有提供服務、有督導，但事實上都沒有做。若是發現正確的資訊不小心被刪除，這資訊是可補上去的。紀錄必須清楚反映出當時所寫的，若是有補入修正，也應該要簽名並加入日期。

有些案例則是社工詐欺與誘騙，是有利他的原因，以幫助服務對象或是雇主。舉例來說，臨床社會工作者可能為了避免給服務對象貼上會造成烙印或是傷害服務對象自尊，而在診斷時，替服務對象保留一些。參照先前的描述，除了紀錄超過診斷範圍外，Kirk 與 Kutchins（1988）發現為了服務對象的利益，社會工作者有時會做出診斷保留的事情。在某些案例中，Kirk 與 Kutchins 又指出，實務工作者經常為了幫助服務對象而做出誤診，就是所謂的要避免標籤作用的產生。舉例來說，大部分的受訪者（87%）說他們經常或視情況地運用比實際診斷狀況輕微的診斷結論，以免造成服務對象被貼上標籤。78% 的受訪者也指出，在正式的紀錄上，他們經常或是視情況地使用數個最輕微的、合適的診斷結論。

社會工作者在替其他工作人員寫介紹信，或是代表服務對象向雇主或其他人，例如保險公司及政府單位提出信件時，也同時要小心出現欺騙或是不誠實的行為。有時，社會工作者會誇大工作人員的工作技能（或問題），或美化他們較不理想的部分來幫助（有時是傷害）他們。實務工作者如果是在自覺的情況下，錯誤地呈現服務對象或是工作人員的技能，就會招致相當的危險。因為社會工作者只能對自己確切所知道的真實部分，或是有充分的理由相信是真實的部分做出報告。

服務的終止

　　除了保密、開案與服務輸送、督導、諮詢、轉介及詐騙等倫理相關問題外，社會工作者對於終止服務的方式也應加以注意。社會工作者若突然離開工作機構或社區，但並未妥當地終止服務或將服務對象轉介至新的服務提供者，這是不適當、不合乎倫理的服務終止。在其他案例中，社會工作者對一個急需援助但無力支付服務費用的服務對象突然終止服務；社會工作者因不在場而無法幫助服務對象；或未正確指導服務對象處理可能發生之危險狀況時也會面臨此種問題。

　　許多因終止服務所產生的問題皆與**遺棄**（abandonment）的觀念有關。遺棄是一個法律的觀念，是指當服務對象有需要時，卻不能得到。一旦社會工作者對一個服務對象提供服務時，他們便負有法律責任去繼續服務或將服務對象適當地轉介給另一位有能力的服務提供者。當然社會工作者並不一定對每一個尋求援助的人提供服務。某社會工作者可能無餘力去接受新轉介過來的服務對象或缺乏某特定服務對象所需之特別專業能力。社會工作者提供遠距服務（有些個案可能從未親自見面），需要仔細思考避免遺棄服務對象的作法。

　　一旦社會工作者開始服務，便不能無故突然終止，同時社會工作者須遵守服務之專業守則及在服務對象需要的情況下，可以將其轉介給其他社會工作者。如同 Schutz 在談及心理治療服務之終止時所說，「一旦病患與治療師聯絡，而治療師願意見他，那他就是治療師的病人，治療師便有責任不得放棄這個病人，在不得已選擇終止醫病關係的情況下，至少，他必須將病人轉診給另一位治療師。」（1982: 50）

　　《NASW 倫理守則》對社會工作者之服務終止亦有數項規定。這些規定關於社會工作者對服務對象服務的關係不再必要存在，或不再符合服務對象所需，或不再符合服務對象利益時，社會工作者將終止服務（標準 1.17[a]）；社會工作者在避免遺棄服務對象時可採取一些步驟（標準 1.17[b, e, f]）；如何終止一個未支付過期費用服務對象之服務（標準 1.17[c]）；終止服務在與服務對象有社交的、財務的或性的關係時（標準

1.17[e]）。

標準 1.17[a] 建議：社會工作者提供服務應本於臨床服務上的需要，而非其他的目的。當需要終止服務以符合服務對象利益的時候，有些社會工作者並未終止服務。例如：一些不道德的獨立開業者──極少部分──為了增加收入而鼓勵服務對象延長治療時間。在這種情形下，服務對象的生活可能或受到干擾，他們可能對問題的本質被誤導，而第三方支付者──通常是保險公司──可能會支付不必要之費用（這可能導致其他被保險人的保費增加）。類似的現象會發生在康復中心，在非臨床必要之情況下，延長居住時間以圖利機構。

一個更普遍發生的情況是服務對象之服務被提前終止，這種情形之發生有數個原因：服務對象可能因費用或覺得不方便而要求終止服務。在一些案例中，這項終止的要求可能與社工對服務對象之實際需求看法有所抵觸。例如：在康復中心與社區的物質濫用治療方案的病人，其可能因所需費用超過負擔而不願再接受服務，他們可能拒絕專業建議而離開康復中心，或是不再去門診複診。

在其他例子中，可能是社會工作者要求終止服務。例如社會工作者認為服務對象並無應有的進步，或服務對象無力支付服務費用。有時康復中心的行政部門會因住院者的保險到期，或為接受另一有較高保險給付金額之申請人，而要求終止服務。在許多時候社工會因服務對象不合作或太難處理而要終止服務，社工也可能因為不當的臨床判斷而提早結束服務，也就是認為服務對象進步很多（很少），但實際上並沒有進步如此多（少）。

提早終止服務可能會引起倫理申訴及法律訴訟，是因服務對象受到損害或受傷，或第三方會因此受到傷害。一位提早出院的精神病患自殺，則該精神科醫院的提早終止住院，可能會被視為病人自殺之主因。接受物質濫用治療的服務對象，因被要求提早結束服務，回家後傷害家人，讓家人受傷；家人可能會指出不良的臨床判斷，過早的離開治療是直接造成他們受傷的原因。

有時，服務必須提早終止。原因可能是因為服務對象沒有合理的改進或是服務對象不肯合作，或因為社會工作者搬家，或是發現自己缺乏特殊的技術或專業知識可以幫助服務對象。

當這些事情發生，社工可能必須小心地終止服務。如同 R. J. Cohen 的觀察，終止諮商服務應該要注意：

> 在私人開業中，沒有一位醫生在法律上一定要接受每一位病人，提供治療。心理衛生專業人員可能覺得他沒有足夠的專業知識或技能去處理某個特別的問題；他可能沒有足夠的時間去提供適當的服務；他可能不能與病人建立和諧的關係；病人可能付不出費用等。但當沒有足夠的理由去拒絕治療病人時，一旦開始就沒有理由放棄治療。在接受新病人前，專業的心理治療師應該先安排一次診斷，讓病人與心理治療師相互評估是否可以開案。如果醫師接受這個病人，但不久又發現他不再有治療價值（因為，例如他發現病人有超出他能力治療範圍的原因）。應有始有終，建議病人，並轉介給適合的心理衛生專業人員。
> （1979: 273）

適切地完成工作應該包括盡可能提供服務對象進一步的訊息，連同其他的專業可能提供的幫助也一併告知，做結案後的追蹤，並增加服務對象接受其他任何需要服務的可能性。

當社會工作者因為生病、休假或緊急事件而不能服務服務對象時，若此時社會工作者沒有向服務對象提供適當的指引，社會工作者可能會遭到倫理申訴或法律訴訟。社會工作者應口頭上及書面寫下給服務對象清楚且詳細的資訊，告知他們在面臨哪些情況時，應該打電話給誰或到哪裡尋求協助等。

社會工作者在他們休假或生病不提供服務的時候，他們應該尋找到有能力的職務代理人。這些代理人應得到有關服務對象的充分資訊，以提供適切的服務。當然，社會工作者應該在取得服務對象的同意後，再將符合服務對象的需要、最少量的資訊告知代理人。對於電子紀錄，社工也需要考慮提前提供哪些資訊給代理人，代理人要如何取得這些資訊。

個人能力減損的社會工作者
（The Impaired Social Worker）

　　如同先前我觀察的，許多倫理的申訴和法律訴訟，起因於社會工作者的錯誤。這些社會工作者在其他方面仍是有能力的。另外的案例是：有能力的社會工作者因嘗試做出正確的判斷，而遭到倫理申訴和法律訴訟，例如為了保護第三方而揭露服務對象的隱私。然而，許多的倫理申訴和法律訴訟是因為：社工某方面的能力減損，而導致失誤、判斷錯誤或行為失當。

　　從 1970 年代早期開始，專業人員能力減損的議題已漸受到重視。例如：在 1972 年，美國醫學會的心理衛生委員會（Council on Mental Health of the American Medical Association）就提出：醫師在倫理上有責任去發現及通報同僚的能力減損問題。在 1976 年，一些律師戒酒後，成立一個關懷物質依賴的律師團體（Lawyers Concerned for Lawyers）。在 1980 年，一群得到康復的心理學家組成一個類似的團體，心理學家幫助心理學家（Pshchologists Helping Psychologists）（Kilburg, Kaslow, and VandenBos, 1988; Kilburg, Nathan, and Thoreson, 1986; Knutsen, 1977; Laliotis and Grayson, 1985; McCrady, 1989; Thoreson et al., 1983）。

　　在 1979 年，社會工作者第一次共同意識到社會工作者存在的能力減損問題。當時 NASW 提出一個公共政策的聲明是關心酗酒以及酒精相關的問題（NASW, 1987）。到 1980 年，由社會工作者幫助社會工作者（Social Workers Helping Social Workers）的一個全國支持性團體正式成立，幫助有物質依賴的社會工作者。在 1982 年，NASW 成立職業社會工作專案小組（Occupational Social Work Task Force），發展一套策略去幫助有能力減損的 NASW 成員。在 1984 年，NASW 會員代表大會聲明一套有關專業人員能力減損的解決辦法，並且在 1987 年，NASW 出版了能力減損社工方案的資源手冊（*Impaired Social Workers Program Resource Book*），目的在幫助會員設計方案來協助有能力減損的社工。在這本資源手冊中的引言是：

如同其他的專業人員，社會工作者中也有人會因為物質濫用或依賴、精神疾病或壓力，而使他們不能有效地發揮能力。這些就是有能力減損的社會工作者。……這些能力減損合併著社工受到精神疾病、壓力或物質濫用的影響。如同其他人一樣，他們時常會做出錯誤的行為、最後看到自己的問題、最不願意尋求援助。不僅他們可以隱藏或避免面對自己的問題，而且他們時常也會受到同事的不當助長而如此做，因這些同事認為要接受專業人員無法掌控自己生活的事實是困難的。（6）

在 1930 年代末及 1940 年代初戒酒無名會（Alcoholics Anonymous）出現後，便有組織性的服務提供給有能力減損的工作人員；同時這也是反映出第二次世界大戰期間，維持健全勞動人口的需要。這些早期的職業戒酒方案，最後在 1970 年代初期，促成了員工協助方案（Employee Assistance Programs）的出現，此方案是為了處理員工所遭遇的各種問題。

近年來，為處理專業人員本身的物質濫用、精神疾病、情緒壓力等問題而影響工作的解決對策因應而生。專業人員協會以及實務工作者的非正式團體都開始商討如何去關注有能力減損的同儕，以及如何將資源整合去協助處理這些問題（Coombs, 2000; Reamer, 1992a; Wynia, 2010）。

社會工作者能力減損的嚴重程度及形式有許多差異。社會工作者個人的問題可能導致工作者不能提供充分的服務或破壞專業人員的倫理標準，也可能造成社會工作者對服務對象提供有瑕疵或次等的心理治療，也可能與服務對象有性關係，或是因為物質濫用或精神疾病而未能盡到專業的義務。Lamb 等人對專業人員的能力減損提供一個完整的定義：「專業功能受損以下列的形式呈現：(a) 沒有能力或／和不願意去學習及整合專業標準到個人整體的專業行為上；(b) 沒有能力去學習專業技巧以達到專業應有的能力；(c) 不能控制個人的壓力、心理失功能或／和過度的情緒反應，以致妨害專業的功能。」（1987: 598）

影響專業人員的能力減損有多種原因。壓力的來源因為工作、疾病或家人死亡、婚姻或家庭問題、財務問題、中年危機、個人生理或心理的疾病問題、法律問題及物質濫用等，都可能導致的能力減損（Bissell and

Haberman, 1984; Coombs, 2000; Guy, Poelstra, and Stark, 1989; Reamer 2015a; Straussner, Senreich, and Steen, 2018; Thoreson, Miller, and Krauskopf, 1989; Zur, 2007）。專業的教育與訓練也可能產生壓力而導致能力減損的發生。密集的臨床督導、課業與實習的要求等都可能成為壓力（Lamb et al., 1987）。

根據 Wood 等人（1985）的研究發現：心理治療師在碰到特別的壓力來源也可能導致能力減損，因為他們治療的角色時常延伸到他們工作以外的生活（像是與家庭成員與朋友的關係）；也因為與服務對象缺乏互動關係（治療者通常只是「給予」），治療過程時常是緩慢不定的，再加上與服務對象的治療工作通常也會引發治療者自身的問題。如同 Kilburg、Kaslow 與 VandenBos 的發現：

> 每天生活的壓力——對家庭的責任、朋友、家人的死亡、其他嚴重的挫敗、疾病、財務的困難、各種犯罪——像其他一般人一樣，心理衛生專業人員也會處在壓力之下。然而，由於其所受的訓練及社會地位，他們可能面對更特殊的壓力。雖然他們被完整地訓練如何去處理他人的情緒及危機，但較少訓練他們去處理自己所面對的壓力……心理衛生專業人員被一般人及他們自己要求應是完美無缺的，事實上是他們自己不能接受自己成為幻滅、痛苦、耗竭的角色。當這些反應發生，專業人員應有的專業能力就可能減損。（1988: 723）

如同其他專業的同儕，一些社工並不願意為個人的問題去尋求援助。同時，有些社工也不願意去面質同事，有關同事的能力減損。社會工作者可能會很猶豫去承認自己身為專業人員仍有能力減損的存在，因為他們害怕同事會有面質的反應以及影響到日後的同事關係（Bernard and Jara, 1986; Guy, Poelstra, and Stark, 1989; McCrady, 1989; Prochaska and Norcross, 1983; Wood et al., 1985）。就像 VandenBos 與 Duthie 曾經說過：

> 事實上，超過半數的我們未曾面質因困難所苦惱的同事，即使

我們已發現（至少對我們自己而言）該問題存在。我們很難在關心的介入（intervention）及外人干涉（intrusiveness）中取得平衡。身為專業人員，只要在專業知識範圍內、服務提供符合專業標準、服務的行為也符合倫理，則我們尊重提供服務應不受到外人干涉的權利。當我們思考如何面對因困難所苦惱的同事時，我們也會考量這些期待。選擇何時及如何關心同事的福祉（及我們的倫理義務）去替代同事個人的隱私及專業自主是一件棘手的事。（1986: 212）

一些社會工作者可能覺得去尋求幫助以解決自己個人的問題是困難的。因為他們相信：自己是有能力的且並非脆弱、應可以自己解決問題、尋求家人或朋友的協助或許更適當、擔心自己的問題會被公開、若接受治療需要付出太多的心力與金錢、其伴侶不願意一起配合治療或治療可能無效等（Coombs, 2000; Deutsch, 1985; Thoreson, Miller, and Krauskopf, 1989）。

對社會工作者而言，預防能力減損及如何面對有能力減損的同事是很重要的。他們必須了解能力減損的徵兆與及原因，以便可以更清楚了解同事所經歷的問題。社會工作者也必須願意去面質有能力減損的同事，提供協助及諮詢。如果必要，還有一個最後方法，轉介該同事給督導或當地的紀律或懲戒組織（像是 NASW 全國倫理委員會，或地方證照或註冊委員會等）。

為了專業的聲譽，在 1992 年，NASW 的主席成立了「倫理守則審查專案小組」（Code of Ethics Review Task Force），增加有關能力減損方面的倫理守則。於 1994 年生效（NASW, 1994），並略微修正，再納入倫理守則，成為倫理標準：

- **標準 4.05(a)　能力減損**。社會工作者不應讓個人問題、心理社會困擾、法律問題、物質濫用或心理健康問題等影響專業的判斷與表現，或是危害到社工對其負有專業職責者之最佳利益。
- **標準 4.05(b)　能力減損**。當社會工作者的個人問題、心理社會困擾、法律問題、物質濫用或心理健康問題影響他們的專業判斷與表現時，應立即尋求諮詢，並採取適當的補救行動，包括：尋求專業協助、調整工作量、結束實務工作或採取其他必要措施以保護服務對象及其他相關人員。

- **標準 2.08(a)　同事的能力減損。** 當社會工作者直接知道社會工作同仁因為能力減損、心理社會壓力、物質濫用或心理健康的困難而損及他們的表現及影響他們的實務工作效果時，如果可行，應與同仁諮詢討論，並幫助其採取補救的行動。

- **標準 2.08(b)　同事的能力減損。** 當社會工作者相信同事的能力減損將影響其實務工作的效果，而這位同事並未採取充分的步驟去面對處理時，社會工作者應透過由雇主、機構、美國社會工作人員協會、證照及紀律單位和其他專業組織所建立的適當管道來採取行動。

雖然有些能力減損的案件必須經過正式的裁定及懲戒程序，但許多案例的處理是透過對有問題的社工提供治療或使其復原的服務。

當社會工作者注意到能力減損的主題時，他們必須小心去避免將所有的責任都歸因到實務工作者本身。雖然心理治療及個人復原的努力是需要的，但社會工作者也必須向造成能力減損的環境壓力及結構的原因做一些改變。造成社會工作者痛苦經驗的原因，通常是在他的專業裡資源不充分而產生的挑戰。有愛心的社會工作者會被下列的問題所擊垮：長期的貧窮、物質濫用、兒童虐待與疏忽、飢餓與無家者、精神疾病等，這些都是造成高度壓力與耗竭的主要來源。經費不足、政治的社會支持難預測、社會大眾對社工的努力質疑等常會導致低士氣、高壓力的現象（Jayaratne and Chess, 1984; M. Johnson and Stone, 1986; Koeske and Koeske, 1989）。因此，對有能力減損的同事，除了針對其個別問題處理外，社會工作者必須首先處理造成能力減損的環境及結構因素。這樣全面性的協助有能力減損的社會工作者，應該也可以減少在社會工作中的不合乎倫理的行為及專業不當行為。

執行倫理審核（Conducting an Ethics Audit）

　　預防倫理申訴與相關法律訴訟的最有效方法之一即是執行倫理的審核（Reamer, 2000b, 2001c）。倫理審核是提供社會工作者一個實務的架構，以便檢視、批判相關的倫理議題（Kirkpatrick, Reamer, and Sykulski, 2006）。更清楚地說，倫理審核提供一個機會：

■ 認定某服務人口群、治療取向、場域、方案設計、人員配置等的相關倫理議題；
■ 檢視目前與倫理相關的政策、實務與步驟是否充分足夠；
■ 若有需要，設計一個務實的策略去修正現行的作法，並預防可能的訴訟或申訴；
■ 監督此品質保證策略的執行。

　　執行倫理審核包含以下的數個關鍵步驟：

1. 在機構中，需指派一位工作人員擔任倫理審核委員會的主席。委員會的指派應基於機構與倫理相關的政策、實務及程序的考量。理想上，主席應具備專業倫理的正式教育或訓練的背景。若是私人開業或獨立執業的社工，可以在同儕督導團體中，向有這方面知識的同儕提出諮詢。
2. 列出主要倫理風險的清單作為指引（服務對象權利、保密與隱私、知情同意、服務的輸送、專業界限與利益衝突、檔案文件、毀謗、個案記錄、督導、員工的發展與訓練、諮詢、轉介、欺騙行為、終止服務、工作人員的能力減損等）。委員會應決定特定的倫理相關議題。有時，倫理審核委員會會進行全面性的倫理審核，有時則會選擇特別重要的倫理議題來處理。
3. 倫理審核委員會應決定要蒐集哪些資料。資料的來源包括：文件、訪談機構工作人員。例如：工作人員可以檢視機構服務對象的權利以及知情同意的表格、工作人員與服務對象使用科技的政策。再者，也可訪問或發問卷給機構中能提供重要資訊的人，詢問其有關接受或提供過的倫理訓練、哪些是重要的倫理議題需要關注、如何陳述迫切的倫理議題等。委員會成員也需向律師諮詢有關法律上的問題（例如：聯邦或州政府對於保密的法規或法律、重要的法院判決），機構的文件（例如：知情同意的表格、資訊釋出的表格）。此外，委員會也要審視相關的規定與法律（聯邦、州、地方）以及相關的倫理守則（保密、溝通特權、知情同意、專業界限、利益衝突、服務對象之紀錄、服務終止、督導、執照、人事、科技使用、不當行為等）。

4. 一旦委員會蒐集與檢視過資料，應該依照各倫理議題評估風險程度。評估所欲審核倫理主題之風險高低程度，包括：機構政策與實際工作的程序兩層次。機構政策（例如有關於保密、知情同意、雙重關係、使用科技、終止服務等）可能是成文的正式規定或是備忘錄。實際工作的程序是指社會工作者與服務對象、同事關係的處理（例如如何處理保密、同事的能力減損、如何對服務對象說明機構的保密與知情同意的政策、倫理諮詢的取得、知情同意填表的完成、倫理複雜個案的紀錄、與倫理相關的督導或訓練等）。倫理委員會應對各倫理議題給予風險程度設定：無風險——目前的實務工作可被接受，不需要修正。低度風險——目前實務工作可被接受，需要小部分調整。中度的風險——目前實務工作有問題，需要調整以最小化風險。高度的風險——目前實務工作有很嚴重的疏失，需要重大的調整將風險降至最低。

5. 一旦倫理審核完成，社會工作者需要將審核結果轉化成實際建設性的行動。社會工作者要針對每個倫理議題定訂出行動計畫，從高度風險的倫理議題開始，這樣的議題對服務對象不利，也讓社工與機構陷於訴訟或申訴的風險中。中度與低度的風險也是需要儘速處理。

6. 社會工作者需依照風險高低及所需資源的多寡，來排出行動計畫的優先順序。

7. 列出實際的行動步驟來改變現況。例如檢視知情同意的表格並加以更新、撰寫新的且周全的保密政策、制定新的科技與社群媒體政策、開始訓練督導人員、強化工作人員對於文件檔案或專業界限的訓練、訂定服務終止的詳細步驟以提供工作人員依循。確認所需要的各項資源，例如機構人員、出版資料、員工發展的時段、專門小組（可能需要用指派的）、法律諮詢、倫理諮詢。

8. 找出各個負責人並列出完成時間表。請律師確認所有政策與程序，以確保其與相關的法律、規定及法院的見解相符。

9. 設定機制追蹤各任務的進行進度。

10.完整記錄上述的過程。這樣的紀錄或許對於倫理相關的訴訟有些幫助（因為顯示出機構或社工對相關議題的努力）。

　　在此章我討論了社會工作者──明顯是少數的人──疏失或不合倫理的行為。我檢視了多種機制以懲處與約束違反專業倫理的社會工作者，也針對社會工作者的能力減損進行討論。我也討論了如何執行倫理審核，評估目前與倫理相關政策、實務及程序是否充分足夠。

問題討論

1. 你在工作或實習中遇到哪些隱私與保密議題？你會採取哪些步驟去保護你的服務對象的隱私？

2. 你在工作或實習中遇到哪些雙重關係或專業界限的問題？你會採取哪些步驟去保護服務對象、第三方、你自己？

3. 對於社工與服務對象使用科技（遠距服務、社群媒體、電子郵件、簡訊等）之機構政策，你認為需要包含哪些部分？

4. 你是否遇過同事能力減損的問題？什麼樣的能力減損？你如何反應？你對於自己的回應滿意嗎？如果再發生，你會不會以不同的方法來處理？

5. 你是否遇過同事有倫理的不當行為？什麼樣的不當行為？你如何反應？你對於自己的回應滿意嗎？如果再發生，你會不會以不同的方法來處理？

6. 假設你將在機構中執行一個倫理審核，你要採取哪些步驟？你要專注在哪些風險領域？誰會參與？你需要檢視哪些檔案文件？

後記：未來的發展方向

　　社會工作價值與倫理的主題是多元的，正如各種不同的專業核心倫理價值與疏失訴訟。這些議題的分析整合了從道德哲學到過失的法律理論之不同知識體系。為了充分了解當代專業價值與倫理的議題，今日的社會工作者必須認知到一系列的重要概念，而其中的許多概念是過去世代的社會工作者所不知道的。

　　在本書中，我檢視了許多複雜的議題，我探究社會工作價值的本質與其專業的優先順序。我也審視社會工作價值的類型，以及不同時期專業價值基礎與使命轉變的有關爭論。

　　我也討論了社會工作倫理兩難與倫理抉擇。我談到社會工作者的價值會影響他們的倫理抉擇，以及在臨床與鉅視服務中複雜的倫理抉擇。最後，我也陳述了倫理風險管理方面的議題，以及社會工作者如何避免倫理的申訴與法律的訴訟。我也關注近年來的特殊倫理議題，社工使用科技與服務對象溝通、提供服務、蒐集與儲存敏感的資訊等。對於上述這些討論，哪些是隨著專業的發展，社會工作者需要留心注意的？

　　首先，社會工作者需要繼續檢視專業價值的本質以及其影響專業優先順序的方式。這是一個持續不斷的過程，我們不可以認為社會工作價值是固定不變的，雖然部分的專業價值已維持了好幾十年，但是有些專業價值是隨著社會環境與專業本身的變化而衰退與出現。今日的社會工作者無法預期未來會出現哪些價值相關的議題，正如二十世紀早期的社會工作者無法想像今日社會工作者所面臨的價值議題。我們可以預期只有當科技、文化規範、人口結構、政治局勢的改變，才會出現新的價值議題，而這是我們目前無法想像的。推測未來的社工將會涉入某些倫理抉擇：複製人類，或帶有保密資訊的晶片植入人腦以幫助受損大腦功能等的倫理抉擇。

　　但是，我們所確知的是社會工作者需要持續關切身為社會工作者的意義何在、社會工作所立基的價值基礎，以及社會工作者應該改變專業價值的方式。專業目前最急切的爭論之一是社會工作要堅持其對弱勢族群承諾的程度為何。一些實務工作者認為臨床社會工作與私人開業的快速發展已經威脅到社會工作長久以來對於貧窮者及弱勢者的關切。其他的社會工作者則認為臨床社會工作已經使專業更具能力、提升專業的地位並賦予社會工作目的新的意義。社會工作繼續對此趨勢有所爭論是很重要的，特別是這趨勢對我們所認定的核心價值——為貧窮者與弱勢者提供的政府服務——所產生的意涵。這個爭論將不易得到結論，但爭論的過程是重要的，因為這會讓社會工作者持續去檢視他們的優先順序以及其存在的意義。

對於倫理兩難和倫理抉擇的主題也是一樣，在臨床服務中總是有倫理兩難的情形——涉及個人的、家庭的與團體的——在鉅視服務中——涉及社會工作管理、社區工作、研究與評估與社會福利政策。但是，倫理兩難的本質會隨著時間而改變，這反映出社會工作實務領域的改變。隨著科技的發展，促使政府與民間部門得以儲存與傳遞大量的個人資訊；因此保密與隱私的新議題將會出現。當社會工作者漸多涉入有關結束生命與使用極具爭論性的醫療科技之複雜抉擇時，有關服務對象自我決定與專業家長主義的新倫理議題將會出現。當社會工作者運用新興線上或數位科技提供心理或其他服務時，也創造新興的倫理議題出來。當對重要社會資源（醫療照顧與合理價格的住宅）的需求增加時，社會工作者將面臨有關資源分配的倫理抉擇。當然，社會工作者將會持續爭論政府與民間部門對於需要協助者所應負擔的責任。

雖然有關專業價值與倫理兩難的新挑戰將會出現，但是社會工作者已經努力將相關的議題有系統地、嚴謹地整理記錄。尤其從 1970 年代末到 1980 年代初，社會工作者已經開始學習與記錄這些現象。目前的《NASW 倫理守則》已清楚地闡明社會工作者對倫理議題的知識已有快速成長。

然而，有關倫理的風險管理、倫理上行為失當、專業疏失與實務工作者因能力減損而影響到服務提供等議題的整理，卻是發展較弱的。專業文獻中較少看到此方面的學術討論，迄今的專業研討會和教育方案也未對此加以注意。這正是改變的開始，但專業對這些問題的充分了解仍有一段很長的路要走。

社會工作者能做什麼以增強對這些不同的價值與倫理議題的注意力？第一，各種教育與訓練方案能重視這些主題。教育方案（大學部與碩士班）以及社會工作機構能將這些議題放入教育與訓練的課程中。學生與實務工作者應該有系統地接觸社會工作價值的爭論，以及其對專業使命的影響、社會工作的倫理兩難及倫理抉擇的策略、不合倫理的專業行為及疏失的問題。更明確地說，學生與實務工作者應該學習到：

■ 社會工作價值的歷史演進；專業價值基礎的轉變；目前對專業未來發展的爭論；相關的倫理理論；
■ 倫理理論、倫理守則；面對倫理兩難時的抉擇模式；
■ 社會工作者如何預防有關保密、知情同意、服務輸送、專業界限、利益衝突、督導、諮詢與轉介、欺騙與詐欺、服務終止等的倫理申訴與法律訴訟；
■ 社工個人能力減損的起因及回應。

　　除此之外，研討會的規劃者應優先考量專業價值與倫理的議題。由專業協會與機構所贊助的研討會，是許多社會工作者持續學習的重要管道，這些定期的活動提供了寶貴的機會給實務工作者，提醒其能重視專業的價值與倫理。

　　最後，社會工作者必須對專業價值與倫理的學術發展有所貢獻。到1980年代早期，相當少的文獻會針對此類主題而討論，雖然有一些重要的書籍與文章在此時期前已出版。然而，即使此類的學術發展已有進展，仍需要更多的努力。此領域的學術傳統正開始發展。需要有更多的實證研究與理論發展，以便使社會工作者對下列主題有所了解，如處理倫理抉擇時的標準與步驟、在實務工作中何者是倫理所能接受的與何者是倫理所不能接受的、不同實務領域與職位上所面對倫理兩難的本質、價值與倫理相關教育訓練課程的效果。學術研究與建設性的辯論需要特別關切社工倫理標準的演化觀點，以確保專業的倫理指引與倫理抉擇的方法可反映出當代的思潮。專業倫理守則是一個活生生、反映時代潮流的文件；並非刻在石頭上的現代版十誡（Ten Commandments）。

　　提升社會工作者對這些議題的關注並不能解決近年來所出現的各種爭論。更有可能的是，增加教育，訓練與學術研究將會引發更多的爭論，產生更多的問題。然而，這並非不好，就價值與倫理而言，未能解決的問題也正是其重要的特色。對於已了解價值、倫理兩難、倫理抉擇與不合倫理的專業行為等知識的社會工作者而言，漸多的且具建設性爭辯將有助於其更審慎地考量而非隨意地做出決定。

顯然地，很多有關價值與倫理的問題將會產生至少一些——通常是許多——的歧見。因此，有人會質疑是否有需要做這些分析；畢竟討論了半天，還是會發現大家的見解可能並不一致，又為何需要如此做呢？

答案是社會工作者有義務對這些複雜的議題做周詳的分析。這最主要是對服務對象負責，因為其最終所受到的影響最深。社會工作者有責任去盡力分析各種決定所帶來的意涵，如有關提供哪些服務給服務對象、運用何種服務方法、所欲達成的目標。這些問題都奠基於價值與倫理的思考。

就此點來說，是否社會工作者對倫理與價值的處理會不同於對社會工作實務的處理？雖然一些實務工作的抉擇是非常直接且無爭議性的，許多的抉擇卻非如此。在機構工作的社會工作者常常需要彼此商討與諮詢：在處理複雜個案時、在規劃複雜的社區組織策略時、在計畫方案評估時、在設計具挑戰性的方案時。在這些例子中，我們有時常看到大家很快就對服務對象的治療產生共識嗎？對社區成員該如何組織產生共識嗎？對方案評估該如何執行產生共識嗎？事實呈現出（或至少看起來是事實）工作人員對於診斷與行動方法常常會有不同的看法。即使是最有經驗與具洞察力的實務工作者，當面對困難與複雜的個案也會有不同的見解。社會工作者已開始接受專業的事實面，了解在所有專業中（例如醫學、工程、護理、法律、藥學、精神醫學及心理學等），面對複雜的情境與問題時，共識是不易達成的。

然而，沒有人會主張社會工作者不應加入這些實務基礎的議題討論，只是因為大家不易有共識，至少就某種程度而言。反而實務工作者已開始明瞭各種分析、討論與爭議的過程是建立良好社會工作實務的關鍵。透過這些過程，常會產生新的洞察與理解。社會工作者已開始相信對於這些議題的仔細探究，能提升其對服務對象的服務，即使是最後大家的意見並不一致。

就此來說，社會工作對於價值與倫理的處理並無不同。主要是在過程中，社會工作者會盡力去釐清倫理的議題、運用各種觀點，最後做最佳的決定。雖然社會工作價值與倫理有一些既定的內容，正如臨床與鉅視服務一樣也有，我們必須接受的是有一些問題與兩難是永遠無法解決的。雖然我們仍有一些共識——例如社會工作者不應虛報學歷或與服務對象發生性關係——許多的倫理議題常是無法解決的——對於服務對象有權利做出自我毀滅行為的限制以及分配有限資源的適當方法。

最重要的是：社會工作者面對具挑戰性的倫理議題，學習 Schon（1983）所指出的「反思性實務」（reflective practice），實務工作者持續對於抉擇的過程以及行動進行自我反思。反思性實務具有相當重要與寶貴的能力，幫助我們認知到倫理議題、積極思考、批判；必要時，調整倫理抉擇與風險管理的作法。

最起碼的是，社會工作這項專業有其道德的使命，促使社會工作者有義務去持續檢視實務工作中價值與倫理的面向。缺少了這些，將使服務對象與廣大社會無法見到真正的專業服務。

附錄
社會工作師
倫理守則

中華民國 97 年 3 月 28 日内政部核備
中華民國 107 年 12 月 15 日經中華民國社會工作師公會
全國聯合會會員大會通過修訂，108 年 4 月 26 日衛福部核備

本守則依據會工作師法第十七條制訂，由社會工作師公會全國聯合會訂定，作爲實務指引及處理倫理申訴陳情之基礎。

第一章　總　則

本著社會工作追求社會公平正義的思潮，本守則提出以維護社會相對弱勢者的基本人權，讓每個人都能獲有人性尊嚴的生活條件，讓所有不同文化的族群，都能同等受到尊重，做爲現階段我國社會工作的最高使命。而爲達成實踐人權、人性尊嚴和族群平等的使命，要重視社會工作專業工作者和專業組織的相關倫理責任的釐清，並積極重視實務研究、設計、發展等價值實踐相關的制度的建構，進而導引推演形成各面向專業行動的倫理標準。

一、使命

社會工作以人的尊嚴與價值爲核心，使服務對象都能獲人性尊嚴的生活條件，讓所有不同文化的族群，都能同等受到尊重。

二、適用對象

社會工作倫理守則適用對象爲社會工作師。

三、核心價值

努力促使服務對象免於貧窮、恐懼、不安、壓迫及不正義對待，維護服務對象基本生存保障，享有尊嚴的生活。

四、社會工作倫理原則

4.1. 促進服務對象的最佳福祉。

4.2. 實踐弱勢優先及服務對象最佳利益。

4.3. 尊重服務對象的個別性及價值。

4.4. 理解文化脈絡及人際關係是改變的重要動力。

4.5. 誠信正直的專業品格及態度。

4.6. 充實自我專業知識和能力。

五、倫理衝突的處理原則

　　社會工作師面對倫理衝突時，應以保護生命為最優先考量原則，並在維護人性尊嚴、社會公平與社會正義的基礎上作為。

5.1. 所採取之方法有助於服務對象利益之爭取。

5.2. 有多種達成目標的方法時，應選擇服務對象的最佳權益、最少損害的方法。

5.3. 保護服務對象的方法所造成的損害，不得與欲達成目的不相符合。

5.4. 尊重服務對象自我決定的權利。

六、社會工作師執業，應遵守法令、社會工作師公會章程及本守則。

第二章　守則

一、社會工作師對服務對象的倫理守則

1.1. 社會工作師應基於社會公平、正義，以促進服務對象福祉為服務之優先考量。

1.2. 社會工作師應尊重並促進服務對象的自我決定權，除為防止不法侵權事件、維護公眾利益、增進社會福祉外，不可限制服務對象自我決定權。服務對象為未成年人、身心障礙者，若無法完整表達意思時，應尊重服務對象監護人、法定代理人、委託人之意思；除非前開人員之

決定侵害服務對象或第三人之合法利益，否則均不宜以社會工作者一己之意思取代有權決定者之決定。

1.3. 社會工作師服務時，應明確告知服務對象有關服務目標、限制、風險、費用權益措施等相關事宜，協助服務對象作理性的分析，以利服務對象作最佳的選擇。

1.4. 社會工作師應與服務對象維持正常專業關係，不得與服務對象有不當雙重或多重關係而獲取不當利益。

1.5. 社會工作師基於倫理衝突或利益迴避，須終止服務服務對象時，應事先明確告知服務對象，並為適當必要之轉介服務。

1.6. 社會工作師應保守業務祕密；服務對象縱已死亡，仍須重視其隱私權利。服務對象或第三人聲請查閱個案社會工作紀錄，應符合社會工作倫理及政府法規；否則社會工作者得拒絕資訊之公開。但有下列特殊情況時保密須受到限制：

　　a. 隱私權為服務對象所有，服務對象有權親自或透過監護人或法律代表而決定放棄時。

　　b. 涉及有緊急的危險性，基於保護服務對象本人或其他第三者合法權益時。

　　c. 社會工作師負有警告責任時。

　　d. 社會工作師負有法律規定相關報告責任時。

　　e. 服務對象有致命危險的傳染疾病時。

　　f. 評估服務對象有自殺危險時。

　　g. 服務對象涉及刑案時。

1.7. 社會工作師收取服務費用時，應事先告知服務對象收費標準，所收費用應合理適當並符合相關法律規定，並不得收受不當的餽贈。

1.8. 未經服務對象同意不得於公開或社群網站上公開其他足以直接或間接方式識別服務對象之資料。

1.9. 運用社群網站或網路溝通工具與服務對象互動時，應避免傷害服務對象之法定權益。

二、對同仁的倫理守則

2.1. 社會工作師應尊重同仁，彼此支持、相互激勵，與社會工作及其他專業人員合作，共同增進服務對象的福祉。

2.2. 社會工作師不宜或無法提供服務對象適切服務時，應透過專業或跨專業分工，尋求資源整合或為適當之專業轉介；在完成轉介前，應採取適當之措施，以保護服務對象權益；轉介時應充分告知服務對象未來轉介服務方向，並將個案服務資料適當告知未來服務機構，以利轉銜服務。

2.3. 當同仁與服務對象因信任或服務爭議，應尊重同仁之專業知識及服務對象合法權益，以維護服務對象權益與同仁合理之專業信任。

2.4. 社會工作師為維護社會工作倫理，協助保障同仁合法權益，面對不公平或不合倫理規範之要求，當事人或代理人應向服務機構或各地區社會工作師公會、中華民國社會工作師公會全國聯合會、社會工作主管機關申訴，以保障合法權益，落實社會工作專業倫理。

三、對實務工作的倫理守則

3.1. 社會工作師應致力社會福利政策的推展，增進福利服務效能，依法公平進行福利給付與福利資源分配。

3.2. 社會工作師應具備社會工作專業技能，不斷充實自我；擔任教育、督導時，應盡力提供專業指導，公平、客觀評量事件；接受教育、督導時應理性、自省，接納批評與建議。

3.3. 社會工作師的服務紀錄應依法令相關規範，適時、正確及客觀的記載並妥善保存，以確保服務對象之權益及隱私。

3.4. 社會工作師在轉介服務對象或接受服務對象轉介，應審慎評估轉介後可能的利益與風險，並忠實提供服務對象轉介諮詢服務。

3.5. 社會工作師應恪遵法律規範，忠實有效呈現工作成果，協助社會工作教育與人力發展；爭取社會工作師公平合理的工作環境。

3.6. 社會工作師應在社會工作倫理規範下，參與權益爭取活動，並忠實評估其對服務對象、社會大眾所衍生可能之利益與風險。

四、對社會工作師專業的倫理責任

4.1. 社會工作師應包容多元文化、尊重多元社會現象，防止因種族、宗教、性別、性傾向、國籍、年齡、婚姻狀態及身心障礙、宗教信仰、政治理念等歧視，所造成社會不平等現象。

4.2. 社會工作師應注意自我言行對服務對象、服務機構、社會大眾所生影響。

4.3. 社會工作師應提升社會工作專業形象，及服務品質，重視社會工作價值，落實倫理守則，充實社會工作知識與技術。

4.4. 社會工作師應致力社會工作專業的傳承，促進社會福利公正合理的實踐。

4.5. 社會工作師應增進社會工作專業知能的發展，進行研究及著作發表，遵守社會工作研究倫理。

4.6. 社會工作師應推動社會工作專業制度建立，發展社會工作的各項措施與活動。

五、對社會大眾的倫理守則

5.1. 社會工作師應促進社會福利的發展，倡導人類基本需求的滿足，促使社會正義的實現。

5.2. 社會工作師應致力於社會公益的倡導與實踐。

5.3. 社會工作師應維護弱勢族群之權益，協助受壓迫、受剝削、受欺凌者獲得社會安全保障。

5.4. 社會工作師與媒體互動或接受採訪時，若涉及服務對象，應徵得知情同意並保護其隱私。

5.5. 社會工作師應促使政府機關、民間團體、及社會大眾履行社會公益，並落實服務對象合法權益保障。

5.6. 社會工作師面對災害所致社會安全緊急事件，應提供專業服務，以保障弱勢族群免於生命、身體、自由、財產的危險與意外風險。

第三章　附則

一、社會工作師違反法令、社會工作師公會章程或本倫理守則者，除法令另有處罰規定者外，由違反倫理行為所在地或所屬之社會工作師公會審議、處置。

二、本守則經中華民國社會工作師公會全國聯合會會員代表大會通過後施行，並呈報衛生福利部備查，修改時亦同。

參考文獻

Abbott, A. A. 1988. *Professional Choices: Values at Work*. Silver Spring, Md.: NASW.

Alexander, P. M. 1987. "Why Social Workers Enter Private Practice: A Study of Motivations and Attitudes." *Journal of Independent Social Work* 1 (3): 7–18.

Alexander, R., Jr. 1997. "Social Workers and Privileged Communication in the Federal Legal System." *Social Work* 42 (4): 387–91.

Alinsky, S. 1971. *Rules for Radicals*. New York: Vintage.

Anderson, J. and R. W. Carter. 2002. *Diversity Perspectives for Social Work Practice*. Boston: Allyn and Bacon.

Aptekar, H. H. 1964. "American Social Values and Their Influence on Social Welfare Programs and Professional Social Work." *Journal of Social Work Process* 14:19.

Association of Social Work Boards (ASWB). 2015. *Model Regulatory Standards for Technology and Social Work Practice*. Culpeper, Va.: Association of Social Work Boards.

Austin, K. M., M. E. Moline, and G. T. Williams. 1990. *Confronting Malpractice: Legal and Ethical Dilemmas in Psychotherapy*. Newbury Park, Calif.: Sage.

Baer, B. and R. Federico, eds. 1979. *Educating the Baccalaureate Social Worker: A Curriculum Development Resource Guide*. Vol. 2. Cambridge, Mass.: Ballinger.

Banks, S. 2012. *Ethics and Values in Social Work*. 4th ed. Basingstoke, U.K.: Palgrave Macmillan.

Barker, R. L. 1991a. "Point/Counterpoint: Should Training for Private Practice Be a Central Component of Social Work Education? Yes!" *Journal of Social Work Education* 27 (2): 108–11, 112–13.

——. 1991b. *The Social Work Dictionary*. 2nd ed. Silver Spring, Md.: NASW.

Barker, R. L. and D. M. Branson. 2000. *Forensic Social Work*. 2nd ed. Binghamton, N.Y.: Haworth Press.

Barr, D. A. 2011. *Introduction to U.S. Health Policy: The Organization, Financing, and Delivery of Health Care in America*. 3rd ed. Baltimore: Johns Hopkins University Press.

Barry, V. 1986. *Moral Issues in Business*. 3rd ed. Belmont, Calif.: Wadsworth.

Barsky, A. E. 2009. *Ethics and Values in Social Work: An Integrated Approach for a Comprehensive Curriculum*. New York: Oxford University Press.

Bartlett, H. M. 1970. *The Common Base of Social Work Practice*. New York: Columbia University Press.

Beauchamp, T. L. and J. F. Childress. 2001. *Principles of Biomedical Ethics*. 5th ed. New York: Oxford University Press.

——. 2013. *Principles of Biomedical Ethics*. 7th ed. New York: Oxford University Press.

Beckett, C. and A. Maynard. 2005. *Values and Ethics in Social Work: An Introduction*. London: Sage.

Bentham, J. (1789) 1973. "An Introduction to the Principles of Morals and Legislation." In *The Utilitarians*, 205. New York: Anchor.

Berliner, A. K. 1989. "Misconduct in Social Work Practice." *Social Work* 34 (1): 69–72.

Bernard, J. and C. Jara. 1986. "The Failure of Clinical Psychology Students to Apply Understood Ethical Principles." *Professional Psychology: Research and Practice* 17:316–21.

Bernstein, B. E. and T. L. Hartsell. 2004. The Portable Lawyer for Mental Health Professionals. 2nd ed. Hoboken, N.J.: John Wiley.

Bernstein, S. 1960. "Self-Determination: King or Citizen in the Realm of Values?" *Social Work* 5 (1): 3–8.

Besharov, D. J. 1985. *The Vulnerable Social Worker: Liability for Serving Children and Families*. Silver Spring, Md.: NASW.

Beveridge, W. 1942. *Social Insurance and Allied Services*. New York: Macmillan.

Biestek, F. P. 1957. *The Casework Relationship*. Chicago: Loyola University Press.

——. 1975. "Client Self-Determination." In *Self-Determination in Social Work*, ed. F. E. McDermott, 17–32. London: Routledge and Kegan Paul.

Biestek, F. P. and C. C. Gehrig. 1978. *Client Self-Determination in Social Work: A Fifty-Year History*. Chicago: Loyola University Press.

Billups, J. O. 1992. "The Moral Basis for a Radical Reconstruction of Social Work." In *The Moral Purposes of Social Work*, ed. P. N. Reid and P. R. Popple, 100–19. Chicago: Nelson-Hall.

Bisno, H. 1956. "How Social Will Social Work Be?" *Social Work* 1 (2): 12–18.

Bissell, L. and P. W. Haberman. 1984. *Alcoholism in the Professions*. New York: Oxford University Press.

Black, R. B. 1994. "Diversity and Populations at Risk: People with Disabilities." In *The Foundations of Social Work Knowledge*, ed. F. G. Reamer, 393–416. New York: Columbia University Press.

Bloom, M., J. Fischer, and J. Orme. 2009. *Evaluating Practice: Guidelines for the Accountable Professional*. 6th ed. Boston: Allyn and Bacon.

Blythe, B. J. and T. Tripodi. 1989. *Measurement in Direct Practice*. Newbury Park, Calif.: Sage.

Bograd, M. 1982. "Battered Women, Cultural Myths, and Clinical Interventions: A Feminist Analysis." *Women and Therapy* 1:69–77.

Bohr, R. H., H. I. Brenner, and H. M. Kaplan. 1971. "Value Conflicts in a Hospital Walkout." *Social Work* 16 (4): 33–42.

Bolton, F. G. and S. R. Bolton. 1987. *Working with Violent Families: A Guide for Clinical and Legal Practitioners*. Newbury Park, Calif.: Sage.

Brodsky, A. M. 1986. "The Distressed Psychologist: Sexual Intimacies and Exploitation." In *Professionals in Distress: Issues, Syndromes, and Solutions in Psychology*, ed. R. R. Kilburg, P. E. Nathan, and R. W. Thoreson, 153. Washington, D.C.: American Psychological Association.

Brown, P. M. 1990. "Social Workers in Private Practice: What Are They Really Doing?" *Clinical Social Work*, Winter, 56–71.

Buchanan, A. 1978. "Medical Paternalism." *Philosophy and Public Affairs* 7:370–90.

Bullis, R. K. 1995. *Clinical Social Worker Misconduct*. Chicago: Nelson-Hall.

Burnor, R. and Y. Raley. 2011. *Ethical Choices: An Introduction to Moral Philosophy with Cases*. New York: Oxford University Press.

Butler, A. C. 1990. "A Reevaluation of Social Work Students' Career Interests." *Journal of Social Work Education* 26 (1): 45–51.

Cabot, R. C. (1915) 1973. *Social Service and the Art of Healing*. Washington, D.C.: NASW.

Cahn, S. M. 2010. *Political Philosophy: The Essential Texts*. 2nd ed. New York: Oxford University Press.

Callahan, D. and S. Bok, eds. 1980. *Ethics Teaching in Higher Education*. New York: Plenum.

Canda, E. R., ed. 1998. *Spirituality in Social Work*. Binghamton, N.Y.: Haworth Press.

Canda, E. R. and L. D. Furman. 2010. *Spiritual Diversity in Social Work Practice: The Heart of Helping*. 2nd ed. New York: Free Press.

Canda, E. R. and E. D. Smith, eds. 2001. *Transpersonal Perspectives on Spirituality in Social Work*. Binghamton, N.Y.: Haworth Press.

Carlson, B. E. 2013. "Intimate Partner Violence." In Franklin, *Encyclopedia of Social Work*. http://socialwork.oxfordre.com.ric.idm.oclc.org/search?siteToSearch=oresw&q=carlson&searchBtn=Search&isQuickSearch=true.

Carter, R. 1977. "Justifying Paternalism." *Canadian Journal of Philosophy* 7:133–45.

Celenza, A. 2007. *Sexual Boundary Violations: Therapeutic, Supervisory, and Academic Contexts*. Lanham, Md.: Aronson.

Chester, A. and C. Glass. 2006. "Online Counselling: A Descriptive Analysis of Therapy Services on the Internet." *British Journal of Guidance and Counselling* 34:145–60.

Chilman, C. S. 1987. "Abortion." In *Encyclopedia of Social Work*, ed. A. Minahan, 1–7. 18th ed. Silver Spring, Md.: NASW Press.

Christian Post. 2007. "Trial to Begin for Fired Intern Who Shared Faith." April 2. www.christianpost.com/news/trial-to-begin-for-fired-intern-who-shared-faith-26674/.

Clifford, D. and B. Burke. 2008. *Anti-oppressive Ethics and Values in Social Work*. Basingstoke, U.K.: Palgrave Macmillan.

Cohen, C. B. 1988. "Ethics Committees." *Hastings Center Report* 18:11.

Cohen, R. J. 1979. *Malpractice: A Guide for Mental Health Professionals*. New York: Free Press.

Cohen, R. J. and W. E. Mariano. 1982. *Legal Guidebook in Mental Health*. New York: Free Press.

Comartin, E. B. and A. A. Gonzalez-Prendes. 2011. "Dissonance Between Personal and Professional Values." *Journal of Social Work Values and Ethics* 8 (2). www.socialworker.com/jswve/fall11/fall115.pdf.

Compton, B. R. and B. Galaway, eds. 1994. *Social Work Processes*. 5th ed. Belmont, Calif.: Brooks/Cole.

Congress, E. P. 1999. *Social Work Values and Ethics*. Belmont, Calif.: Wadsworth.
———. 2013. "Codes of Ethics." In Franklin, *Encyclopedia of Social Work*. http://socialwork.oxfordre.com.ric.idm.oclc.org/view/10.1093/acrefore/9780199975839.001.0001/acrefore-9780199975839-e-64?rskey=yQfdVF&result=1.

Congress, E. P., P. N. Black, and K. Strom-Gottfried. 2009. *Teaching Social Work Values and Ethics: A Curriculum Resource*. 2nd ed. Alexandria, Va.: Council on Social Work Education.

Constable, R. 1983. "Values, Religion, and Social Work Practice." *Social Thought* 9 (4): 29–41.

Coombs, R. H. 2000. *Drug-Impaired Professionals*. Cambridge, Mass.: Harvard University Press.

Corey, G., M. Corey, and P. Callanan. 2018. *Issues and Ethics in the Helping Professions*. 10th ed. Belmont, Calif.: Brooks Cole.

Cowles, J. K. 1976. *Informed Consent*. New York: Coward, McCann, and Geoghegan.

Cox, C. and P. Ephross. 1997. *Ethnicity and Social Work Practice*. New York: Oxford University Press.

Cranford, R. E. and A. E. Doudera, eds. 1984. *Institutional Ethics Committees and Health Care Decision Making*. Ann Arbor, Mich.: Health Administration Press.

Davis, A. 1967. *Spearheads for Reform*. New York: Oxford University Press.

Davis, L. V. 1995. "Domestic Violence." In Edwards, *Encyclopedia of Social Work*, 1:780–89.

Dean, R. G. and M. L. Rhodes. 1992. "Ethical-Clinical Tensions in Clinical Practice." *Social Work* 39 (2): 128–32.

Deutsch, C. 1985. "A Survey of Therapists' Personal Problems and Treatment." *Professional Psychology: Research and Practice* 16:305–15.

Devore, W. and E. Schlesinger. 1998. *Ethnic-Sensitive Social Work Practice*. 5th ed. Boston: Allyn and Bacon.

Dickson, D. T. 1995. *Law in the Health and Human Services*. New York: Free Press.

——. 1998. *Confidentiality and Privacy in Social Work*. New York: Free Press.

Dolgoff, R., F. Loewenberg, and D. Harrington. 2009. *Ethical Decisions for Social Work Practice*. 8th ed. Belmont, Calif.: Wadsworth.

Donagan, A. 1977. *The Theory of Morality*. Chicago: University of Chicago Press.

Dowling, M. and D. Rickwood. 2013. "Online Counseling and Therapy for Mental Health Problems: A Systematic Review of Individual Synchronous Interventions Using Chat." *Journal of Technology in Human Services* 31:1–21.

Doyle, O. Z., S. E. Miller, and F. Y. Mirza. 2009. "Ethical Decision-Making in Social Work: Exploring Personal and Professional Values." *Journal of Social Work Values and Ethics* 6 (1). www.socialworker.com/jswve/content/view/113/67/.

Drisko, J. W. and M. D. Grady. 2013. *Evidence-Based Practice in Clinical Social Work*. New York: Springer.

Dworkin, G. 1971. "Paternalism." In *Morality and the Law*, ed. R. Wasserstrom, 107–26. Belmont, Calif.: Wadsworth.

Edwards, R.L., ed. 1995. *Encyclopedia of Social Work*. 19th ed. Washington, D.C.: NASW Press.

Elliott, L. J. 1931. *Social Work Ethics*. New York: American Association of Social Workers.

Emmet, D. 1962. "Ethics and the Social Worker." *British Journal of Psychiatric Social Work* 6:165–72.

Encyclopedia Britannica. 1988. 15th ed. s.v. "Political Philosophy." Chicago: University of Chicago Press.

Ephross, P. H. and M. Reisch. 1982. "The Ideology of Some Social Work Texts." *Social Service Review* 56 (2): 273–91.

Figueira-McDonough, J. 1995. "Abortion." In Edwards, *Encyclopedia of Social Work*, 1:7–15.

Finn, J. and A. Barak. 2010. "A Descriptive Study of e-Counsellor Attitudes, Ethics, and Practice." *Counselling and Psychotherapy Review* 24 (2): 268–77.

Fisher, C. B. 2003. *Decoding the Ethics Code: A Practical Guide for Psychologists*. Thousand Oaks, Calif.: Sage.

Fisher, D. 1987. "Problems for Social Work in a Strike Situation: Professional, Ethical, and Value Considerations." *Social Work* 32 (3): 252–54.

Fleischacker, S. 2005. *A Short History of Distributive Justice*. Cambridge, Mass.: Harvard University Press.

Fleishman, J. L. and B. L. Payne. 1980. *Ethical Dilemmas and the Education of Policy Makers*. Hastings-on-Hudson, N.Y.: Hastings Center.

Frankel, C. 1959. "Social Philosophy and the Professional Education of Social Workers." *Social Service Review* 33 (4): 345–59.

———. 1969. "Social Values and Professional Values." *Journal of Education for Social Work* 5:29–35.

Frankena, W. K. 1973. *Ethics*. 2nd ed. Englewood Cliffs, N.J.: Prentice Hall.

Franklin, C., ed. 2013. *Encyclopedia of Social Work*. New York: Oxford University Press and NASW Press.

Freedberg, S. M. 1989. "Self-Determination: Historical Perspectives and Effects on Current Practice." *Social Work* 34 (1): 33–38.

Fried, C. 1978. *Right and Wrong*. Cambridge, Mass.: Harvard University Press.

Gabbard, G. O., K. A. Kassaw, and G. Perez-Garcia. 2011. "Professional Boundaries in the Era of the Internet." *Academic Psychiatry* 35 (3): 168–74.

Gartrell, N. K., J. Herman, S. Olarte, M. Feldstein, and R. Localio. 1986. "Psychiatrist-Patient Sexual Contact: Results of a National Survey." *American Journal of Psychiatry* 143 (9): 1126–31.

Gechtman, L. and J. C. Bouhoutsos. 1985. "Sexual Intimacy Between Social Workers and Clients." Paper presented at the annual meeting of the Society for Clinical Social Workers, University City, Calif.

Germain, C. B. and A. Gitterman. 1980. *The Life Model of Social Work Practice*. New York: Columbia University Press.

Gert, B. 1970. *The Moral Rules*. New York: Harper and Row.

Gewirth, A. 1978a. "Ethics." In *Encyclopedia Britannica*, ed. W. E. Preece, 982–83. 15th ed. Chicago: University of Chicago Press.

———. 1978b. *Reason and Morality*. Chicago: University of Chicago Press.

———. 1996. *The Community of Rights*. Chicago: University of Chicago Press.

Gifis, S. H. 2016. *Law Dictionary*. 7th ed. Hauppauge, N.Y.: Barron's.

Gil, D. G. 1994. "Confronting Social Injustice and Oppression." In *The Foundations of Social Work Knowledge*, ed. F. G. Reamer, 231–63. New York: Columbia University Press.

———. 1998. *Confronting Injustice and Oppression: Concepts and Strategies for Social Workers*. New York: Columbia University Press.

Gilbert, N. and H. Specht. 1974. "The Incomplete Profession." *Social Work* 19 (6): 665–74.

Gilligan, C. 1983. *In a Different Voice: Psychological Theory and Women's Development*. Rev. ed. Cambridge, Mass.: Harvard University Press.

Goldstein, H. 1983. "Starting Where the Client Is." *Social Casework* 64 (5): 264–75.

———. 1987. "The Neglected Moral Link in Social Work Practice." *Social Work* 32 (3): 181–86.

Goleman, D. 1985. "Social Workers Vault into a Leading Role in Psychotherapy." *New York Times*, April 30, C-1, C-9.

Gordon, W. E. 1962. "Critique of the Working Definition." *Social Work* 7 (4): 3–13.

———. 1965. "Knowledge and Value: Their Distinction and Relationship in Clarifying Social Work Practice." *Social Work* 10 (3): 32–39.

Gorovitz, S., ed. 1971. *Mill: Utilitarianism*. Indianapolis: Bobbs-Merrill.

Gotbaum, V. 1978. "Public Service Strikes: Where Prevention Is Worse Than the Cure." In *Ethics, Free Enterprise, and Public Policy*, ed. R. T. DeGeorge and J. A. Pilcher, 158. New York: Oxford University Press.

Grant, G. and L. Grobman. 1998. *The Social Worker's Internet Handbook*. Harrisburg, Pa: White Hat Communications.

Gray, M. and S. Webb, eds. 2010. *Ethics and Value Perspectives in Social Work*. Basingstoke, U.K.: Palgrave Macmillan.

Grossman, M. 1973. "The Psychiatrist and the Subpoena." *Bulletin of the American Academy of Psychiatry and the Law* 1:245.

Gutheil, T. G. and G. O. Gabbard. 1993. "The Concept of Boundaries in Clinical Practice: Theoretical and Risk-Management Dimensions." *American Journal of Psychiatry* 150 (2): 188–96.

Gutheil, T. G. and R. I. Simon. 2005. "E-mails, Extra-Therapeutic Contact, and Early Boundary Problems: The Internet as a 'Slippery Slope.'" *Psychiatric Annals* 35:952–60.

Gutierrez, L. M. 1990. "Working with Women of Color: An Empowerment Perspective." *Social Work* 35 (2): 149–53.

Guy, J. D., P. L. Poelstra, and M. Stark. 1989. "Personal Distress and Therapeutic Effectiveness: National Survey of Psychologists Practicing Psychotherapy." *Professional Psychology: Research and Practice* 20:48–50.

Hall, L. K. 1952. "Group Workers and Professional Ethics." *Group* 15 (1): 3–8.

Hamilton, G. 1940. *Theory and Practice of Social Casework*. New York: Columbia University Press.

———. 1951. *Social Casework*. 2nd ed. New York: Columbia University Press.

Hardman, D. G. 1975. "Not with My Daughter, You Don't!" *Social Work* 20 (4): 278–85.

Hartley, C. P. and E. D. Jones. 2014. *HIPAA Plain and Simple*. 3rd ed. Chicago: American Medical Association.

Hartman, A. 1994. "Social Work Practice." In *The Foundations of Social Work Knowledge*, ed. F. G. Reamer, 13–50. New York: Columbia University Press.

Herman, B. 1993. *The Practice of Moral Judgment*. Cambridge, Mass.: Harvard University Press.

Hester, D. M. and T. Schonfeld, eds. 2012. *Guidance for Healthcare Ethics Committees*. New York: Cambridge University Press.

Hodge, D. R. 2002. "Does Social Work Oppress Evangelical Christians? A 'New Class' Analysis of Society and Social Work." *Social Work* 47 (4): 401–14.

———. 2003. "The Challenge of Spiritual Diversity: Can Social Work Facilitate an Inclusive Environment?" *Families in Society* 84 (3): 348–58.

Hogan, D. B. 1979. *The Regulation of Psychotherapists*. Vol. 1, *A Study in the Philosophy and Practice of Professional Regulation*. Cambridge, Mass.: Ballinger.

Hollis, F. 1964. *Casework: A Psychosocial Therapy*. New York: Random House.

Hooyman, N. R. 1994. "Diversity and Populations at Risk: Women." In *The Foundations of Social Work Knowledge*, ed. F. G. Reamer, 309–45. New York: Columbia University Press.

Horevitz, E. and P. Manoleas. 2013. "Professional Competencies and Training Needs of Professional Social Workers in Integrated Behavioral Health in Primary Care." *Social Work in Health Care* 52: 752–87.

Hornblower, M. 1987. "Down and Out—but Determined." *Time*, November 23, 29.

Houston-Vega, M. K., E. M. Nuehring, and E. R. Daguio. 1997. *Prudent Practice: A Guide for Managing Malpractice Risk*. Washington, D.C.: NASW Press.

Hugman, R. 2005. *New Approaches for Ethics in the Caring Professions*. Basingstoke, Hampshire, U.K.: Palgrave Macmillan.

———. 2013. *Culture, Values, and Ethics in Social Work: Embracing Diversity*. New York: Routledge.

Hugman, R. and J. Carter, eds. 2016. *Rethinking Values and Ethics in Social Work*. London: Palgrave.

Hunt, L. 1978. "Social Work and Ideology." In *Philosophy in Social Work*, ed. N. Timms and D. Watson, 7–25. London: Routledge and Kegan Paul.

Jackson, D. 2013. "Abortion." In Franklin, *Encyclopedia of Social Work*. http:// socialwork.oxfordre.com/view/10.1093/acrefore/9780199975839.001.0001/acrefore -9780199975839-e-1?rskey=x1kER6&result=1.

Jamal, K. and N. E. Bowie. 1995. "Theoretical Considerations for a Meaningful Code of Ethics." *Journal of Business Ethics* 14 (9): 703–14.

Jayaratne, S. and W. A. Chess. 1984. "Job Satisfaction, Burnout, and Turnover: A National Study." *Social Work* 29 (5): 448–55.

Jayaratne, S., T. Croxton, and D. Mattison. 1997. "Social Work Professional Standards: An Exploratory Study." *Social Work* 42 (2): 187–99.

Johnson, A. 1955. "Educating Professional Social Workers for Ethical Practice." *Social Service Review* 29 (2): 125–36.

Johnson, J. L. and G. Grant. 2004. *Casebook: Domestic Violence*. Boston: Allyn and Bacon.

Johnson, L. C. 1989. *Social Work Practice: A Generalist Approach*. 3rd ed. Boston: Allyn and Bacon.

Johnson, M. and G. L. Stone. 1986. "Social Workers and Burnout." *Journal of Social Work Research* 10:67–80.

Jones, G. and A. Stokes. 2009. *Online Counseling: A Handbook for Practitioners*. New York: Palgrave Macmillan.

Jonsen, A. R. 1984. "A Guide to Guidelines." *American Society of Law and Medicine: Ethics Committee Newsletter* 2:4.

Joseph, M. V. 1987. "The Religious and Spiritual Aspects of Clinical Practice." *Social Thought* 13 (1): 12–23.

———. 1989. "Social Work Ethics: Historical and Contemporary Perspectives." *Social Thought* 15 (3/4): 4–17.

Judah, E. H. 1985. "A Spirituality of Professional Service." *Social Thought* 11 (4): 25–35.

Kadushin, A. and D. Harkness. 2002. *Supervision in Social Work*. 4th ed. New York: Columbia University Press.

Kagle, J. D. 1987. "Recording in Direct Practice." In *Encyclopedia of Social Work*, ed. A. Minahan, 463–67. 18th ed. Silver Spring, Md.: NASW.

Kagle, J. D. and P. N. Giebelhausen. 1994. "Dual Relationships and Professional Boundaries." *Social Work* 39 (2): 213–20.

Kagle, J. D. and S. Kopels. 2008. *Social Work Records*. 3rd ed. Long Grove, Ill.: Waveland Press.

Kanani, I. and C. Regehr. 2003. "Clinical, Ethical, and Legal Issues in e-Therapy." *Families in Society* 84: 155–62.

Karger, H. and D. Stoesz. 2009. *American Social Welfare Policy: A Pluralist Approach*. 6th ed. Boston: Allyn and Bacon.

Keith-Lucas, A. 1963. "A Critique of the Principle of Client Self-Determination." *Social Work* 8 (3): 66–71.

——. 1977. "Ethics in Social Work." In *Encyclopedia of Social Work*, ed. J. B. Turner, 350–55. 17th ed. Washington, D.C.: NASW.

——. 1992. "A Socially Sanctioned Profession?" In *The Moral Purposes of Social Work*, ed. P. N. Reid and P. R. Popple, 51–70. Chicago: Nelson-Hall.

Kilburg, R. R., F. W. Kaslow, and G. R. VandenBos. 1988. "Professionals in Distress." *Hospital and Community Psychiatry* 39:723–25.

Kilburg, R. R., P. E. Nathan, and R. W. Thoreson, eds. 1986. *Professionals in Distress: Issues, Syndromes, and Solutions in Psychology*. Washington, D.C.: American Psychological Association.

Kirk, S. A. and H. Kutchins. 1988. "Deliberate Misdiagnosis in Mental Health Practice." *Social Service Review* 62 (2): 225–37.

Kirkpatrick, W. J., F. G. Reamer, and M. Sykulski. 2006. "Social Work Ethics Audits in Health Care Settings: A Case Study." *Health and Social Work* 31 (3): 225–28.

Knutsen, E. S. 1977. "On the Emotional Well-Being of Psychiatrists: Overview and Rationale." *American Journal of Psychoanalysis* 37:123–29.

Koeske, G. F. and R. D. Koeske. 1989. "Work Load and Burnout: Can Social Support and Perceived Accomplishment Help?" *Social Work* 34 (3): 243–48.

Kolmes, K. 2010. "My Private Practice Social Media Policy." April 26. www.drkkolmes .com/docs/socmed.pdf.

Kopels, S. and J. D. Kagle. 1993. "Do Social Workers Have a Duty to Warn?" *Social Service Review* 67 (1): 101–26.

Kraus, R., G. Stricker, and C. Speyer, eds. 2011. *Online Counseling: A Handbook for Mental Health Professionals*. 2nd ed. London: Elsevier.

Kultgen, J. 1982. "The Ideological Use of Professional Codes." *Business and Professional Ethics Journal* 1 (3): 53–69.

Laliotis, D. A. and J. H. Grayson. 1985. "Psychologist Heal Thyself: What Is Available for the Impaired Psychologist?" *American Psychologist* 40:84–96.

Lamb, D. H., N. R. Presser, K. S. Pfost, M. C. Baum, V. R. Jackson, and P. A. Jarvis. 1987. "Confronting Professional Impairment During the Internship: Identification, Due Process, and Remediation." *Professional Psychology: Research and Practice* 18:597–603.

Lamendola, W. 2010. "Social Work and Social Presence in an Online World." *Journal of Technology in the Human Services* 28:108–19.

Lee, S. 2010. "Contemporary Issues of Ethical e-Therapy." *Frontline Perspectives* 5 (1): 1–5.

Leiby, J. 1978. *A History of Social Welfare and Social Work in the United States*. New York: Columbia University Press.

Lemieux, C. 2015. "Integrated Primary and Behavioral Health Care in Social Work: Introduction to the Special Collection." *Journal of Social Service Research* 41: 557–60.

Levine, C. 1991. "AIDS and the Ethics of Human Subjects Research." In *AIDS and Ethics*, ed. F. G. Reamer, 77–104. New York: Columbia University Press.

Levy, C. S. 1972. "The Context of Social Work Ethics." *Social Work* 17 (2): 95–101.

——. 1973. "The Value Base of Social Work." *Journal of Education for Social Work* 9:34–42.

——. 1976. *Social Work Ethics*. New York: Human Sciences Press.

——. 1984. "Values and Ethics." In *Value Foundations of Social Work*, ed. S. Dillick, 17–29. Detroit: Wayne State University, School of Social Work.

Lewis, H. 1972. "Morality and the Politics of Practice." *Social Casework* 53 (July): 404–17.

Lewis, M. B. 1986. "Duty to Warn Versus Duty to Maintain Confidentiality: Conflicting Demands on Mental Health Professionals." *Suffolk Law Review* 20 (3): 579–615.

Lightman, E. S. 1983. "Social Workers, Strikes, and Service to Clients." *Social Work* 28 (2): 142–48.

Linzer, N. 1999. *Resolving Ethical Dilemmas in Social Work Practice*. Boston: Allyn and Bacon.

Loewenberg, F. M. 1988. *Religion and Social Work Practice in Contemporary American Society*. New York: Columbia University Press.

Loewenberg, F. M. and R. Dolgoff. (1982) 1996. *Ethical Decisions for Social Work Practice*. 5th ed. Itasca, Ill.: F. E. Peacock.

Luepker, E. 2012. *Record Keeping in Psychotherapy and Counseling*. 2nd ed. New York: Routledge.

Lundy, C. 2004. *Social Work and Social Justice*. 2d ed. Toronto: University of Toronto Press.

Lynch, S. and T. Franke. 2013. "Communicating with Pediatricians: Developing Social Work Practice in Primary Care." *Social Work in Health Care* 52:397–416.

MacDonald, J., S. Sohn, and P. Ellis. 2010. "Privacy, Professionalism, and Facebook: A Dilemma for Young Doctors." *Medical Education* 44 (8): 805–13.

MacIntyre, A. 1984. *After Virtue*. 2nd ed. Notre Dame, Ind.: University of Notre Dame Press.

Madden, R. G. 1998. *Legal Issues in Social Work, Counseling, and Mental Health*. Thousand Oaks, Calif.: Sage.

——. 2003. *Essential Law for Social Workers*. New York: Columbia University Press.

Manning, S. S. 2003. *Ethical Leadership in Human Services*. Boston: Allyn and Bacon.

Marsiglia, F. F. and S. Kulis. 2008. *Diversity, Oppression, and Change: Culturally Grounded Social Work*. Chicago: Lyceum.

Martinez, R. C. and C. L. Clark. 2000. *The Social Worker's Guide to the Internet*. Boston: Allyn & Bacon.

Marty, M. E. 1980. "Social Service: Godly and Godless." *Social Service Review* 54 (4): 463–81.

Mattison, M. 2000. "Ethical Decision Making: The Person in the Process." *Social Work* 45 (3): 201–12.

——. 2012. "Social Work Practice in the Digital Age: Therapeutic E-Mail as a Direct Practice Methodology." *Social Work* 57 (3): 249–58.

McCann, C. W., and J. P. Cutler. 1979. "Ethics and the Alleged Unethical." *Social Work* 24 (1): 5–8.

McCrady, B. S. 1989. "The Distressed or Impaired Professional: From Retribution to Rehabilitation." *Journal of Drug Issues* 19:337–49.

McDermott, F. E., ed. 1975. *Self-Determination in Social Work*. London: Routledge and Kegan Paul.

McMahon, M. O. 1992. "Responding to the Call." In *The Moral Purposes of Social Work*, ed. P. N. Reid and P. R. Popple, 173–88. Chicago: Nelson-Hall.

McNutt, J. 2008. "Social Work Practice: History and Evolution. In *Encyclopedia of Social Work*, ed. T. Mizrahi and L. E. Davis, 4:138–41. 20th ed. Washington, D.C.: NASW.

Meinert, R. G. 1980. "Values in Social Work Called Dysfunctional Myth." *Journal of Social Welfare* 6 (3): 5–16.

Menon, G. and J. Miller-Cribbs. 2002. "Online Social Work Practice: Issues and Guidelines for the Profession." *Advances in Social Work* 3:104–16.

Messing, J. 2014. "Intimate Partner Violence and Abuse." In Franklin, *Encyclopedia of Social Work*. http://socialwork.oxfordre.com.ric.idm.oclc.org/view/10.1093/acrefore/9780199975839.001.0001/acrefore-9780199975839-e-1151?rskey=6fgbWy&result=1.

Meyer, R. G., E. R. Landis, and J. R. Hays. 1988. *Law for the Psychotherapist*. New York: W. W. Norton.

Miceli, M. P., J. P. Near, and T. M. Dworkin. 2008. *Whistle-Blowing in Organizations*. New York: Routledge.

Miles, A. P. 1954. *American Social Work Theory*. New York: Harper and Row.

Mill, J. S. (1859) 1973. "On Liberty." In *The Utilitarians*, 484. New York: Anchor.

Morales, A. and B. W. Sheafor. 1986. *Social Work: A Profession of Many Faces*. 4th ed. Boston: Allyn and Bacon.

Murphy, T. M. 2004. *Case Studies in Biomedical Research Ethics*. Cambridge, Mass.: MIT Press.

NASW (National Association of Social Workers). Ad Hoc Committee on Advocacy. 1969. "The Social Worker as Advocate: Champion of Social Victims." *Social Work* 14 (2): 19.

———. (1929) 1974. *The Milford Conference Report: Social Casework, Generic and Specific*. Washington, D.C.: NASW.

———. 1975. *NASW Standards for Social Work Personnel Practices*. Silver Spring, Md.: NASW.

———. 1982. *NASW Standards for the Classification of Social Work Practice*. Silver Spring, Md.: NASW.

———. Commission on Employment and Economic Support. 1987. *Impaired Social Worker Program Resource Book*. Silver Spring, Md.: NASW.

———. 1994. *Code of Ethics*. Washington, D.C.: NASW.

———. 1996. *Code of Ethics*. Washington, D.C.: NASW.

———. 2008. *Code of Ethics*. Washington, D.C.: NASW.

———. 2017. *Code of Ethics*. Washington D.C.: NASW.

NASW News. 1983. "Membership Survey Shows Practice Shifts." 28:6.

NASW. 2021. Read the Code of Ethics. https://www.socialworkers.org/About/Ethics/Code-of-Ethics/Code-of-Ethics-English

National Association of Social Workers (NASW), Association of Social Work Boards (ASWB), Council on Social Work Education (CSWE), and Clinical Social Work Association (CSWA). 2017. *NASW, ASWB, CSWE, & CSWA Standards for Technology in Social Work Practice*. Washington, D.C.: National Association of Social Workers.

National Commission for the Protection of Human Subjects of Biomedical and Behavioral Research. 1978. *The Belmont Report: Ethical Principles and Guidelines for the Protection of Human Subjects of Research*. Washington, D.C.: Author.

Nover, C. 2013. "Mental Health in Primary Care: Perceptions of Augmented Care for Individuals with Serious Mental Illness." *Social Work in Health Care* 52: 656–68.

Nozick, R. 1974. *Anarchy, State, and Utopia*. New York: Basic Books.

Olarte, S. W. 1997. "Sexual Boundary Violations." In *Hatherleigh Guide to Ethics in Therapy*, 195–209. New York: Hatherleigh.

Paine, R. T., Jr. 1880. "The Work of Volunteer Visitors of the Associated Charities Among the Poor." *Journal of Social Science* 12:113.

Perlman, F. R. and J. R. Brandell. 2011. "Psychodynamic Theory." In *Theory and Practice in Clinical Social Work*, ed. J. R. Brandell, 41–80. 2nd ed. Thousand Oaks, Calif.: Sage.

Perlman, H. H. 1965. "Self-Determination: Reality or Illusion?" *Social Service Review* 39 (4): 410–21.

———. 1976. "Believing and Doing: Values in Social Work Education." *Social Casework* 57 (6): 381–90.

Peters, C. and T. Branch. 1972. *Blowing the Whistle: Dissent in the Public Interest*. New York: Praeger.

Pinderhughes, E. 1994. "Diversity and Populations at Risk: Ethnic Minorities and People of Color." In *The Foundations of Social Work Knowledge*, ed. F. G. Reamer, 264–308. New York: Columbia University Press.

Plant, R. 1970. *Social and Moral Theory in Casework*. London: Routledge and Kegan Paul.

Pope, K. S. 1988. "How Clients Are Harmed by Sexual Contact with Mental Health Professionals: The Syndrome and Its Prevalence." *Journal of Counseling and Development* 67:222–26.

Popper, K. 1966. *The Open Society and Its Enemies*. 5th ed. London: Routledge and Kegan Paul.

Popple, P. R. 1985. "The Social Work Profession: A Reconceptualization." *Social Service Review* 59 (4): 565.

———. 1992. "Social Work: Social Function and Moral Purpose." In *The Moral Purposes of Social Work*, ed. P. N. Reid and P. R. Popple, 141–54. Chicago: Nelson-Hall.

Post, L. F. and J. Blustein. 2015. *Handbook for Health Care Ethics Committees*. 2nd ed. Baltimore: Johns Hopkins University Press.

President's Commission for the Study of Ethical Problems in Medicine and Biomedical and Behavioral Research. 1982. *Making Health Care Decisions: The Ethical and Legal Implications of Informed Consent in the Patient-Practitioner Relationship*. Vol. 3. Washington, D.C.: Government Printing Office.

Prochaska, J. O. and J. C. Norcross. 1983. "Psychotherapists' Perspectives on Treating Themselves and Their Clients for Psychic Distress." *Professional Psychology: Research and Practice* 14:642–55.

Pryke, J. and M. Thomas. 1998. *Domestic Violence and Social Work*. Aldershot, U.K.: Ashgate.

Pumphrey, M. W. 1959. *The Teaching of Values and Ethics in Social Work Education*. Vol. 13. New York: Council on Social Work Education.

Rachels, J. and S. Rachels. 2015. *Elements of Moral Philosophy*. 8th ed. New York: McGraw-Hill.

Rawls, J. 1971. *A Theory of Justice*. Cambridge, Mass.: Harvard University Press.

———. 1975. "The Justification of Civil Disobedience." In *Today's Moral Problems*, ed. R. Wasserstrom, 352. New York: Macmillan.

Reamer, F. G. 1979. "Fundamental Ethical Issues in Social Work: An Essay Review." *Social Service Review* 53 (2): 229–43.

———. 1980. "Ethical Content in Social Work." *Social Casework* 61 (9): 531–40.

———. 1982. "Conflicts of Professional Duty in Social Work." *Social Casework* 63 (10): 579–85.

———. 1983a. "The Concept of Paternalism in Social Work." *Social Service Review* 57 (2): 254–71.

——. 1983b. "Ethical Dilemmas in Social Work Practice." *Social Work* 28 (1): 31–35.

——. 1983c. "The Free Will–Determinism Debate in Social Work." *Social Service Review* 57 (4): 626–44.

——. 1987a. "Ethics Committees in Social Work." *Social Work* 32 (3): 188–92.

——. 1987b. "Informed Consent in Social Work." *Social Work* 32 (5): 425–29.

——. 1987c. "Values and Ethics." In *Encyclopedia of Social Work*, ed. A. Minahan, 801–9. 18th ed. Silver Spring, Md.: NASW.

——. 1988. "Social Workers and Unions: Ethical Dilemmas." In *Social Workers and Labor Unions*, ed. H. J. Karger, 131–43. New York: Greenwood.

——. 1989a. "Liability Issues in Social Work Supervision." *Social Work* 34 (5): 445–48.

——. 1989b. "Toward Ethical Practice: The Relevance of Ethical Theory." *Social Thought* 15 (3/4): 67–78.

——. (1982) 1990. *Ethical Dilemmas in Social Service*. 2nd ed. New York: Columbia University Press.

——. 1991. "AIDS, Social Work, and the Duty to Protect." *Social Work* 36 (1): 56–60.

——. 1992a. "The Impaired Social Worker." *Social Work* 37 (2): 165–70.

——. 1992b. "Social Work and the Public Good: Calling or Career." In *The Moral Purposes of Social Work*, ed. P. N. Reid and P. R. Popple, 11–33. Chicago: Nelson-Hall.

——. 1993a. "Liability Issues in Social Work Administration." *Administration in Social Work* 17 (4): 11–25.

——. 1993b. *The Philosophical Foundations of Social Work*. New York: Columbia University Press.

——. 1994. "Social Work Values and Ethics." In *The Foundations of Social Work Knowledge*, ed. F. G. Reamer, 195–230. New York: Columbia University Press.

——. 1995a. "Ethics Consultation in Social Work." *Social Thought* 18 (1): 3–16.

——. 1995b. "Malpractice and Liability Claims Against Social Workers: First Facts." *Social Work* 40 (5): 595–601.

——. 1997a. "Ethical Issues for Social Work Practice." In *Social Work in the Twenty-First Century*, ed. M. Reisch and E. Gambrill, 340–49. Thousand Oaks, Calif.: Pine Forge/Sage.

——. 1997b. "Managing Ethics Under Managed Care." *Families in Society* 78 (1): 96–101.

———. 1998a. "The Evolution of Social Work Ethics." *Social Work* 43 (6): 488–500.

———. 1998b. "Social Work." In *Encyclopedia of Applied Ethics*, ed. R. Chadwick, 4:169–80. San Diego, Calif.: Academic Press.

———. 1998c. *Social Work Research and Evaluation Skills: A Case-Based, User-Friendly Approach*. New York: Columbia University Press.

———. 2000a. "Administrative Ethics." In *The Handbook of Social Work Management*, ed. R. J. Patti, 69–85. Thousand Oaks, Calif.: Sage.

———. 2000b. "The Social Work Ethics Audit: A Risk Management Strategy." *Social Work* 45 (4): 355–66.

———. 2001a. "Ethics and Managed Care Policy." In *Managed Care Services: Policy, Programs, and Research*, ed. N. W. Veeder and W. Peebles-Wilkins, 74–96. New York: Oxford University Press.

———. 2001b. *Ethics Education in Social Work*. Alexandria, Va.: Council on Social Work Education.

———. 2001c. *The Social Work Ethics Audit: A Risk Management Tool*. Washington, D.C.: NASW Press.

———. 2001d. *Tangled Relationships: Managing Boundary Issues in the Human Services*. New York: Columbia University Press.

———. 2002. "Ethical Issues in Social Work." In *Social Workers' Desk Reference*, ed. A. R. Roberts and G. J. Greene, 65–69. New York: Oxford University Press.

———. 2003. *Social Work Malpractice and Liability: Strategies for Prevention*. 2nd ed. New York: Columbia University Press.

———. 2005a. "Documentation in Social Work: Evolving Ethical and Risk-Management Standards." *Social Work* 50 (4): 325–34.

———. 2005b. "Ethical and Legal Standards in Social Work: Consistency and Conflict." *Families in Society* 86 (2): 163–69.

———. 2005c. "Update on Confidentiality Issues in Practice with Children: Ethics Risk Management." *Children and Schools* 27 (2): 117–20.

———. 2006. *Ethical Standards in Social Work: A Review of the NASW Code of Ethics*. 2nd ed. Washington, D.C.: NASW Press.

———. 2009a. "Risk Management in Social Work." In *Social Workers' Desk Reference*, ed. A. R. Roberts, 121–27. 2nd ed. New York: Oxford University Press.

———. 2009b. *The Social Work Ethics Casebook: Cases and Commentary*. Washington, D.C.: NASW Press.

——. 2012. *Boundary Issues and Dual Relationships in the Human Services*. New York: Columbia University Press.

——. 2013a. "Ethics and Values." In Franklin, *Encyclopedia of Social Work*. http:// socialwork.oxfordre.com/view/10.1093/acrefore/9780199975839.001.0001/acrefore -9780199975839-e-134?rskey=9GHn2m&result=2.

——. 2013b. "Social Work in a Digital Age: Ethical and Risk Management Challenges." *Social Work* 58 (2): 163–72.

——. 2015a. *Risk Management in Social Work: Preventing Professional Malpractice, Liability, and Disciplinary Action*. New York: Columbia University Press.

——. 2015b. "Clinical Social Work in a Digital Environment: Ethical and Risk-Management Challenges." *Clinical Social Work Journal* 43 (2): 120–32.

——. 2015c. "Digital Technology and Social Work." In *Encyclopedia of Social Work*. New York: Oxford University Press and NASW Press. http://socialwork.oxfordre .com/view/10.1093/acrefore/9780199975839.001.0001/acrefore-9780199975839-e -1160?rskey=FaU7Uz&result=7.

——. 2016. "The Ethics of Care." *Social Work Today*, September. http://www .socialworktoday.com/news/eoe_0916.shtml.

——. 2017. "Evolving Ethical Standards in the Digital Age." *Australian Social Work* 70 (2): 148–59.

Reamer, F. G. and M. Abramson. 1982. *The Teaching of Social Work Ethics*. Hastings-on-Hudson, N.Y.: Hastings Center.

Recupero, P. 2006. "Legal Concerns for Psychiatrists Who Maintain Websites." *Psychiatric Services* 57 (4): 450–52.

Reeser, L. C. and I. Epstein. 1990. *Professionalization and Activism in Social Work*. New York: Columbia University Press.

Rehr, H. 1960. "Problems for a Profession in a Strike Situation." *Social Work* 5 (2): 22–28.

Reid, P. N. 1992. "The Social Function and Social Morality of Social Work: A Utilitarian Perspective." In *The Moral Purposes of Social Work*, ed. P. N. Reid and P. R. Popple, 34–50. Chicago: Nelson-Hall.

Rein, M. 1970. "Social Work in Search of a Radical Profession." *Social Work* 15 (2): 13–28.

Reisch, M. and J. Andrews. 2001. *The Road Not Taken: A History of Radical Social Work in the United States*. New York: Brunner-Routledge.

Rescher, N. 1969. *Introduction to Value Theory*. Englewood Cliffs, N.J.: Prentice Hall.

Reynolds, B. 1956. *Uncharted Journey*. New York: Citadel.

Rhodes, M. L. 1986. *Ethical Dilemmas in Social Work Practice*. London: Routledge and Kegan Paul.

Richmond, M. 1917. *Social Diagnosis*. New York: Russell Sage Foundation.

Roberts, A. R., ed. 2002. *Handbook of Domestic Violence Intervention Strategies*. New York: Oxford University Press.

Rokeach, M. 1973. *The Nature of Human Values*. New York: Free Press.

Rosenberg, J. and S. J. Rosenberg, eds. 2018. *Community Mental Health: Challenges for the 21st Century*. 3rd ed. New York: Routledge.

Ross, W. D. 1930. *The Right and the Good*. Oxford: Clarendon.

Roy, A. 1954. "Code of Ethics." *Social Worker* 23 (1): 4–7.

Rozovsky, F. A. 1984. *Consent to Treatment: A Practical Guide*. Boston: Little, Brown.

Ruffolo, M. C., B. E. Perron, and E. H. Voshel. 2016. *Direct Social Work Practice: Theories and Skills for Becoming an Evidence-Based Practitioner*. Thousand Oaks, Calif.: Sage.

Saltzman, A., D. Furman, and K. Ohman. 2016. *Law in Social Work Practice*. 3rd ed. Boston: Cengage.

Santhiveeran, J. 2009. "Compliance of Social Work e-Therapy Websites to the NASW Code of Ethics." *Social Work in Health Care* 48:1–13.

Saunders, D. G. 1982. "Counseling the Violent Husband." In *Innovations in Clinical Practice: A Sourcebook*, ed. P. A. Keller and L. G. Ritt, 16–29. Sarasota, Fla.: Professional Resource Exchange.

Schoech, D. 1999. *Human Services Technology: Understanding, Designing, and Implementing Computer and Internet Application in Social Services*. Binghamton, N.Y.: Haworth Press.

Schoener, G. R., J. H. Milgrom, J. C. Gonsiorek, E. T. Luepker, and R. M. Conroe, eds. 1989. *Psychotherapists' Sexual Involvement with Clients: Intervention and Prevention*. Minneapolis: Walk-In Counseling Center.

Schon, D. A. 1983. *The Reflective Practitioner: How Professionals Think in Action*. New York: Basic Books.

Schutz, B. M. 1982. *Legal Liability in Psychotherapy*. San Francisco: Jossey-Bass.

Segal, S. P. 1995. "Deinstitutionalization." In Edwards, *Encyclopedia of Social Work*, 704–12.

Sheafor, B. W., C. R. Horejsi, and G. A. Horejsi. 1988. *Techniques and Guidelines for Social Work Practice*. Boston: Allyn and Bacon.

Sidell, N. L. 2011. *Social Work Documentation: A Guide to Strengthening Your Case Recording*. Washington, D.C.: NASW Press.

Siegel, D. H. 1984. "Defining Empirically Based Practice." *Social Work* 29 (4): 325–31.

——. 1988. "Integrating Data-Gathering Techniques and Practice Activities." In *Social Work Research and Evaluation*, ed. R. M. Grinnell Jr., 465–82. 3rd ed. Itasca, Ill.: F. E. Peacock.

Simon, R. I. 1999. "Therapist-Patient Sex: From Boundary Violations to Sexual Misconduct." *Forensic Psychiatry* 22:31–47.

Siporin, M. 1982. "Moral Philosophy in Social Work Today." *Social Service Review* 56 (4): 516–38.

——. 1983. "Morality and Immorality in Working with Clients." *Social Thought* 9 (4): 10–28.

——. 1989. "The Social Work Ethic." *Social Thought* 15 (3/4): 42–52.

——. 1992. "Strengthening the Moral Mission of Social Work." In *The Moral Purposes of Social Work*, ed. P. N. Reid and P. R. Popple, 71–99. Chicago: Nelson-Hall.

Skinner, A. and J. Zack. 2004. "Counseling and the Internet." *American Behavioral Scientist* 48: 434–46.

Sloan, D. 1980. "The Teaching of Ethics in the American Undergraduate Curriculum, 1876–1976." In *Ethics Teaching in Higher Education*, ed. D. Callahan and S. Bok, 1–57. New York: Plenum.

Smart, J. J. C. 1971. "Extreme and Restricted Utilitarianism." In *Mill: Utilitarianism*, ed. S. Gorovitz, 195–203. Indianapolis: Bobbs-Merrill.

Smart, J. J. C. and B. Williams. 1973. *Utilitarianism: For and Against*. Cambridge: Cambridge University Press.

Solomon, B. 1976. *Black Empowerment: Social Work in Oppressed Communities*. New York: Columbia University Press.

Spano, R. N. and T. L. Koenig. 2003. "Moral Dialogue: An Interactional Approach to Ethical Decision Making." *Social Thought* 22 (1): 91–103.

Specht, H. 1990. "Social Work and the Popular Psychotherapies." *Social Service Review* 64 (3): 345–57.

——. 1991. "Point/Counterpoint: Should Training for Private Practice Be a Central Component of Social Work Education? No!" *Journal of Social Work Education* 27 (2): 102–7, 111–12.

Specht, H. and M. E. Courtney. 1994. *Unfaithful Angels: How Social Work Has Abandoned Its Mission*. New York: Free Press.

Stalley, R. F. 1975. "Determinism and the Principle of Client Self-Determination."

In *Self-Determination in Social Work*, ed. F. E. McDermott, 93–117. London: Routledge and Kegan Paul.

Stein, T. J. 2004. *The Role of Law in Social Work Practice and Administration*. New York: Columbia University Press.

Stoesz, D., H. Karger, and T. Carrilio. 2010. *A Dream Deferred: How Social Work Education Lost Its Way and What Can Be Done*. Piscataway, N.J.: Aldine Transaction.

Straussner, S., E. Senreich, and J. Steen. 2018. "Wounded Healers: A Multistate Study of Licensed Social Workers' Behavioral Health Problems." *Social Work* 63 (2): 125–133. https://doi.org/10.1093/sw/swy012.

Strom, K. J. 1994. "The Impact of Third-Party Reimbursement on Services by Social Workers in Private Practice." *Psychotherapy in Private Practice* 13 (3): 1–22.

Strom-Gottfried, K. J. 1998. "Is 'Ethical Managed Care' an Oxymoron?" *Families in Society* 79 (3): 297–307.

———. 2000. "Ensuring Ethical Practice: An Examination of NASW Code Violations." *Social Work* 45 (3): 251–61.

———. 2003. "Understanding Adjudication: Origins, Targets, and Outcomes of Ethics Complaints." *Social Work* 48 (1): 85–94.

———. 2016. *Straight Talk About Professional Ethics*. 2nd ed. New York: Oxford University Press.

Sue, D. W., M. N. Rasheed, and J. M. Rasheed. 2016. *Multicultural Social Work Practice: A Competency-Based Approach to Diversity and Social Justice*. 2nd ed. Hoboken, N.J.: Wiley.

Syme, G. 2003. *Dual Relationships in Counselling and Psychotherapy*. London: Sage.

Taibbi, R. 2012. *Clinical Social Work Supervision: Practice and Process*. Englewood Cliffs, N.J.: Prentice Hall.

Tarasoff v. Board of Regents of the University of California, 33 Cal.3d 275 (1973), 529 P.2d 553 (1974), 551 P.2d 334 (1976), 131 Cal. Rptr. 14 (1976).

Teel, K. 1975. "The Physician's Dilemma: A Doctor's View: What the Law Should Be." *Baylor Law Review* 27:6–9.

Teicher, M. I. 1967. *Values in Social Work: A Reexamination*. New York: NASW.

Thoreson, R. W., M. Miller, and C. J. Krauskopf. 1989. "The Distressed Psychologist: Prevalence and Treatment Considerations." *Professional Psychology: Research and Practice* 20:153–58.

Thoreson, R. W., P. E. Nathan, J. K. Skorina, and R. R. Kilburg. 1983. "The Alcoholic Psychologist: Issues, Problems, and Implications for the Profession." *Professional Psychology: Research and Practice* 14:670–84.

Timms, N. 1983. *Social Work Values: An Enquiry.* London: Routledge and Kegan Paul.

Towle, C. 1965. *Common Human Needs.* Washington, D.C.: NASW.

Trattner, W. I. 1979. *From Poor Law to Welfare State.* 2nd ed. New York: Free Press.

USA Today. 2006. "Missouri School Sued by Student Who Refused to Support Gay Adoptions." November 2. www.usatoday.com/news/nation/2006–11–02-gay-adoption_x.htm.

VandenBos, G. R. and R. F. Duthie. 1986. "Confronting and Supporting Colleagues in Distress." In *Professionals in Distress: Issues, Syndromes, and Solutions in Psychology,* ed. R. R. Kilburg, P. E. Nathan, and R. W. Thoreson, 211. Washington, D.C.: American Psychological Association.

Vandiver, V. L. 1997. "Institutional and Community Approaches to the Provision of Mental Health Services." In *Mental Health Policy and Practice Today,* ed. T. R. Watkins and J. W. Callicutt, 17–31. Thousand Oaks, Calif.: Sage.

Varley, B. K. 1968. "Social Work Values: Changes in Value Commitments from Admission to MSW Graduation." *Journal of Education for Social Work* 4:67–85.

Vigilante, J. L. 1974. "Between Values and Science: Education for the Profession; Or, Is Proof Truth?" *Journal of Education for Social Work* 10 (3): 107–15.

Wakefield, J. C. 1988a. "Psychotherapy, Distributive Justice, and Social Work, Part I: Distributive Justice as a Conceptual Framework for Social Work." *Social Service Review* 62 (2): 187–210.

——. 1988b. "Psychotherapy, Distributive Justice, and Social Work, Part II: Psychotherapy and the Pursuit of Justice." *Social Service Review* 62 (3): 353–82.

Wasserstrom, R. 1975. "The Obligation to Obey the Law." In *Today's Moral Problems,* ed. R. Wasserstrom, 358–84. New York: Macmillan.

——, ed. 1971. *Morality and the Law.* Belmont, Calif.: Wadsworth.

Weil, M. O. and D. N. Gamble. 1995. "Community Practice Models." In Edwards, *Encyclopedia of Social Work,* 1:577–94.

Williams, R. M., Jr. 1968. "The Concept of Values." In *International Encyclopedia of the Social Sciences,* ed. D. Sills and R. Merton, 16:283–87. New York: Macmillan/Free Press.

Wilson, S. J. 1978. *Confidentiality in Social Work: Issues and Principles*. New York: Free Press.

———. 1980. *Recording: Guidelines for Social Workers*. 2nd ed. New York: Free Press.

Wolff, J. 2016. *An Introduction to Political Philosophy*. Rev. ed. Oxford: Oxford University Press.

Wood, B. J., S. Klein, H. J. Cross, C. J. Lammers, and J. K. Elliott. 1985. "Impaired Practitioners: Psychologists' Opinions About Prevalence, and Proposals for Intervention." *Professional Psychology: Research and Practice* 16:843–50.

Woodroofe, K. 1962. *From Charity to Social Work in England and the United States*. Toronto: University of Toronto Press.

Wynia, M. K. 2010. "The Role of Professionalism and Self-Regulation in Detecting Impaired or Incompetent Physicians." *Journal of the American Medical Association* 304:210–12.

Younghusband, E. 1967. *Social Work and Social Values*. London: Allen and Unwin.

Zur, O. 2007. *Boundaries in Psychotherapy: Ethical and Clinical Explorations*. Washington, D.C.: American Psychological Association.

———. 2012. "TelePsychology or TeleMentalHealth in the Digital Age: The Future is Here." *California Psychologist* 45:13–15.

國家圖書館出版品預行編目資料

社會工作價值與倫理／Frederic G. Reamer
著；王永慈，包承恩譯. ――初版. ――
臺北市：五南圖書出版股份有限公司，
2024.01
面；　公分
譯自：Social work values and ethics,
5th ed.
ISBN 978-626-366-921-5 (平裝)

1.CST: 社會工作倫理

547　　　　　　　　　　　112021909

1J1J

社會工作價值與倫理

作　　　者 ― Frederic G. Reamer

譯　　　者 ― 王永慈、包承恩

發 行 人 ― 楊榮川

總 經 理 ― 楊士清

總 編 輯 ― 楊秀麗

副總編輯 ― 李貴年

責任編輯 ― 郭雲周、何富珊

封面設計 ― 封怡彤

出 版 者 ― 五南圖書出版股份有限公司

地　　　址：106臺北市大安區和平東路二段339號4樓

電　　　話：(02) 2705-5066　　傳　　　真：(02) 2706-6100

網　　　址：https://www.wunan.com.tw

電子郵件：wunan@wunan.com.tw

劃撥帳號：01068953

戶　　　名：五南圖書出版股份有限公司

法律顧問　林勝安律師

出版日期　2024年1月初版一刷

定　　　價　新臺幣420元

SOCIAL WORK VALUES AND ETHICS, 5th Edition by
Frederic G. Reamer
Copyright © 2018 Columbia University Press
Chinese Complex translation copyright © 2024
by Wu-Nan Book Inc.
Published by arrangement with Columbia
University Press through Bardon-Chinese Media
Agency
博達著作權代理有限公司
ALL RIGHTS RESERVED

※版權所有・欲利用本書內容，必須徵求本公司同意※

經典永恆・名著常在

五十週年的獻禮——經典名著文庫

五南，五十年了，半個世紀，人生旅程的一大半，走過來了。
思索著，邁向百年的未來歷程，能為知識界、文化學術界作些什麼？
在速食文化的生態下，有什麼值得讓人雋永品味的？

歷代經典・當今名著，經過時間的洗禮，千錘百鍊，流傳至今，光芒耀人；
不僅使我們能領悟前人的智慧，同時也增深加廣我們思考的深度與視野。
我們決心投入巨資，有計畫的系統梳選，成立「經典名著文庫」，
希望收入古今中外思想性的、充滿睿智與獨見的經典、名著。
這是一項理想性的、永續性的巨大出版工程。
不在意讀者的眾寡，只考慮它的學術價值，力求完整展現先哲思想的軌跡；
為知識界開啟一片智慧之窗，營造一座百花綻放的世界文明公園，
任君遨遊、取菁吸蜜、嘉惠學子！